Siegener Hans Henny Jahnn Kolloquium

KULTUR – LITERATUR – KUNST

Herausgegeben von Jürgen Klein
Universität-Gesamthochschule Siegen

Band 6

Dietrich Molitor
Wolfgang Popp
(Hrsg.)

Siegener
Hans Henny Jahnn Kolloquium

Homosexualität und Literatur

verlag
DIE BLAUE EULE
essen

CIP-Kurztitelaufnahme der Deutschen Bibliothek

Homosexualität und Literatur / Siegener Hans-Henny-Jahnn-Kolloquium. Dietrich Molitor ; Wolfgang Popp (Hrsg.). – Essen : Verlag Die Blaue Eule, 1986.

(Kultur – Literatur – Kunst ; Bd. 6)

ISBN 3-89206-142-4

NE: Molitor, Dietrich [Hrsg.]; Hans-Henny-Jahnn-Kolloquium <1985, Siegen>; GT

Gedruckt mit freundlicher Unterstützung der „Gesellschaft zur Förderung literaturwissenschaftlicher Homostudien e.V."

ISBN 3-89206-142-4

© copyright verlag die blaue eule, essen 1986

printed in germany

herstellung:
horn-satz, essen   druck: difo-druck, bamberg

Inhalt

Vorbemerkung

In diesem Buch sind die Ergebnisse des Hans Henny Jahnn-Kolloquiums dokumentiert, das am 08. und 09. Februar 1985 in der Universität-Gesamthoch-
schule-Siegen stattfand. Bereits im Vorfeld gab es einige "Turbulenzen": Die
Ankündigung, daß das Kolloquium im Rahmen des Forschungsbereichs *Homosexualität und Literatur* stattfindet und daß im Zentrum des Kolloquiums die
Frage nach der Männerfreundschaft im Werk Jahnns stehen sollte, - hat bei
manchen Anstoß erregt. Uwe Schweikert, der Herausgeber des *Hans Henny
Jahnn-Lesebuchs*, hielt diesen Frageansatz insgesamt für verfehlt. Hans
Mayer, der die kundige Einführung in die *Hans Henny Jahnn-Werkausgabe*
gemacht hatte, meinte, er habe zu Jahnn alles gesagt, was er zu sagen
habe. Helmut Heißenbüttel, der für das Jahnn-Lesebuch ein sensibles Nachwort schrieb, war zwar der Meinung, das Thema Homosexualität bei Jahnn
müsse unbedingt diskutiert werden, "denn sonst bekäme man einen
kastrierten Jahnn", aber er wollte sich nicht zu den "Spezialisten" rechnen,
die über ein solches Thema fachkundig diskutieren können, sondern meinte,
daß er in einer solchen Diskussion höchstens ein "Pflichtsprüchlein" sagen
könnte. Bei Wolfgang von Wangenheim weckten die Formulierungen unserer
Ankündigung den Verdacht, "daß das Interesse nicht der Literatur gilt,
sondern (unserer) Literatur-Betriebsamkeit". Die Diskussionsthemen unserer
Ankündigung klängen "nicht nach kritischer Lust auf Literatur, sondern
nach Sektierertum. Das Schibboleth heißt 'Rezeption'. Wird Jahnn
'rezipiert'? Wenig, zu wenig. Also müssen die literaten Schwulen ran en
bloc." Hubert Fichte meinte zur Ankündigung des Kolloquiums: "Diese Sprache hat mit der Sprache Hans Henny Jahnns nichts mehr zu tun, sie hat
nichts mit meiner Sprache zu tun. Wenn ich so etwas von engagierten
Freunden lese, möchte ich mich nur noch aufhängen."
Auch in der Siegener Kulturszene gab es "Turbulenzen": Das Stadtmagazin
brachte einen Beitrag unter dem reißerischen Titel: "Hans Henny Jahnn -
schwuler geht`s nicht". Ein Siegener Kollege, der im Rahmen des Kolloquiums
eine Jahnn-Lesung machen wollte, sagte daraufhin ab. Die stellvertretende
Bürgermeisterin sah sich außerstande, bei dieser öffentlichen Lesung ein -
vorher zugesagtes - Grußwort zu sprechen.

Das Kolloquium versammelte trotzdem 60 Teilnehmerinnen und Teilnehmer aus allen Regionen der Bundesrepublik, aus den USA, der Schweiz, Österreich, Holland. Darunter eine stattliche Anzahl von Personen, die Hans Henny Jahnn noch persönlich kannten und mit ihm befreundet waren. Gerade sie waren mit der mehr oder weniger erklärten Absicht gekommen, Jahnn vor einer "schwulen Vereinnahmung" zu schützen. Der Verlauf des Kolloquiums zeigte, daß ihre Sorgen unnötig waren, daß es zu einem wirklich offenen Gedankenaustausch über die Bedeutung und den Stellenwert der "Männerfreundschaft" in Jahnns Werk kam, ohne dabei übergreifende poetische und weltanschauliche Perspektiven zu vernachlässigen.

Im Sinne eines solchen offenen Gedankenaustausches hatte das Kolloquium drei Schwerpunkte:

– Vorträge mit anschließenden Diskussionen

– ein Rundgespräch mit Heinrich Christian Meier, einem Freund Hans Henny Jahnns;

– ein Abschlußgespräch: Männerfreundschaft bei Jahnn: Mit welcher Sprache reden wir darüber?

(Die öffentliche Lesung aus Tagebüchern und Werken Hans Henny Jahnns, die gleichfalls einen Schwerpunkt bilden sollte, fiel nicht etwa wegen der Weigerung des genannten Siegener Kollegen aus, sondern weil – in Siegen nicht ungewöhnlich – ein Schneesturm den öffentlichen Verkehr lahmlegte.)

Den in diesem Buch abgedruckten Vorträgen des Kolloquiums liegen die schriftlichen Manuskripte der Vortragenden zugrunde (mit Ausnahme des Vortrags von Friedrich Kröhnke). Nicht aufgenommen sind zwei Vorträge:
– Gerd Rupprecht: *Männerbund – Wandervogel – Ugrino., Einige Bemerkungen zu den erotischen Wurzeln von Jahnns Ästhetik und Gesellschaftsutopie.*
– Herr Rupprecht, der mit diesem Vortrag und mit seinen Diskussionsbeiträgen dem Kolloquium wertvolle Impulse gab, sah sich außerstande, einem unentgeltlichen Abdruck seines Vortrags zuzustimmen. Dies berührt ein ernstes Problem dieser Publikation: Wir danken selbstverständlich den Beiträgerinnen und Beiträgern dafür, daß sie auf Honorarforderungen verzichtet haben. Nur so konnte die Publikation realisiert werden. Aber wir wollen auch nicht unterschlagen, daß sich dieses angesichts zunehmender Arbeitslosigkeit von Akademikern und Akademikerinnen nur Personen leisten kön-

nen, die ein gesichertes Arbeitsverhältnis haben oder Idealisten sind. Idealismus kann in diesem Zusammenhang auch darin bestehen, überhaupt einen Beitrag dieser bescheidenen Publikation anzuvertrauen, statt ihn an renommierterer Stelle zu veröffentlichen. Wir hoffen, daß Herrn Rupprecht, dem verdienstvollen Herausgeber der Neuausgabe des *Perrudja* eine derartige Veröffentlichung seines Vortrags gelingt und weisen ohne Häme auf die Bedeutung seines Beitrags für die Jahnn-Forschung hin.

- Dr. Bernd Goldmann konnte sich nicht entschließen, seinen freigehaltenen Vortrag: *Beziehung zwischen Hans Henny Jahnn und Werner Helwig* in eine schriftliche Fassung zu bringen, die wir hier veröffentlichen könnten. Wir bedauern dies insbesondere, weil die intime Kenntnis Goldmanns von dem Briefwechsel zwischen Jahnn und Helwig im Kolloquium zu einer lebhaften und kontroversen Diskussion geführt hat. Ein lesenswertes Teilstück des Vortrags hat Goldmann immerhin inzwischen in der Zeitschrift *Schreibheft* (Nummer 27) publiziert, - worauf wir im Interesse der Sache gern hinweisen.

Dem Abdruck der Vortragstexte sind jeweils Auszüge aus den Diskussionen angeschlossen, die sich aus den Vorträgen im Kolloquium ergaben. Auszüge nicht etwa in dem Sinne, daß die Herausgeber sich angemaßt hätten, das ihnen wichtig Erscheinende herauszuziehen und anderes zu vernachlässigen. Es sind vielmehr technische Umstände, die es unmöglich machen, die Diskussionen in vollem Umfang wiederzugeben: die eingesetzten Mikrofone und Aufnahmegeräte waren nicht in der Lage, alle Diskussionsbeiträge so klar aufzunehmen, daß sie verschriftlicht werden konnten; vielfach waren sie auch durch die akustische Überlagerung gleichzeitiger Diskussionsbeiträge überfordert, - und viele Diskussionsbeiträge blieben im Diskussionsgedränge Fragmente. Bei der Diskussion zum Vortrag von James Jones versagte die Technik völlig.

Die technischen Mängel und die Vielzahl der Diskutierenden führten auch dazu, daß beim Abhören der Tonkassetten die einzelnen Sprechenden häufig nicht mehr identifiziert werden konnten. Wir haben versucht, dem folgendermaßen Rechnung zu tragen:

Wir verzichten beim Abdruck der Diskussionsbeiträge, mit Ausnahme der jeweiligen Referenten/Referentinnen, grundsätzlich auf die Mitteilung von Namen.

– Die Unterscheidung einzelner Diskussionsbeiträge wird jeweils durch ein Signum signalisiert, das an den Redebeginn gesetzt ist.

– Wir haben uns bemüht, bei der redaktionellen Bearbeitung der Redebeiträge den sprech–sprachlichen Duktus zu erhalten, um damit wenigstens einen annähernden Eindruck von der Emotionalität und Dynamik der Diskussion zu vermitteln.

– Die Not, nur diejenigen Diskussionspassagen wiedergeben zu können, die uns das Tonband als einigermaßen klar verständliche und in sich geschlossene Beiträge lieferte, verfälscht allerdings in gewisser Hinsicht die tatsächliche Dynamik der Diskussionen. Vielfältige Signale von Bezugnahme auf andere Redebeiträge, Zustimmung oder Ablehnung, direkter Anrede an Mitdiskutierende usw. mußten getilgt werden, da sie in der Druckfassung nicht mehr verständlich waren.

– Dagegen haben wir uns bemüht, solche Sprech–Signale zu erhalten, die auf die Identität der Sprechenden hinweisen: auf die Identität als Mann oder Frau, auf die Identität als persönlicher Freund Jahnns, auf die berufliche Identität u.ä.

Das Rundgespräch mit Heinrich Christian Meier dürfte seinen besonderen Wert darin haben, daß hier nicht nur durch Meier selbst, sondern auch durch die anderen anwesenden persönlichen Freunde Jahnns authentische Zeugnisse – im Sinne der *oral history* – enthalten sind, die bislang nicht in publizierter Form vorliegen. Ein anderer Wert dieses Rundgesprächs dürfte aber auch darin liegen, daß hier in besonderer Weise die Begegnung zwischen der "älteren" Generation derjenigen, die Jahnn noch persönlich erlebt haben, und der "jüngeren" Generation derjenigen dokumentiert wird, die Jahnn nur noch aus seinen Werken kennt.

Das Abschlußgespräch des Kolloquiums zeigt sowohl, welche Grenzen der Verständigung und der zielgerichteten Auseinandersetzung einer derartigen zeitlich begrenzten Begegnung gesetzt sind, als auch, daß eine solche Begegnung neue Möglichkeiten der Verständigung und Orientierung bietet. Die oben erwähnten "Turbulenzen" gaben diesem Gespräch eine gewisse Brisanz. Dies hinderte nicht, daß sich die Teilnehmerinnen und Teilnehmer zum Abschluß des Kolloquiums den Fragen stellten: Mit welcher Sprache sprechen wir eigentlich? Als Wissenschaftlerinnen und Wissenschaftler? Als Leser und

Leserinnen von Literatur? Wie sprechen wir über Jahnn? Wie über die Männerfreundschaft im Werk Jahnns?

Ansätze für Antworten auf diese Fragen wurden erkennbar. Die Fortsetzung
der Diskussion steht an.

Dietrich Molitor und *Wolfgang Popp*

Prof. Dr. Rimbach, Rektor der Universität/Gesamthochschule

Grußwort

Sie haben sich hier im geographischen Mittelpunkt der BRD eingefunden, in einer Stadt, die reklamiert, wie Rom auf sieben Hügeln gebaut zu sein, die vom protestantisch-asketischen Erbe geprägt ist, in der mehr als 2000 Jahre Eisen gefördert und verarbeitet wurde, in einer Stadt, die ansonsten zu den kleinsten, aber auch unbekanntesten Großstädten der Bundesrepublik gehört, in der Peter Paul Rubens geboren wurde. Rubens allerdings verdankte diesen Geburtsort nur widrigen Umständen. Infolge der puritanischen Dominanz prägte er diese Stadt keineswegs. Auch mit ihrer jungen Universität, die eine integrierte Gesamthochschule ist, tut sich die Bevölkerung noch ziemlich schwer. Unter diesen Randbedingungen haben Sie vor, ein Hans Henny Jahnn-Kolloquium zu veranstalten. Dazu möchte ich Sie herzlich begrüßen.

Wenn wir es hier in Siegen unternehmen, ein Hans Henny Jahnn-Kolloquium durchzuführen, und das auch noch unter dem Blickwinkel Männerfreundschaft, Homosexualität, männliche Zweierbeziehung, Homoerotik, dann wird uns mancher unter Rechtfertigungszwang sehen. Und es ist schon ganz interessant, daß eine derartige Position durchaus populär ist. Haben wir nicht ganz andere Sorgen? Was soll so ein Thema angesichts unseres vermeintlichen oder auch tatsächlichen Rückstandes auf zahlreichen Gebieten angewandter Forschung, die für unsere internationale Wettbewerbssituation relevant sind? Schließlich schreiben wir das Jahr 1985 und nicht 1969. Nicht Themen sind aktuell, die unnötigerweise Kräfte dadurch binden, daß Probleme artikuliert und möglicherweise Tabus offengelegt werden, nein, es muß im Zeichen der Wende endlich das Positive, das Wachstumsfördernde in den Mittelpunkt gerückt werden. Und dabei könnte die Wissenschaft doch wahrhaftig ihren konstruktiven Beitrag leisten. Alles andere hemmt und schadet unserer Wettbewerbsfähigkeit und Leistungsbereitschaft.

Interessanterweise wird aus einer bestimmten Position die Freiheit der Wissenschaft bei jeder Gelegenheit eingefordert, die man an den Hochschulen durch Mitbestimmung gefährdet sieht. Nun könnte man darauf antworten, das Bundesverfassungsgericht habe mehrfach darauf hingewiesen, daß es nicht nur den Art. 5 Abs. 3 des Grundgesetzes, die Freiheitsgarantie von Forschung und Lehre, gibt, sondern gleichrangig den Art. 12, der das Recht auf Ausbildung für alle jungen Bürger einfordert und damit Grenzen für die Freiheit von Forschung und Lehre setzen kann. Es geht aber noch um etwas anderes: Kann sich ausgerechnet eine junge Hochschule, die noch um Anerkennung ringen muß, die neuerdings wieder verstärkt auf den Prüfstand zwecks Nachweises ihrer Leistungsfähigkeit gedrängt wird, ja sogar ihre Existenzberechtigung als Reformmodell rechtfertigen soll, ein derartiges Kolloquium leisten? Wird nicht unter dem Etikett des Wettbewerbs heute ein Konformitätsdruck ausgelöst, der es verbietet, sich ausgerechnet einem Forschungsgebiet wie *Homosexualität und Literatur* zu widmen, einer Thematik, die dieses Hans Henny Jahnn-Kolloquium sich vornimmt? Darauf ist zum einen zu antworten, daß wir als Gesamthochschule heute aufgrund bereits erbrachter Leistungen genügend Selbstbewußtsein entwickelt haben und uns nicht mehr einem Rechtfertigungszwang ausgesetzt sehen, mehr noch, wir stellen uns durchaus auch Problemen, die andere nicht zur Kenntnis nehmen, ohne daraus eine Nischenideologie zu entwickeln. In diesem Falle fordern wir nur die Freiheit von Forschung und Lehre für das Hans Henny Jahnn-Kolloquium ein. So zeigt sich plötzlich, daß die sonst bei jeder Gelegenheit reklamierte Freiheit doch wohl nicht die von Rosa Luxemburg gemeinte ist, welche bekanntlich die des Andersdenkenden ist und nicht die eigene. Freiheit ist leider einer der am meisten gebrauchten und damit auch am meisten mißbrauchten Begriffe, der häufig zum *Schlag*wort herhalten muß – und ich gebrauche hier diesen entlarvenden Ausdruck bewußt, auch weil Herr Popp die Frage stellen wird: Mit welcher Sprache reden wir? Wo sollen denn die nuancenreichen, unabweisbaren Probleme von Minderheiten wissenschaftlich angegangen werden, wenn nicht in den dafür vorgesehenen Institutionen?

Und noch ein Letztes. Natürlich steht jede Hochschule als Einrichtung, die erhebliche Mittel vom Steuerzahler beansprucht, unter dem Zwang, ihren gesellschaftlichen Nutzen nachzuweisen. Nun ist es gar nicht so einfach, diesen Nutzen zu definieren bzw. einen Konsens darüber zu erzielen, was darunter zu verstehen ist. Noch nicht einmal innerhalb der Hochschule –

sofern überhaupt ein derartiger Maßstab akzeptiert wird – und schon gar nicht seitens der Bürger. Am ehesten gelingt das natürlich hinsichtlich angewandter natur- und ingenieurwissenschaftlicher Forschung, des Technologietransfers, des Rationalisierungsfortschritts, der Effizienzsteigerung und dessen, was man so unter Akzeptanzforschung versteht, d.h. also Konzepte zu entwickeln, die den Bürgern den angeblich hauptsächlich durch technische Sachzwänge bedingten Wandel schmackhaft machen sollen.

Aber nun dieses Thema. Ich glaube, da kommt man um eine persönliche Stellungnahme nicht herum. Wissenschaft und besonders Geisteswissenschaft hat die Aufgabe, das kulturelle Erbe zu bewahren und zu erschließen. Dieses kulturelle Erbe ist vielfältig. Eine pluralistische demokratische Gesellschaft kann den Grad ihrer Humanität nur dann erhalten, wenn sie der Vielfalt menschlicher Ausdrucksformen und Lebensweisen Raum gibt, wenn sie also ihre Toleranzfähigkeit immer neu durchdenkt, ausformuliert und daraus auch Konsequenzen im Umgang mit anderen zieht. Das ist das Gegenteil von Akzeptanzforschung, denn dabei soll Wissenschaft Wege finden, die Menschen den angeblich unausweichlichen Sachzwängen anzupassen. Das Hans Henny Jahnn-Kolloquium dagegen will ein noch weitgehend tabuisiertes Thema bewußt machen und damit Minderheitsrechte anmahnen. Es betreibt also Aufklärung im besten Sinne. Deshalb wünsche ich dem Kolloquium eine breite Resonanz und Ergebnisse, durch die Wissenschaft ein Stück Überzeugungsarbeit hinsichtlich ihres kulturellen Anspruchs leistet, auch wenn mit einer skeptischen und reservierten Öffentlichkeit zu rechnen ist. Denn nicht alles, was unter gesellschaftlichem Nutzen zu subsumieren ist, läßt sich auf Mark und Pfennig oder in anderer Weise exakt quantifizieren. Auch das gilt es immer erneut mit Nachdruck zu betonen.

Friedhelm Krey

Vom Entsetzen zur angstfreien Berührung. Reaktionen von Kritikern und
Literaten auf die homosexuelle Thematik bei Jahnn

Die Reaktionen von Kritikern und Literaten auf die homosexuelle Thematik im
Werk Hans Henny Jahnns – die heute hier mein Thema sind – sind zugleich
Anlaß dieses Kolloquiums und machen es notwendig. Denn die generationen-
langen Versuche, Jahnns Gleichgeschlechtlichkeit und ihre Auswirkungen auf
sein Werk totzuschweigen oder sie mit den unterschiedlichsten Facetten der
Abneigung, mitunter auch des Hasses zu kennzeichnen, haben ja inzwischen
auch einige gerade an diesem strittigen Thema Interessierte auf den Plan
gerufen und zur Mitteilung ihrer Art, Jahnn zu lesen, herausgefordert –
spät genug und in noch keineswegs beruhigender Zahl, wie ich meine.

Wenn ich im folgenden verschiedene Formen der Auseinandersetzung mit
dem Thema *Jahnn und die Homosexualität* beschreibe, möchte ich Ihnen nicht
bloß die wichtigste Tendenz mitteilen – die allmähliche Auflösung des lange
vorherrschenden Schweigens, ein Ergebnis, das Sie kaum in Erstaunen ver-
setzen wird –, ich will vielmehr diese Tendenz durch eine nicht allzu ge-
ringe Auswahl an Beispielen belegen, werde so aber das vorgesehene Zeit-
limit ein wenig oder mehr überschreiten, ohne, so hoffe ich, allein dadurch
Ihren Unmut zu erregen. Bei den ausgewählten Beispielen geht es mir nicht
um Schuldzuweisungen wegen Unaufgeklärtheit oder Böswilligkeit an die
betreffenden Autoren – ohnehin kann ich hier nur einige nennen –, es geht
vielmehr um das Aufspüren des homophoben Zeitgeistes, dem sich bis heute
noch niemand wohl vollständig entziehen kann.
Dieser Geist der Homophobie hat bisher in den weitaus meisten öffentlichen
Reaktionen auf Jahnn zu Verschwiegenheit über den vermeintlich dunklen
Punkt der Männerliebe in seinem Leben und Werk geführt. Vor wenigen Wochen erst unterwarf sich die einstündige Fernsehsendung zu Jahnns neun-
zigstem Geburtstag völlig dem ungeschriebenen Gesetz des Totschweigens
seines geschlechtlichen Außenseitertums, und auch eine Rundfunksendung
des *Senders Freies Berlin* am gleichen Tag – ein Abschnitt der *Nacht aus*

Blei, gelesen vom Autor selbst – verschwieg in ihren einleitenden Sätzen gänzlich die normabweichenden Seiten seiner Persönlichkeit.

Ähnlich verfuhr die von Jahnn ja ins Leben gerufene *Hamburger Akademie der Künste* mit ihren Veranstaltungen und Ausstellungen zum Gedenken an Jahnn, obwohl den Veranstaltern der Dichter zweifellos mehr am Herzen liegt als unseren öffentlich-rechtlichen Sendeanstalten. Die gleichgeschlechtliche Thematik war der Akademie – wahrscheinlich, weil man Jahnns Andenken nicht zu belasten wünschte – keine einzige Veranstaltung wert, das heikle Thema war im Gegenteil sogar der Grund, sich abzugrenzen von einer anderen, weniger gralshüterisch gesonnenen Gruppe, die das Schweigen über den schwulen Jahnn zu brechen gedachte und dies innerhalb einer Reihe von Gegenveranstaltungen auch unternahm – begrenzt allerdings auf den Bereich der "alternativen" Kulturszene.

Ich denke aber, daß ein Ort wie beispielsweise die schwule Buchhandlung *Männerschwarm* Jahnns Oeuvre durchaus gerecht wurde, und ich stelle mir vor, daß auch der 90jährige Jubilar – hätte er es noch erlebt – sich einen Besuch dort wohl kaum hätte nehmen lassen.

Das betretene Schweigen über die unbequemste Seite Hans Henny Jahnns beschränkt sich nun aber – wie Sie wissen – keineswegs auf die Ehrungen an Gedenktagen, sondern wird auch noch in jüngsten Buchpublikationen über diesen Autor mit erstaunlicher Konsequenz gewahrt. Daß Helmut Heißenbüttels Nachwort zum *Hans Henny Jahnn-Lesebuch* von 1984 den schwulen zugunsten des "grünen" Jahnn unterschlägt, hat Gert Mattenklott kürzlich – Sie haben es sicher gelesen – bereits als aktuelles Beispiel für die anhaltende einschlägige Verschwiegenheit genannt. Hier bleibt noch anzumerken, daß auch die Auswahl der Jahnn-Texte in diesem Buch – und zwar sowohl die der politisch-zeitgeschichtlichen wie auch der poetischen – den unaufhörlich seine erotische Faszination durch das Männliche umkreisenden Schriftsteller nicht erkennen läßt und daß so die gebotenen Ausschnitte seines Werks den Anspruch, "Leser an den Erzähler Jahnn heranzulocken", wie es der Herausgeber formuliert, nur ganz unbefriedigend erfüllen kann. Noch 1984 (oder schon wieder?) soll Jahnn, um für eine neue Generation vermeintlich genießbar zu werden, vom Stigma der Gleichgeschlechtlichkeit befreit, soll die aktuelle grüne Weste von den peinlichen schwulen Flecken gereinigt werden.

In der anvisierten Szene zeitigte die Publikation sogleich eine erwünschte
Reaktion: Die Berliner *Tageszeitung* begrüßte den "grünen" Jahnn aufs
herzlichste (1), ohne den männerliebenden – dem Rezensenten offenbar
unbekannt – zu vermissen. Ähnlich übrigens erging es dem Kritiker der
Frankfurter Allgemeinen Zeitung, dem Heißenbüttels "nobler und sachlicher
Ton" gefiel, wie er schrieb, und der höchstens Jahnns "erotisches Verhältnis zur Natur, zu Tieren" (2) im Jahnn-Lesebuch zu kurz gekommen sieht.

Von den aktuellen Anlässen zurück zu den Anfängen – zu den Reaktionen
auf *Perrudja* z.B., die diesen Roman nicht zum Anlaß nahmen, um auf dessen
homoerotische Grundfärbung einzugehen. Relativ unbefangen wirkt dabei
noch Wolfgang Koeppens Rezension von 1932 (3), obwohl auch sie nicht Perrudjas lange Liebe zu Hein, sondern nur die episodische zu Haakon, dem
jungen Fleischer, erwähnt. Das ist wenig angesichts der damals schon vorliegenden Theaterstücke Jahnns, die auch Koeppen kennt; das ist wenig vor
allem in Anbetracht dessen, daß Koeppen später selbst, in den fünfziger
Jahren, mit *Der Tod in Rom* eines der – neben Jahnns Werk – raren Zeugnisse einer engagierten Darstellung der Lebenssituation homosexueller Männer seiner und Jahnns Generation schreiben und 1954 auch veröffentlichen
wird. Aber es ist vergleichsweise viel und atmet noch den liberalen Geist
der zwanziger Jahre gegenüber den restlos diskreten oder moralisch rigoro-
sen Haltungen von Jahnn-Kritikern im Nachkriegsjahrzehnt – von der (wenn
auch nicht völlig konsequenten) Ablehnung Jahnns durch die faschistische
Kulturpropaganda, mehr aber noch von der Grabesstille, die sich während
jener Jahre über sein Werk legte, ganz zu schweigen.

Die Fronten der Jahnn-Kritik in den zwanziger Jahren – uneins über Jahnn,
doch einig im Tabu Homosexualität – stehen sich bei nahezu ungebrochener
Kontinuität der Homosexuellenverfolgung in der Bundesrepublik, noch in den
sechziger Jahren, gegenüber. So wendet sich noch 1968 Wilhelm Emrich (4)
in seiner Replik auf die Jahnn-Kritiker zwar heftig gegen Günther Blöckers
Perrudja-Verriß von 1958, mit dem dieser sich vor der bei Jahnn angeblich
dargestellten "wüsten, wahllosen Vermischung jedes mit jedem, diesem

---

1 Herrmann-Josef Fohsel, *TAZ* 16.4.1984
2 Walter Hinck, *FAZ* 15.3.1984
3 W. Koeppen im *Berliner Börsen Courier* am 15.7.1932
4 W. Emrich: *H.H.Jahnn und seine Kritiker* (1968)

Hexensabbat aus Mündern, Nabeln, Knien, Schenkeln und Brustwarzen" (5) zu retten versucht; auch Emrich aber deckt die Verschleierung der homosexuellen Inhalte durch Blöcker nicht auf, obwohl kaum zu übersehen ist, daß Blöckers Abscheu von dem Wahn eines homosexuellen Vergewaltigers Jahnn bestimmt ist, wenn er diesem unterstellt: "Das ersehnte Natürliche wird unter seinem berserkerhaften Zugriff zum schlechten Widernatürlichen". Blöckers Anwurf der Widernatürlichkeit ist, was die homosexuelle Seite Jahnns betrifft, 1958 bestens legitimiert. Im selben Jahr bekräftigt das Bundesverfassungsgericht die Rechtmäßigkeit der Strafverfolgung männlicher Homosexualität unter Berufung auf den gleichen Begriff der Widernatürlichkeit: in der Bundesrepublik gilt weiterhin der § 175 in der 1936 von den Nazis verschärften Fassung.

In der heftigen Polemik Blöckers gegen Jahnn gerät auch Karl Heinz Deschner wegen seiner 1957 erschienenen Jahnn-Eloge (6) in die Schußlinie. Aber auch in dieser Kontroverse herrscht Schweigen über Jahnns mannmännliche Provokation. Und so muß man vermuten, daß Jahnns Erhebung auf den Parnaß höchster Dichtkunst wohl auch Deschner nicht so leicht von der Hand gegangen wäre, hätte er Jahnn nicht nur in dem Kapitel "Landschaftsschilderungen" zu Wort kommen lassen, sondern auch in dem über "Liebesbeziehungen". –

In welchem Maß Selbstunterdrückung homosexueller Jahnn-Interpreten an solcher Art der Diskretion teilhaben kann, ist an Reimar Lenz` Aufsatz in der Zeitschrift *Text und Kritik* von 1964 zu ermessen. (7) Lenz, der unter dem Pseudonym Wolfgang Harthauser als einer der ersten das Schicksal Homosexueller in faschistischen Konzentrationslagern beschrieben hat (8), wagt , nicht-pseudonym, über Jahnns Homosexualität keine Aussage, sondern nur die Bemerkung, daß "die leibliche Liebe (...) ein zentrales Motiv im Jahnnschen Werk" sei.

Auch in anderen Beiträgen des ersten Jahnn-Hefts von *Text und Kritik* ist die Männerliebe kein Thema. Mit der Praxis des Schweigens über diesen wunden Punkt hat die Zeitschrift übrigens bis heute nicht wirklich gebro

5 G.Blöcker, in *FAZ* am 15.12.1958
6 K.H. Deschner: *Kitsch, Konvention und Kunst*, München 1957
7 R. Lenz: *Die Philosophie H.H.Jahnns*, in *T.u.K.*, 1964
8 W. Harthauser, in: *Das große Tabu*, München 1967

chen. Noch die dritte, erweiterte Auflage des Jahnn-Hefts von 1980 enthält zwar einen Aufsatz zu *Zeit und Inversion der Zeit* bei Jahnn, keinen aber über die geschlechtliche Inversion des Dichters – wenn diese auch hier und da erwähnt wird.

In gleicher Hinsicht noch verschwiegener gibt sich bisher die DDR-Zeitschrift *Sinn und Form*, wenn sie auch für sich in Anspruch nehmen kann, Jahnn hin und wieder wenigstens auszugsweise in der DDR veröffentlicht zu haben, wo bis heute keines seiner Werke gedruckt ist. Den weitaus breitesten Raum aber räumte *Sinn und Form* 1965 einem Artikel Heinrich Christian Meiers über seinen Schriftstellerkollegen und Duz-Freund Jahnn zu dessen siebzigstem Geburtstag ein (9), doch auch Meier – der als einer der wenigen Teilnehmer dieses Kolloquiums Jahnn noch gekannt hat und insofern eine authentische Verbindung zu ihm herstellen kann – auch Meier konnte (und wollte wohl auch) das Thema Gleichgeschlechtlichkeit damals in jenem Zusammenhang nicht bloßlegen. Dagegen bemühte er sich als einer der ersten Autoren um die Beschreibung der politischen Dimension Jahnns. Offensichtlich setzte sich aber dennoch in der DDR-Germanistik nicht die von Meier vertretene und von Anna Seghers unterstützte politische Würdigung Jahnns durch, sondern eine gegensätzliche Tendenz, die Jahnns Werk nicht nur von "humanitärer Gesinnung", sondern kontinuierlich auch von "dekadenten Elementen durchzogen" sieht, von Auseinandersetzung mit dem "Abnormen", mit "triebhaften Exzessen" – eine Radikalität, die, wie noch 1972 das DDR-*Lexikon deutschsprachiger Schriftsteller* meint, Hans Henny Jahnn "die Sicht nahm für progressive Lösungen von gesellschaftlichen Problemen".

Dem Kapitel "Verschwiegenheit" über die gleichgeschlechtliche Liebe – dem weitaus umfangreichsten innerhalb der Jahnn-Rezeption – ist neben vielen anderen Seiten die Jahnn-Ausstellung der Mainzer Akademie von 1973 hinzuzufügen, die auch in Westberlin gezeigt wurde, sowie die meisten der Umsetzungen Jahnns auf dem Theater (soweit dies Kritiken zu entnehmen ist). Das gilt in letzter Zeit auch für das nur sehr dezent homoerotische Ballett *Die Nacht aus Blei*, 1981 an der *Deutschen Oper Berlin* uraufgeführt (das jetzt verfilmt wird), und für die Schauspielfassung des gleichen Stoffes

9 H.Ch. Meier, in: *Sinn und Form*, Heft 1/2, 1965

1983 in München, in der Anders, das homosexuelle Jugend-Ich der Hauptfigur Matthieu, von einer Frau dargestellt wurde.

Aus dem wesentlich schmaleren Kapitel "Offene Homophobie" im Umgang mit
Jahnn will ich hier noch einmal den vielzitierten Paul Fechter nennen, der
in seiner beispielhaft aufgeregten Verurteilung des *Perrudja* von 1931 (10)
sich über das ereifert, was er Jahnns "Peinlichkeiten" nennt, wobei ihn
diese "femininen Phantastereien einer Literatenseele", wie er es nennt, genügend faszinieren, um ihn immer wieder auf Jahnns "Wühlen und Herum-
rühren in körperlichen Produkten und Absonderungsergebnissen" zurückzuführen. Heute wäre wohl auch dieser Philologe, spätestens nach der
Theweleit-Lektüre, vorsichtiger mit einer so deutlichen Offenlegung seiner
Abwehr-Ängste. Die auch von Theweleit seinerzeit bekräftigte Affinität zwischen Homophobie und faschistoider Männlichkeit – im allgemeinen wohl eine
allzu beliebige Zuordnung – scheint sich im Fall Fechter jedoch dadurch zu
bestätigen, daß dieser Kritiker, der sich sogar vor der Tatsache ekelt, daß
Perrudja und Hein aus einem Glas trinken – im Jahr 1931 auf jene
"Parteien" hofft, die "diesem Unfug" – er meint einer Literatur wie der
Jahnns – "ein Ende machen wollen".

1954 ist Karl Heinz Kramberg in der *Süddeutschen Zeitung* dem gerade 60
Jahre alt werdenden Jahnn zwar kaum geneigter, seine Verurteilung spricht
aber den tieferen Grund seiner Beunruhigung unmißverständlich aus: "Er
(Jahnn) macht wie Gide keinen Hehl aus seiner homosexuellen Neigung".
Krambergs Urteil daher: "Ein Genie im Pfuhl". Eine ungebrochene Ächtung
der Homosexualität im Nachkriegsdeutschland stützt Krambergs Haltung, die
gegen Jahnn nicht nur die "Schamlosigkeiten" seiner Erfindungen" – wie
dieser Kritiker es nennt – wendet, sondern, was für ihn noch schwerer
wiegt, den Genuß dabei, der eine humanitäre Gesinnung Jahnns, die sich
der Abschreckung vor solchen Scheußlichkeiten zu verschreiben hätte, aus-
schließe. Krambergs Resümee: "Ich kenne keinen lebenden Dichter, der das
Bild des klassisch schönen Menschen so großartig besudelt, und das Besu-
delte so inbrünstig liebt wie Jahnn". Immerhin, 1954 ist aus dem Langweiler
Jahnn, als den Fechter ihn noch abzutun versuchte, auch für homophobe
Konservative ein "Genie" geworden.

10 P. Fechter, in: *Die neue Literatur*, Leipzig 1931

Ein Genie freilich, dessen "offenbares Interesse für die gleichgeschlechtliche Liebe" – so Henri Plard 1964 in seinem Buch über *Fluß ohne Ufer* – weiterhin die Gemüter der Germanisten erhitzt, denn auch Plard scheint dieses Interesse "heikel". Welche Rolle bei solchen Urteilen der § 175 spielte, zeigt Plards vermeintliche Verteidigung Jahnns als eines Autors, der "die Päderastie keineswegs in Schutz nehmen" wolle, wobei Plard aber selbst jenen Paragraphen in Schutz nimmt, den er zu den "Geboten und Verboten zählt, ohne die keine Gesellschaft bestehen kann". –

Daß in den sechziger Jahren die Abwehrreaktionen einer Reihe von Kritikern und Philologen gegen das homosexuelle Ärgernis bei Jahnn sich allmählich von gänzlichem Schweigen oder pauschaler Verdammung zur wohlmeinenden Verteidigung Jahnns gegen diskriminierende Zuordnungen wandeln, ist dennoch offensichtlich: Gerhard Schmidt-Henkel etwa versucht 1967 in seinem Buch über Jahnn (11) das Außergewöhnliche der Jahnnschen Erotik völlig ins Mythische zu transponieren – "more mythologico zu objektivieren", wie er es nennt – und so wenigstens von allen gegenwärtigen Bezügen zu lösen und aus Jahnns Lebenszusammenhang zu entfernen, um zu der Schlußfolgerung kommen zu können: "Begriffe wie Sodomie und Homosexualität treffen hier nicht".

Wenige Wochen vor der ersten Reform des § 175 im September 1969 erschien in der *Frankfurter Allgemeinen Zeitung* Klaus Jerziorkowskis vielzitierte Kritik zu den drei Erstveröffentlichungen aus dem Jahnn-Nachlaß *Ugrino und Ingrabien, Perrudja II* und *Jeden ereilt es*. Diese Kritik kann als Beleg dafür gelten, daß eine der Paragraphenreform vorausgegangene öffentliche Diskussion in der Bundesrepublik zwar eine offenere Behandlung des Themas Homosexualität, nicht aber im gleichen Maß auch ihr Verständnis gefördert hatte. So glaubt auch Jerziorkowski noch, dem die Paragraphenreform offenbar unheimlich ist, sich gegen eine vermeintliche homosexuelle Übermacht ante portas, gegen Jahnn als den großen imaginären Vergewaltiger bedrohter Männlichkeit schützen zu müssen, entdeckt er doch erstaunlicherweise in *Jeden ereilt es* die Botschaft, "das komplette Universum sei schlicht homosexuell" (12). Selbst ein so schmales Fragment eines schwulen

11 G. Schmidt-Henkel: *Schöpfung und mythische Stilfigur: Hans Henny Jahnn.*
12 K. Jerziorkowski: *Kein Nibelungenhort, FAZ* 26.7.1969

Liebesromans wie *Jeden ereilt es* löst auch bei diesem Autor sogleich die bekannte Angst vor dem gleichgeschlechtlichen Dammbruch als universeller Katastrophe aus. Doch schließlich kann sich der Rezensent mit der Überzeugung beruhigen, die Edition aus dem Jahnn-Nachlaß sei schon deshalb lohnend, weil sie die Legende von dessen literarischer Bedeutung abzubauen helfe.

Mehrere Autoren Ende der sechziger, Anfang der siebziger Jahre lassen dagegen den Wandel in der Wahrnehmung der gleichgeschlechtlichen Substanz im Werk Jahnns durch eine ausführliche Darstellung ihrer Vorurteile erkennen. Russel E. Brown (13) etwa findet eine Gefährdung Jahnns auch als Schriftsteller durch die "letztlich sterile Natur homosexueller Liebe" und die für die "Persönlichkeit eines Homosexuellen in hohem Maße kennzeichnenden sadomasochistischen Neigungen" – so Brown – nur allzu verständlich.

Charles Linsmeyer (14), der sich bei Jahnn mit "Geschmacklosigkeiten übelster Art" konfrontiert sieht, erklärt sich das, was er die Hilflosigkeit des Jahnnschen Protests gegen den "Sieg der weiblichen mütterlichen Liebe" nennt, durch die Vorstellung, daß "eine natürliche Erfüllung" – sprich: "reale Vereinigung der Genitalien" – in der Homosexualität ausgeschlossen bleibt" – meint Linsmeyer.

Manfred Maurenbrecher hat in seiner Dissertation schon darauf hingewiesen, daß in jenen Jahren auch die Arbeiten von David M. Weible (15) und Rüdiger Wagner (16) die Wertung der Gleichgeschlechtlichkeit als Perversion zur Grundlage ihrer Jahnn-Interpretationen machen. Doch solche Urteile bestimmen – wie gesagt – in den beginnenden siebziger Jahren – dem Jahrzehnt kultureller und juristischer Reforminitiativen – die Jahnn-Interpretation immer weniger.

Denn eine andere Reihe von Jahnn-Interpreten hat sich schon spätestens seit Jahnns Tod um eine verständigere und angemessenere Auseinandersetzung mit den gleichgeschlechtlichen Inhalten bemüht. Die Schriften und

13 R.E. Brown: *H.H.Jahnns Fluß ohne Ufer*, Bern, München 1969
14 Ch. Linsmeyer: *Das Todesproblem bei H.H.Jahnn*, Zürich 1973
15 D.M. Weible: *Eros in the Works of H.H.Jahnn*, Kansas 1972
16 R. Wagner: *Archaische, pythagoreische und harmonikale Grundzüge ...* 1974

Briefe des – wie Sie wissen – am vergangenen Montag gestorbenen Werner Helwig bezeichnen in ihrem Schwanken zwischen energischem Reinigungsversuch und wohlmeinender Verteidigung seines Freundes Jahnn den Übergang von empörter Abwehr zu sachlicherem Verständnis. Daß Jahnn sich gerade auch als Liebhaber des Männlichen von Helwig verstanden fühlte, dokumentiert ihr Briefwechsel. Was davon aber über Helwig nach außen drang, läßt die damalige Konflikthaftigkeit öffentlicher Mitteilungen über ein konträres Geschlechtsempfinden lebender oder auch nicht mehr lebender Personen beispielhaft erkennen. Schon 1954 versuchte Helwig die, wie er meint, "seltsamen Grausamkeiten und barocken Perversionen" in Jahnns Dichtung als "Experimente" aus dem reinen Geist der Musik zu rechtfertigen, die jedoch – ins Leben übertragen – notwendig zu "Mißverständnissen" führen müßten (so Helwig in der Festschrift zum 60. Geburtstag Jahnns). 1959, nach Jahnns Tod, will Helwig den Freund – unmißverständlicher, als dieser selbst es je tat – vom Verdacht einer Lebensführung im Zeichen solcher "Mißverständnisse" – gleichsam als Kronzeuge – ein für alle mal freisprechen, einen eigenen Brief an Jahnn aus dem Jahr 1949 zitierend: "Dein Leben, vom Normalmenschen aus betrachtet, ist das denkbar normalste". (*Briefe um ein Werk*) Ich zitiere hier nur diesen Schlußsatz seines beredten Plädoyers für den Normalmenschen Jahnn, da ich vermute, daß das angekündigte Referat über die Beziehung Jahnn–Helwig hierauf noch zurückkommen wird.

Auch 1969 noch, in seiner Besprechung von *Jeden ereilt es*, meint Helwig, in diesem Roman habe sich Jahnn literarisch endlich einmal all das erlaubt, was ihm das Leben versagt habe. An Helwig schrieb Jahnn das aber nicht, sondern bloß vom Liebesroman, den er sich "schulde" und in dem er keine Rücksicht nehme auf seine lebenslange Angst, bei etwas Unehrenhaftem ertappt zu werden – nicht aber, daß er dies Unehrenhafte trotz aller Angst nicht doch getan und auch genossen habe.

In Helwigs *Parabel vom gestörten Kristall* von 1977 findet man eine ähnliche Widersprüchlichkeit. Zwar wird uns auch hier versichert, daß Jahnn "nie die Grenze des Bürgerlich-Schicklichen überschritt", die Anekdoten aus Jahnns Leben sprechen dann aber zu oft von dessen Liebe und Leidenschaft für junge Männer, als daß sich dies noch in den Rahmen bürger-

licher Schicklichkeit und eines wohltemperierten Eros unter Männern pressen ließe.

Helwigs Buch richtete sich offenbar gegen Hubert Fichtes 1974 erschienenes
provozierendes Jahnn-Portrait in *Versuch über die Pubertät*, so daß es beim
Vergleich dieser unterschiedlichen Erinnerungen an Jahnn einem Rezensenten schien, als habe es – ich zitiere – "in Gottes Namen zwei Personen gegeben, die sich Hans Henny Jahnn nannten", (17). Aber auch dieser Kritiker
verschweigt die entscheidende Differenz der beiden Bücher, die
Vertuschung der Homosexualität Jahnns bei Helwig und deren unverblümte
Deutlichkeit bei Fichte.

Eine weitere sozusagen halbamtliche Quelle der Berichterstattung über
Jahnn, die *Gespräche mit Hans Henny Jahnn*, die Walter Muschg 1932 führte
und 1967 herausgab, sind, was die Gleichgeschlechtlichkeit betrifft, ähnlich
wie Helwigs *Parabel* aus Verschweigen, Andeutungen und Verschleierungen
gemischt. Der Anteil an Verdunkelung, den Muschg der Selbstdarstellung
Jahnns noch hinzufügte, ist dabei schwer zu bestimmen. Denn Jahnn selbst
zeigt sich äußerst vorsichtig im Umgang mit dem heiklen Thema. So lieben
in seinem Lebensrückblick – wenn überhaupt – vor allem andere Männer das
gleiche Geschlecht, z.B. ein Wandervogelführer, den Jahnn – sich deutlich
distanzierend – als "schwer homosexuellen Mann" bezeichnet, oder auch der
frühe Förderer und Freund von Harms und Jahnn, der Kaufmann Lorenz
Jürgensen, von dessen Homosexualität sich Jahnn ebenfalls deutlicher ab-
grenzt, als es ihm, der ja gerade durch den Tod des geliebten Harms in
eine Lebenskrise geraten war, eigentlich entsprach. Auch sonst ist Jahnn,
was die eigene Liebesart betrifft, in den *Gesprächen* mit Muschg äußerst
diskret, erwähnt nur einige Schülerlieben "in vollkommener Unschuld", wie
er sagt, und einen Verführungsversuch durch einen erwachsenen Mann, dem
er sich aber früh genug entzogen habe. Nur einmal lüpft er einen Zipfel
des Tabus, wenn er dem Verhältnis zu Gottlieb Harms "etwas Sündiges" –
wie er halb ironisch bemerkt – zugesteht. Das Wort "Liebe" fällt in
Zusammenhang mit seinen Männerverbindungen nicht, sogleich aber, wenn
von der Begegnung mit Ellinor, seiner späteren Frau, die Rede ist, wo es
heißt: "Es war Liebe auf den ersten Blick".

---

17 E. Johann: *Der ehrbare H.H.Jahnn*, in *FAZ* v. 6.8.1977

Muschg selbst wiederum läßt in einem späteren Aufsatz über Jahnn seine Haltung zur Gleichgeschlechtlichkeit insofern spüren, als er die Männerverhältnisse im Werk seines Freundes ausschließlich "Gemeinschaft", "Blutsbrüderschaft", "Freundschaft" nennt, Gustav Anias Horns Begegnung mit einem Negermädchen (in *Fluß ohne Ufer*) aber als Horns "erste Liebe" bezeichnet und die "unsäglichen Träume des süßen Fleisches und den Abgrund der nackten Lust", die sich hier dem Protagonisten auftun, geradezu erleichtert dem Kritikerblick unterzieht. – Die von Muschg versuchte Ehrenrettung Jahnns wird noch deutlicher in einem anderen Zitat: "Er (Jahnn) stellt die Sehnsucht nach dem Weibe so glühend dar und spricht von der Seele der Frau so zart und wissend, wie es bei einem Homosexuellen nicht denkbar ist". (*Von Trakl zu Brecht*)

Auch keiner der Weggenossen Jahnns, die 1959 zu seinem 65. Geburtstag das *Buch der Freunde* zusammenstellten, äußerte sich eindeutig zu Jahnns Männerliebe – auch nicht der Herausgeber Italiaander. Als einziger und deshalb umso bemerkenswerter fand Hans Wolffheim damals die Worte: (Es besteht kein Anlaß), "die moderne dichterische Ausprägung des im Mythos Erscheinenden (die "gleichgeschlechtliche Liebe") anstössig zu nennen". Erst rückblickend – angesichts der offenbaren Furcht fast aller anderen Interpreten vor der Berührung mit Jahnns Geschlechtswelt – kann man dieses Votum Wolffheims als den Ausgangspunkt einer vorurteilsarmen Jahnn-Analyse entsprechend würdigen. Was Wolffheim dem dann Mitte der sechziger Jahre in dem Aufsatz *Geschlechtswelt und Geschlechtssymbolik in "Fluß ohne Ufer"* hinzufügt, hebt die Auseinandersetzung um die Erotik bei Jahnn auf ein Niveau sachlicher und engagierter Genauigkeit, das von keinem anderen Interpreten des in diesem Jahrzehnt sich abzeichnenden Aufschwungs der Jahnn-Forschung erreicht wird. Doch mit der Entschlüsselung der mythischen Entsprechungen der Geschlechtsbeziehungen in Jahnns Werk verbindet sich auch bei Wolffheim – der jeden anderen Bezug auf die reale Gegenwart ausspart – die Tendenz zur Entrealisierung und Entsexualisierung der gleichgeschlechtlichen Konstellationen. So erscheint auch das Tragische der Männerverbindungen bei Jahnn als überhistorisch konstituiert, als mythisch beglaubigt und für alle Zeiten gültig. Entsprechend endet Wolffheims Essay mit der Mahnung an die Lebenden, "Erbarmen" mit dem Jahnnschen Menschen zu üben. Es drängt sich auf, diesen Appell in Zusammenhang zu sehen mit dem Wandel der gesellschaftlichen Wertung der Homosexualität als Verbrechen zur Auffassung von ihr als Krankheit oder doch zumindest einer von Natur aus tragisch umschatteten Sonderform des Geschlechtslebens.

Zwischen der Absolution Jahnns vom Schuldspruch der Homosexualität durch Muschg und die viel bedenkenlosere Annäherung Wolffheims fügt sich Wilhelm Emrichs Aussage von 1968 über den männerliebenden Jahnn. Emrichs Rechtfertigungsversuch des toten Meisters nennt zwar gewisse abweichende Tendenzen in dessen Seelenleben, versucht die Verfolger aber von der gleichgeschlechtlichen Spur abzulenken, indem er die Liebe zwischen Perrudja und Signe, die "einmalig und für immer einander gehören", wie er sagt, in dem Mittelpunkt seiner *Perrudja*-Interpretation stellt und die "Allgeschlechtlichkeit" des nichtheldischen Helden als modernen Fluchtversuch in "die beliebige Austauschbarkeit der geschlechtlichen Partner" bezeichnet. Perrudja erscheint so als ein durch die Zerrüttung des modernen Mannestums in der Frauenliebe behinderter Heterosexueller, seine sogenannte "Allgeschlechtlichkeit" als Ersatzhandlung für seine eigentliche, die wahre Liebe zur Frau.

Um die letztgenannten Autoren Muschg, Wolffheim, Emrich, deren unterschiedliche Arten von Distanz und Nähe zum Thema Homosexualität als repräsentativ für die Jahnn-Kritik der sechziger und der beginnenden siebziger Jahre gelten können, gruppiert sich eine Anzahl weiterer Autoren, die sich, im Aufwind kultureller Liberalisierung, insgesamt angstfreier mit dem genannten Thema auseinandersetzen. Ich möchte hier nur noch Hennig Boetius (18) und Peter Kobbe (19) nennen als Beispiele für den Beginn einer psychologischen Differenzierung der von ihnen im Werk Jahnns ohne weiteres konstatierten Homosexualität, die sich für Boetius in *Fluß ohne Ufer* als "eine Aufzählung verschiedener Typen des Invertierten" erschließt. Die den Protagonisten Horn und Tutein nachgewiesenen Züge von "Hermaphroditismus" lassen Boetius aber diesen Männern eine freie Entscheidung für die gleichgeschlechtliche Bindung zugestehen, andererseits aber geht auch Boetius aus von einer frühen psychosexuellen Bedingtheit

18 H. Boetius: *Utopie und Verwesung*, Bern 1967
19 P. Kobbe: *Mythos und Modernität*, Stuttgart 1973

einer solchen Orientierung und ist sich auch des auf sie einwirkenden gesellschaftlichen Drucks bewußt. Wie frei aber kann eine Entscheidung sein im Konflikt zwischen früher Disposition und gesellschaftlicher Norm? Problematischer aber erscheinen mir Boetius` verallgemeinernde Aussagen, wenn er in Jahnns Abbild der Gleichgeschlechtlichkeit Wesensgemäßes dieser Sexualität aufscheinen sieht. Da die "Liebe des Invertierten" "keinem biologischen Zweck zu dienen" vermöge, benutze sie das, "was sie deshalb an Energie bei sich behalten muß, (...) oft zu ihrer eigenen Differenzierung" (S.69). Eine "Überwindung bloßer Sinnlichkeit (sei) als Tendenz charakteristisch für die gleichgeschlechtliche Beziehung" (S.98/99), da nicht nur der "Druck der Gesellschaft", sondern auch "die biologische Unnatürlichkeit seiner Liebe" "den Invertierten zur Distanz vom Geliebten" treibe (S.110) oder aber – wie beim Blutaustausch zwischen Horn und Tutein – in einen "zwanghaften Versuch einer Kohabitation gegen die natürlichen Grenzen der Gleichgeschlechtlichkeit" (S.99). Es scheint mir, als führe hier eine ganz unproblematisierte Setzung des Fortpflanzungstriebs als des entscheidenden Impulses von Sexualität zu dem, was Boetius den "biologischen Zwang zur Denaturierung" der gleichgeschlechtlichen Beziehung nennt, zu einer Negativität der Homosexualität von Natur aus, die alle "Invertierten zur unglücklichen Differenzierung und Vergeistigung der Liebe" zwinge und so auch Gustav Anias Horn, wie es heißt, "in die Sackgasse seiner homophilen Konstitution" treibe (S.110).

Peter Kobbe setzte 1973 der Jahnn-Interpretation, was die psychoanalytische Sichtweise betrifft, neue Maßstäbe. Kobbe versteht die Tilgung der Heterosexualität bei Jahnn als "Emanzipation des nichtgenitalen Prinzips" (S.80) und als Rückzug in den matriarchalen Bereich und weiter "in den Bereich des Todes". Kobbe sieht in einer solchen homosexuellen Regression die "spezifische Form Jahnnscher Kulturkritik" als eines narzißtischen, antipatriarchalischen Protests, ohne diesen allerdings auch auf die schlichte Not eines sexuellen Bedürfnisses zurückzuführen, das sich im Konflikt mit soziokulturellen Rollenmustern zu realisieren trachtet. Die von Kobbe so genannte "Liebesunfähigkeit" der Männer bei Jahnn ist hier einseitig an deren "homoerotische und inzestuöse Strukturen" gebunden (S.23), wobei mir die Bedeutung des gesellschaftlichen Drucks auf Homosexuelle unterschätzt zu sein scheint, der ja nicht etwa nur zur gleichgeschlechtlichen Betätigung, zum homosexuellen Protest drängt, sondern gerade auch einer solchen Praxis entgegenwirkt und zur Selbstverleugnung treibt. Daß Kobbe die Homosexualität als Folge einer primären Grundstörung und Desintegration versteht – Begriffe, die sich (in Freud-Nachfolge) am Klassenziel einer gelungenen sozialen Integration mit heterosexuellen Folgen orientieren, ist Teil des auch von Kobbe nicht verleugneten Verständnisses von der alleinigen Gesundheit eines individuellen Reifeprozesses, der in heterosexueller Genitalität seinen krönenden Abschluß findet. Andere Autoren (etwa Erwin Jäger) haben allerdings eine weitaus normativere Freud-Rezeption als Kobbe ihrer Jahnn-Interpretation zugrunde gelegt. Ich komme auf den psychoanalytischen Ansatz noch einmal zurück, möchte aber zuvor Hans Mayers Vorwort zur Jahnn-Werkausgabe von 1974 erwähnen, von dem man vielleicht klärende Worte zur gleichgeschlechtlichen Thematik bei Jahnn hätte erwarten können, zumal Mayers *Außenseiter* wenig später erschien. Doch Mayer würdigt den geschlechtlichen Außenseiter Jahnn in jenem Vorwort kaum eines Blickes – weder in den biographischen Notizen (wo die Liebe zu Harms ausschließlich "Freundschaft" und "Gemeinschaft" genannt wird) noch in den Kurzinterpretationen der Werke. Der Grund – Mayer meint: "Die Welt Jahnns ist eine der Präsexualität weit eher als der Homoerotik". Dem ist entgegenzuhalten, daß es ja nicht zufällig eine Knaben- und Männerwelt ist, die Jahnn darstellt, und von Erotik und Sexualität durchsetzt ist sie allemal. Eher müßte man wohl sagen, daß gerade die umfassende Homoerotisierung, der durch eigenes Empfinden geschärfte Blick aufs Männlich-Geschlechtliche, Jahnns Abbild der Welt auszeichnen. Wie ein Schiedsspruch über der ersten repräsentativen Werkausgabe hat demgegenüber Mayers Diktum – Präsexualität statt Homoerotik – etwas exemplarisch Abwiegelndes – auch deshalb, weil in ihm die homosexuelle Konfliktsituation in Jahnns Leben und Dichtung völlig aufgehoben erscheint, und Mayer zudem meint, dieser Schriftsteller habe ein "Leben ohne Kompromisse geführt", wo sich doch gerade wegen seiner lebenslangen Kompromisse Jahnn in seinen späten Briefen bittere Vorwürfe macht.

Im Gegensatz zu den verschleiernden Aussagen Mayers bedeuten Manfred Maurenbrechers Arbeiten über Jahn (vor allem *Subjekt und Körper* von 1983) eine weitere Annäherung an die Geschlechtswelt dieses Dichters. Wie

Kobbe versucht Maurenbrecher die Gesetze frühkindlicher Prägungen aufzu-
spüren, nach denen sich die Figuren und das Geschehen in Jahnns Litera-
tur darstellen – Prägungen, die Maurenbrecher als "kulturtypisch" kennzeichnet, zugleich aber als in ihrer ursprünglichen Form kaum noch verän-
derbar versteht. Kulturtypisch, doch unveränderlich? Zugleich warnt
Manfred Maurenbrecher Jahnn-Interpreten ausdrücklich vor "Chiffren wie
Sadismus, Masochismus, auch Homosexualität" und plädiert für die
"Untersuchung psychischer Vorgänge und der Art der Darstellung von
Objektbeziehungen, Abwehrvorgängen". Die verständliche Scheu vor in der
Regel diskriminierend gebrauchten Begriffen wie dem der Homosexualität
führt nun aber zu großer Sparsamkeit und Zurückhaltung, wenn es um
gleichgeschlechtliche Inhalte bei Jahnn gehen müßte, stellt sich auch der
gängigen Vernachlässigung dieses Themas durch andere Autoren zumindest
nicht ausdrücklich entgegen. Die "Chiffre" Homosexualität aber sollte, denke
ich, gerade deshalb benutzt werden, weil die Vermeidung des Begriffs dessen traditionelle Negativität speichert und bewahrt. Nur durch veränderten
Gebrauch, meine ich, kann sich die Chiffre Homosexualität von ihrer Funktion als verschlüsseltes Erkennungszeichen für eine dunkle, stigmatisierende
Sexualität emanzipieren und zum lebensnahen Begriff erhellen.
Nach Maurenbrecher tritt die Bedeutung der gleichgeschlechtlichen Disposition der Männer Jahnns zurück vor ursprünglicheren Prägungen: einem
frühesten Mangel an Zärtlichkeit als der Ursache einer "Grundstörung bzw.
eines sehr frühen narzißtischen Traumas" (S.520). Daraus entwickelt sich
die These, daß Jahnn und seiner Protagonisten Hauptproblem nicht die
Gleichgeschlechtlichkeit, nicht ein "genuin homosexuelles Begehren" seien,
sondern "Liebesunfähigkeit und gewaltförmige Wünsche". Den frühesten
Prägungen kann eine so vorrangige Bedeutung für die individuelle
Entwicklung aber nur dann zugeschrieben werden, wenn spätere
Liebeserfahrungen (des Autors wie auch seiner Figuren) als nur sekundär
bedeutsam eingeschätzt werden. Ohne mich hier auf die Frage nach dem
Zeitpunkt einer psychischen Installation von Homosexualität einlassen zu
können, meine ich aber, daß die sichtbare Wirkung der Hans Henny Jahnn
erst allmählich, dann aber als Schock bewußt gewordenen Anrüchigkeit
seiner homosexuellen Empfindungen als Kriterium für das Verständnis seiner
Dichtung und Person in einem solchen Interpretationsmuster zu kurz kommt.

Es scheint Maurenbrecher, als verursache nicht "eine Angst vor normverletzender Homosexualität" "die Abwehr des homosexuellen, genitalen Akts" in Jahnns Texten, sondern die "Insistenz auf den gewaltförmigen Wünschen, die eben nicht in kulturüblicher Form gebändigt werden sollen". Meine Fragen: Welche Vorstellung von "genuiner" Homosexualität stützt diese Aussagen? Die einer gewaltfreien, nicht von gängigen Formen der Herrschaft und von Rollenkonflikten berührten Liebe zwischen Männern? Und ist Gewalt zwischen Männern im patriarchalen Gemeinwesen nicht weitaus kulturüblicher als gerade der mannmännliche Geschlechtsverkehr?

Daß ich Darstellung und Kontroverse an dieser Stelle abbrechen muß, obwohl sie erst angedeutet sind, zeigt die Notwendigkeit der von Maurenbrechers Arbeit aufgenommenen und erweiterten Diskussion über die Männerliebe nicht nur Hans Henny Jahnns.

Neben den ablehnenden oder sich auf unterschiedliche Nähe einlassenden Jahnn-Interpreten sind nun noch diejenigen zu nennen, die sich aus erklärter Betroffenheit als Homosexuelle auf Jahnn beziehen. Das wichtigste und bekannteste Dokument dieser Art – Hubert Fichtes *Versuch über die Pubertät* – ist dabei ja kein wissenschaftliches, sondern ein literarisches. Vor Fichte gab es eine solche, offen einvernehmliche Reaktion eines Schriftstellerkollegen auf den homosexuellen Jahnn nicht. Klaus Mann etwa gab einem sicherlich wichtigen Grund seiner Begeisterung für *Perrudja*, die Konsonanz mit dem eigenen, homosexuellen Lebensthema, in seiner Kritik des Buchs 1930 keinen Ausdruck. Von seinem ehemaligen Freund und Schwager Gustaf Gründgens war ein solches Bekenntnis ohnehin viel weniger zu erwarten – in seinem Beitrag zur Jahnn-Festschrift 1954 blieb es denn auch aus.

Zum gleichen Anlaß wird Jahnn jedoch von anderer Seite auch als gleichgeschlechtlich Liebender gewürdigt: in der einzigen zwischen 1933 und 1950 erscheinenden deutschsprachigen homosexuellen Zeitschrift, dem Schweizer Blatt *Der Kreis*. Verschiedene Buchbesprechungen in dieser Zeitschrift lassen in ihrer oft rührenden Dankbarkeit und Rechtfertigungsbemühung erkennen, daß Jahnns Dichtung für die Schwulen der Jahrzehnte nach 1933 zu den raren Strohhalmen zählte, an die sich ihr Suchen nach literarischer Beglaubigung ihrer Identität halten konnte. Sicher nicht ohne Grund aber erst nach Jahnns Tod erfährt der Leser des *Kreis*` in einem Nachruf auf Jahnn auch von dessen mehrfachen Besuchen in der Redaktion des Blattes: "Jedes Mal, wenn ihn sein Weg nach Zürich führte, besuchte er uns und erkundigte sich mit dem gleichen lebendigen Interesse nach unserer eigenen Arbeit, ihren Zielen und Aufgaben". (1959)

Erst Jahrzehnte später wird dann die Bedeutung Jahnns für das homosexuelle Selbstverständnis anderer Schriftsteller im Werk von Hubert Fichte oder Josef Winkler deutlich sichtbar. Doch beide gehören zu einer neuen Generation homosexueller Jahnn-Leser, für die sich, auch durch Jahnns Dichtung, aus dem hermetischen Todesbereich einer *Nacht aus Blei* eine Tür ins Leben geöffnet hatte: In bewußter Umkehrung des Geständnisses von Anders an Matthieu in der *Nacht aus Blei* – "Du darfst mich töten, wenn du mich nur liebst" – lauten Winklers Worte an den geliebten Mann: Du darfst mich *nicht* töten, auch wenn du mich liebst".

Später als das durch Jahnn bestärkte literarische Bekenntnis homosexueller Autoren folgte das germanistische. Wolfgang Popp verschwand schon bei einem Jahnn-Vortrag im Mai 1982 auch als "schwuler Leser", wie er sagte, nicht mehr diskret von der Bildfläche – weitere Beiträge Popps und anderer Autoren, die diese persönliche Betroffenheit offen zu erkennen gaben, sind gefolgt. Und wenn Wolfgang Popp über die erotische Intimität zwischen Matthieu und Gari in *Jeden ereilt es* sagt: Diese Szenen "rühren mich als Leser an, stimulieren mich sexuell, weil sie bei mir Erfahrungen und Wünsche wachrufen" – so sind das Wünsche und Erfahrungen, die auch meine vorausgegangenen Ausführungen nicht verleugnen sollten. – Ich will nicht schließen, ohne um Ihre Nachsicht dafür zu bitten, daß ich den Referenten dieses Kolloquiums mit schlechtem Beispiel vorangegangen bin und die mir zugedachte Redezeit um einiges überschritten habe. Vielen Dank!

DISKUSSION

* Es ist sehr schwer, etwas dazu zu sagen, aber ich möchte sagen, daß ich alles, was die Tabuisierung der Homosexualität Jahnns angeht, all diese Vorwürfe an Kritiker usw., daß ich dem vollkommen zustimme. Es ist tatsächlich so, daß dieser Bereich verdrängt worden ist. Nun fürchte ich, jetzt tritt eine erneute Verzerrung ein – nach dem Ausblenden der homosexuellen Problematik. Es fällt natürlich sehr schwer, in drei, vier Worten eine Entzerrung vorzunehmen, was ich auch gar nicht könnte! In dem Vortrag hier sehe ich zum Beispiel eine Verzerrung darin, daß in den Mittelpunkt jene Ereignisse gestellt wurden, wo Jahnn sozusagen Verschleierung betrieben hat und damit, wie Sie sagen, die pornographische Phantasie des Lesers angeregt hat, indem er nicht direkt spricht. Sie sagen: Nur im heterosexuellen Bereich kann man in Andeutungen sprechen; im homosexuellen Bereich muß man direkt sprechen, sonst ist die Aussage Lüge. In dem Punkt ist es eine ganz starke Kritik an Jahnn und da frage ich mich: Wird nicht jetzt die homosexuelle Ehrlichkeit über die künstlerische Ehrlichkeit gestellt? Jahnn hat in einer Querstellung gelebt, einem Widerstand; und dieser Widerstand, der in ihm selbst lag, hat überhaupt seine künstlerische Position provoziert. Dadurch stecken auch in *Fluß ohne Ufer* die ganzen Widerstände gegen Homosexualität mit drin. Ist dieser Widerstand nicht notwendig, um ein Kunstwerk zu erzeugen? Ist nicht diese totale Selbstrealisierung – das haben wir ja heute: jeder Mensch muß sich total selbst realisieren – ist das nicht unkreativ, muß nicht ein Widerstand da sein, um etwas kreativ gestalten zu können? Dieses Moment des notwendigen Widerstands – bei Bataille kommt das auch. Es gibt keine Entgrenzung ohne Hemmung. Das kam mir zu kurz.

* Also was Sie eben gesagt haben ist insofern eine wichtige Stufe zu einer Diskussion, als Sie versucht haben, das Thema in einen breiteren Kreis zu setzen, und sich nicht absolut nur auf dies eine – auf die Anklage der Homosexualität – zu konzentrieren. Und ich meine, der größte Kreis, in den wir überhaupt die Jahnnsche Haltung stellen können, ist Leonardo da Vinci, seine Auffassung von der Natur – oder die Auffassung von der Notwendigkeit des Anschlusses an die Sensibilität des Körpers. Ich meine, daß Jahnn sich mit Leonardo da Vinci und mit Nietzsche zu dem Leid bekennt als eine Art Gegenteil zum *logos*, zum Geistigen. Und wohlgemerkt, darin liegt eine Warnung für unser ganzes Kolloquium, nämlich die Warnung, nicht die Interpretation der Sache – die ja bei Platon absolut im Vordergrund steht

und die sowohl Leonardo da Vinci wie Nietzsche ablehnen – unter allen Umständen wichtiger zu machen als die Sache selbst.

Und wenn Sie nun die Homosexualität Jahnns interpretieren, dann kann man dies von der positiven Seite oder von der negativen Seite her tun. Nimmt man sie von der negativen, dann wird man mit den Psychoanalytikern sagen: War das vielleicht eine Störung und nicht eine Veranlagung – eine positive Veranlagung?

Noch ein Kuriosum, damit Sie auch etwas zu lachen haben: Derjenige, zu dem sich sowohl Jahnn, wie Leonardo da Vinci, wie Nietzsche am meisten bekennt, ist Platon. Und bei Platon ist überhaupt nicht daran zu zweifeln, daß er die Homosexualität in der ganzen griechischen Gesellschaft voll und ganz positiv bewertet.

* Ohne daß ich es beurteilen möchte, möchte ich doch darauf hinweisen, daß es früher – sagen wir vor so einer *coming-out*-Phase, etwa ab `68, eine Art Pantheon schwuler Schrifsteller oder schwuler Künstler oder schwuler Rezipienten gegeben hat. Es ist etwa beschrieben, wenn Grass in der *Blechtrommel* die Bücher nennt, die beim Gemüsehändler Greff an der Wand stehen. Da gehört dann dazu der *Wanderer zwischen beiden Welten* von Walter Flex und vielleicht Stefan George und eine ganze Reihe anderer Autoren. Und einen solchen Pantheon beispielsweise findet man auch in den autobiographischen Büchern Klaus Manns. Im *Wendepunkt*, wenn er aufführt, was er in der Jugend gelesen hat. Und da werden dann eben alle genannt. Der Leser – Klaus Mann in diesem Fall – oder der mehr oder weniger eingeweihte Klaus Mann-Leser weiß, was das für eine Reihe ist, wenn es heißt: Stefan George, Rimbaud, Walt Whitman usw. Man kann ja bei Klaus Mann überhaupt bei einer Fülle von Personen, mit denen er sich auseinandersetzt – fast bei jeder dieser Personen – ob das jetzt ein Roman über Tschaikowski oder eine Novelle über Ludwig II ist, es ist darinnen diese Betroffenheit Klaus Manns als Homosexueller. Ich habe in diesem Sinne, in diesem Zusammenhang zum Beispiel eine ausdrückliche Nennung desselben in der Rezension von *Perrudja* nicht vermißt. Ich weiß nicht ob es nötig ist, daß ein schwuler Rezipient oder ein Rezipient schwuler Literatur, wie Hans Mayer es allenthalben ist, das immer ausdrücklich auch an einer ganz bestimmten Stelle sagen muß. Ich weiß, daß diese Art mit dem Pantheon, der von Gide oder von Plato bis Walt Whitman oder Rimbaud führt, daß das eine

bestimmte Art von Umgang mit Literatur ist. Zu seiner Zeit haben die Leute, haben zumindest weite Kreise von literarisch gebildeten Schwulen gewußt, was los ist, wenn diese Namen genannt wurden. Es könnte durchaus – und es gibt solche Tendenzen heute in der Gegenwart – zu vielleicht unnötiger Banalität führen, wenn dann immer auch gesagt wird: Ich fühle mich als Schwuler von diesem schwulen Schriftsteller betroffen. Um das noch einmal zu sagen, ich glaube nicht, daß etwa in der *Perrudja*-Besprechung von Klaus Mann irgendetwas unterschlagen wird. Ähnliches gilt auch für Hans Mayers Vorwort zur Jahnn-Werkausgabe.

Friedhelm Krey
Es geht mir schon so, wenn ich diese Argumente höre, daß mich das sehr stark gerade an diese ganzen Argumentationen erinnert, die ich hier auch besprochen habe. Es ist immer ein Abklären dieses Themas. Ich wundere mich jetzt ein bißchen, daß, wo zum ersten Mal eigentlich das Thema "der schwule Jahnn" öffentlich behandelt wird, die ersten Beiträge alle in die Richtung gehen, zu dämpfen und zu sagen: Also man darf es nicht übertreiben und man sollte vorsichtig sein, hier eine einseitige Richtung zu vertreten und zu erzeugen. Ich bin natürlich jetzt hier in der – hoffentlich nicht isolierten – Position, daß ich eigentlich die Gegenrichtung durchhalten möchte, obwohl ich sicher gegen Differenzierung prinzipiell überhaupt nichts habe, aber erstmal doch finde: Es geht hier ja nicht darum, das einmal angesprochene Thema schon wieder einzugrenzen und in irgendeiner Weise festzulegen, sondern erstmal in aller Breite und mit den Möglichkeiten, die auch noch offen sind – denn es ist ja wirklich erst ein Anfang – auszubreiten und die verschiedenen Aspekte zu sammeln, die uns eben einfallen zu diesem Autor unter dem homosexuellen Aspekt. Und das finde ich eigentlich in den Beiträgen, die eben gekommen sind, nicht so recht. Außer diesem Hinweis auf Leonardo da Vinci, wo ich schon denke, daß man da weiter drüber reden sollte und könnte. Ich vermisse natürlich bei Hans Mayer ganz explizit die Aussage zu dem schwulen Jahnn und ich stehe voll dazu, daß dieses Vorwort zu der Jahnn-Ausgabe damals eben noch ganz klar auf dem Trend lag, diese Werkausgabe auch einem breiten Publikum zu vermitteln, das sich möglichst nicht abgestoßen fühlen sollte von dem homosexuellen Autor. Das ohnehin kleine Publikum sollte Jahnn rezipieren als den großen Sprachkünstler, Genie irgendwelcher mythischen

und geistesgeschichtlichen, philosophischen Tradition, aber explizit nicht als homosexuellen Autor.

* Aber Sie müssen doch klar sagen, daß Sie Jahnn in Ihrem Aufsatz selbst angegriffen haben. Das merke ich an verschiedenen Stellen: Erstmal sagen Sie, er ist nicht für die Homosexuellen auf die Barrikaden gestiegen, sondern für die Anti-Atombewegung. Dann sagen Sie, er ist zu dem Kongreß in Holland nicht gefahren, hat sich distanziert. Und Sie werfen ihm vor, daß er kein offen Homosexueller gewesen ist. Damit negieren Sie das ganze literarische Werk Jahnns, denn der Widerstand ist mit im Werk drin. Wenn Sie den hinauskatapultieren, dann ist das genauso, wie wenn die Leute sagen: Warum ist Kafka nicht zum Psychoanalytiker gegangen? Das läuft auf's gleiche hinaus!

* Ich wollte wirklich die Gegenfrage stellen: als was interessiert Jahnn denn sonst? Ich halte es für selbstverständlich, jedem Menschen aufgrund seiner sexuellen Ausrichtung und Vorlieben Interesse entgegenzubringen, das ist ein Aspekt. Das andere ist, daß ich mich mit einem Dichter beschäftige. Aufgabe dieses Kolloquiums muß sein, zu fragen: Was hat das für Folgen für das Werk? Was ist Jahnn eigentlich? Ist er ein unterdrückter schwuler Autor? Ist er ein schwuler Autor, der in seinem Werk Homosexualität unterdrückt hat? In diese Richtung müßte das gehen. Aber ich kann nicht sagen: Ich interessiere mich nicht für den großen Dichter und Wortkünstler, wenn ich von Hans Henny Jahnn spreche, ich interessiere mich dafür, daß da von 1894 bis 1959 ein Schwuler gelebt hat. Das ist legitim, nur finde ich es befremdend, wenn man das nur bei einem Künstler wie Jahnn tun wollte.

* Es hat hier - ich weiß nicht wer es war - jemand von zwei Jahnns gesprochen. Ich bin der Ansicht, daß da ein kleiner Kern Wahrheit drin ist, insofern, als jeder zwei Wirklichkeiten hat. Wir haben die profane Wirklichkeit, mit der sich Goethe oder Jahnn oder irgendwer auseinandersetzen mußte, weil er ein Lebender war. Man mußte sich mit dem profanen Alltag auseinandersetzen, auch mit seiner profanen gegebenen biologischen Wahrheit, auch dann. Das ist das eine. Aber die andere Wirklichkeit - und das wird hier angedeutet von meinem Vorredner - ist das, was Malraux in seinem Buch *Das imaginäre Museum*, in der Kunst als sakral empfindet. Und

Jahnns ganzes Werk, von Ugrino an, steht in dieser sakralen oder monumentalen Wirklichkeit. Und sein Leben zu zwei Dritteln vollzieht sich in der Ebene dieser anderen Wirklichkeit. Wir müßten also, wenn wir uns mit dem homosexuellen Problem befassen, mit dem Problem der Homosexualität, das ja gar nicht klar ist, uns davor hüten, diese Interpretation auf einen biographischen, in der profanen Welt sich abspielenden Vorgang zu reduzieren. Wir müssen bei einem Werk wie dem von Jahnn von der Kunstebene und den dort gesetzten Figuren ausgehen. Kann man sich davon nicht lösen und interpretiert nur auf das biographisch Profane, dann liegt man sicher schief.

* Ich wollte mich noch wehren gegen die Abwertung des Maurenbrecherschen Ansatzes. Das ist von all dem, was Sie genannt haben, der einzige wirklich interessante und neue Ansatz. Alles andere, was Sie vorher bewiesen haben, ist zwar so wie Sie es sagen, nur wenn Sie historisch argumentieren, dann wundert`s einen doch gar nicht, daß es so ist. Und es nützt mir nichts. Kein Mensch muß Hans Henny Jahnn zum *coming out* verhelfen. Kein Mensch – das haben Schwule nicht nötig. Wenn das jetzt benannt wird, ist damit noch gar nichts weiter geleistet. Interessant ist doch nur eigentlich – und deshalb finde ich die Begriffsvermauerung so spannend: nicht homosexuell, sondern – wie hat der das gesagt? – präsexuell. Diese Frage finde ich das Entscheidende an dem ganzen Werk und das ist das, wo man – glaube ich – weiterbohren und weiter etwas rausfinden muß. Aus dem Werk selber. Alles übrige finde ich historisch erklärbar. Sie haben völlig recht mit vielen Dingen, mit den Verschleierungssachen. Die Leute konnten zu dem Zeitpunkt noch nicht anders. Das kann man ihnen nicht vorwerfen. Wichtig ist eigentlich nur: Was sagt uns das heute? Das ist der einzige interessante Ansatzpunkt.

* Vielleicht darf ich eine Zwischenbemerkung machen, weil Sie den Begriff *Schuld* gebraucht haben. Ich hätte mit so einem Begriff in diesem Kolloquium Schwierigkeiten, wenn wir uns gegenseitig so schnell Schuldzuweisungen geben. Das beschäftigt mich bei der Frage: Mit welcher Sprache sprechen wir hier auf dem Kolloquium und über Jahnn? Und ich meine schon, daß dieses Kolloquium nun mal Gelegenheit gibt zu hören, wie ein schwuler Literaturwissenschaftler mit seiner besonderen Position sich mit dem auseinandersetzt, was andere über Jahnn gesagt haben oder eben

nicht gesagt haben. Das ist, meine ich, erstmal der Punkt. Und ich habe fast den Eindruck, daß nicht jeder, der hier sitzt als Schwuler, auch dauernd meint, er müßte darüber reden. Ich habe den Eindruck - um Friedhelm Krey zu bestätigen -, daß es zumindest auffallend ist, daß im Augenblick niemand sich hinter seine Position stellt oder vielleicht aus einer gleichen Perspektive hier noch ein paar Argumente mit einbringt.

* Ich finde das erstmal toll: darzustellen, daß es eine Rezeptionsgeschichte gibt, die von Verschweigen bis zu offener Ablehnung geprägt ist und auch von psychoanalytischen Theorien, die ich persönlich immer noch geprägt finde von der Minderbewertung von Homosexualität. Also kann man doch jetzt erstmal alle möglichen Leute kritisieren dafür, daß sie rückwärtsgewandt denken, daß sie sich schützen wollen, daß sie verschweigen, verkleinern wollen. Auf der anderen Seite bin ich mit Dir überhaupt nicht einverstanden, an so einen Ecke, wo ich denke, diese Bekenntnisse, dieses Selbstbekenntnis: "Ich bin schwul", die kenn` ich zur Genüge. Es fehlt mir was dabei: ich bin mehr als schwul. Ich finde das zu reduziert, diese Diskussionsebene "schwul - hetero", was ist da der Unterschied, was ist gemeinsam usw. Auf diese Diskussionsebene habe ich keine Lust mehr, die finde ich zu begrenzt. Die Frage, was ich für mich aus Jahnn herauslese, ist: gibt es eigentlich jenseits der Frage nach sexueller Orientierung, die jemand hat, irgendwie so etwas wie das Individuum, den Menschen, den einzelnen Menschen, der aber voll ernst genommen wird mit seiner gesamten Sexualität, auch mit seiner gesamten Erotik? In diese Richtung denke ich, und dann wage ich nicht hier zu sagen, wessen Kritik also in dem ersten Sinn eine angstabwehrende Kritik ist und wessen Kritik eine andere Kritik ist, die aus diesem Konfrontationsdilemma "homo - hetero" irgendwie herauskommen will. Und noch ein letztes Wort: Ich bin Psychologe, und es fällt mir immer wieder auf, daß es in der gesamten psychoanalytischen Theorie fast keinen - es gibt den Ansatz von Morgenthaler - aber sonst gibt es eigentlich keinen Ansatz, wo eine psychologische Theorie versucht, diese Gleichwertigkeit von sexueller Orientierung zu denken. Das ist unser gesellschaftlicher Stand, wir sind da nicht weiter, deswegen kommen wir meines Erachtens auch immer in diese Konfrontationen hinein.

* Mir scheint, als sei jeder hierhin gekommen, sozusagen mit seinem Jahnn im Tornister und habe den auf dem Tisch liegen und scheint mehr oder weniger nicht bereit zu sein, über seinen Jahnn auf den Jahnn eines anderen überzugehen. Ich würde also auch im Sinne des Referenten argumentieren: warum ziehen wir die Resümees schon nach dem ersten Vortrag sozusagen: Das darf man machen bei Jahnn, das darf man nicht. Wollen wir die Sache nicht erstmal laufen lassen und am Ende der zwei Tage dann schauen, wie weit man mit dem Leitbegriff "Homosexualität" kommt?

* Ich würde gerne eine vielleicht etwas unpassende spontane Überlegung mal versuchen. Unpassend deshalb, weil sie mit Literatur und mit Hans Henny Jahnn nichts zu tun hat. Ich habe in meinem Beruf viel zu tun mit Randgruppen und Minderheiten, mit Kriminellen — ich bin Kriminologe. Und ich kenne das Problem, das wir diskutieren im Moment, aus einer ganz anderen Perspektive — ich glaube, die Soziologen sprechen vom *master–status*. Also daß man einem Menschen von einem ganz bestimmten Punkt seines Lebens ein Total–Etikett anheftet. Ich habe es mit Menschen zu tun, zum Beispiel gelegentlich, die Mörder oder Terroristen oder was immer sie sind. Wie kann man es vermeiden, permanent im Umgang mit ihnen zu denken: Sie sind Mörder, sie sind Terroristen. Das hat mit Schuld nichts zu tun, nichts mit Unschuld, es hat auch mit Fehlbetrachtung oder richtiger Betrachtung nichts zu tun. Ich stimme der historischen Betrachtung dieses Verdrängungsprozesses uneingeschränkt zu. Übrigens nicht in der — darüber haben wir uns bei anderer Gelegenheit schon gestritten — Spiegelung bei Hans Henny Jahnn selber. Ich glaube nicht, daß er die Spiegelung dieses Prozesses ist. Aber wie kann man das vermeiden? Ich will eigentlich nichts weiter sagen, als daß das ein Punkt ist, der der Selbstbeobachtung bedarf, nämlich der Beobachtung, wie man selber mit einer Eigenschaft oder einer Disposition oder einer Tendenz eines Menschen umgeht, die zweifellos zu seinem Leben gehört, und bei der man doch vermeiden muß, permanent zu denken: das ist eigentlich das Zentrale — dieser Mensch ist ein Neger, er ist ein Mörder, er ist ein Homosexueller, er ist ein Zigeuner, er hat Diebstahl begangen oder was immer. Meine Bemerkung zielt nur darauf hin, diesen Gesichtspunkt als einen Punkt der Selbstreflektion in der kommenden Diskussion als Frage an uns selbst ein klein bißchen im Auge zu belassen. Dies hat überhaupt nichts mit falsch oder richtig zu tun. Über den anderen

Punkt weiß ich nicht, ob sich da die Gelegenheit ergibt, noch weiter zu streiten — wie wir es in Hamburg schon begonnen haben. Ich halte die Jahnnsche Biographie nicht für eine Biographie der Verdrängung von Homosexualität, um es kurz zu sagen, sondern nur für eine andere Umgehensweise, die nicht mit unserer heutigen "coming-out-Normalität" gemessen werden darf. Das finde ich allerdings wirklich falsch. Auch die heutige Homosexualität hat genau wie Heterosexualität ihre Normen entwickelt und es ist die Frage, ob diese Normen auf Hans Henny Jahnn so ohne weiteres anzuwenden sind. Da hätte ich große Bedenken.

Friedhelm Krey

Vielleicht nochmal ganz kurz: Ich hatte ausdrücklich — weil es hier auch um die Schuldfrage ging — am Anfang gesagt, mir geht es nicht um die Schuldzuweisung, natürlich nicht, aber ich sehe auch keinen Grund, eben die Geschichte und auch die Rezeption von Jahnn nicht auch unter dem Blickwinkel, wie ich sie heute sehe, darzustellen. Das muß sich ja nicht ausschließen. Insofern verstehe ich mich da nicht als einen immanenten Jahnn-Forscher, der jetzt überhaupt nicht über Jahnn selber und dessen Bewußtsein hinausgehen dürfte, um ihm noch gerecht zu werden, sondern ich gehe schon bewußt mit meinem heutigen Bewußtsein — was auch vom homosexuellen Standpunkt her ein anderes ist als das, was Jahnn hatte, weil ich denke, sein eigenes Bewußtsein ist auch ein sehr historisch begrenztes gewesen, auch seine Selbstsicht. Und das schließt natürlich gar nicht aus — im Gegenteil —, daß ich ihn als Sprachkünstler, als Dichter liebe und schätze und mich sonst nie mit ihm beschäftigt hätte.Als Schwuler allein hätte er mich sicher gar nicht interessiert. Das nur dazu, was Sie sagten, daß da nicht gegenübergestellt wird: der schwule Jahnn, der Sprachkünstler Jahnn, sondern mir geht es darum, was stellt er mit dieser Sprache dar und warum fasziniert sie? Sie fasziniert mich durchaus auch wegen der Inhalte, die diese Sprache eben vermittelt. Es ist also eine Einheit, die ich überhaupt nicht trennen kann. Ja, ein Begriff hat mich bei Ihnen ein bißchen gestört, vielleicht war er auch etwas verkürzt, aber ich denke, er trifft auch vielleicht eine Differenz. Sie sagten, die "heutige coming-out-Normalität". Dem möchte ich schon entgegenhalten, daß es — soweit ich weiß — kaum einen Literaturprofessor z.B. in der Bundesrepublik gibt, der sich, in ähnlicher Weise offen wie Wolfgang Popp, als homosexueller Wissenschaftler darstellt. Und es gibt ganz sicher sehr viele mehr. Unter diesen Umständen würde ich keinesfalls von *"coming-out-Normalität"* sprechen.

Elsbeth Wolffheim

Die Augustus-Episode aus der *Niederschrift* – Ausbruch und Wiederholung

Die Augustus-Episode aus dem ersten Teil der *Niederschrift* muß als eine Durchgangsstufe des jungen Gustav Anias Horn auf dem Weg zur endgültigen Bekräftigung seines homoerotischen Bündnisses mit Alfred Tutein verstanden werden. Ihr Stellenwert ist – im Vergleich zu den erotischen Begegnungen zwischen Horn und Egedi, weiter zwischen Horn und Buyana, sowie zwischen Tutein und Buyana – einerseits geringer anzusetzen, weil hier keine sexuellen Handlungen einbezogen werden. Andererseits ist diese Episode im Gesamtgefüge des Romans bedeutsamer als die Beziehung zu den beiden jungen Frauen, weil in ihr die Verflochtenheit von Eros und Tod deutlicher zutage tritt.

Ich werde, wenngleich ich bei meinen Ausführungen die Kenntnis der *Niederschrift* insgesamt voraussetze, auch auf die inhaltlichen Elemente dieser Episode eingehen. Dabei werde ich, soweit wie möglich, Jahnns eigenen Wortlaut verwenden, jedoch nicht jedes einzelne Zitat ausdrücklich hervorheben.

Der Augustus-Episode gehen drei zentrale Erlebnisse Gustav Anias Horns voraus. Zum einen die erste Liebesnacht zwischen Horn und Tutein an Bord des Frachtdampfers, in der dieser Augenblicke erlebte, "die süßer und köstlicher waren als jede Zeit, die mir je beschieden sein wird". Später resümiert Horn die Erinnerung an jene Nacht und an das vorausgegangene Schuldbekenntnis Alfred Tuteins mit den Sätzen: "... ich schwor, ich wollte Alfred Tutein vor den Gewalten der Unterwelt retten. Ihm sollte vergeben werden. Und seine Vergebung sollte durch die Himmel hallen. – Es wurde heller und heller in meiner Seele: ein neuer Mensch ist mir nahe ... Er ist nicht männlich, er ist nicht weiblich, er ist befreundetes brüderliches Fleisch. Alles an ihm entzündet meine Liebe."

Die zweite zentrale Initiation in die Welt des Eros erlebt Gustav Anias Horn im Laden des Chinesen Ma-Fu, freilich nur als Versuchung. Ma-Fu, der Horn

mit der Vorführung der sexuellen Ursymbole der chinesischen Mythologie,
Yang und Yin, in die Mysterien des Eros einzuweihen sucht, bietet ihm
schließlich die eigene Tochter an. Horn, der noch nie mit einer Frau geschlafen hat, reagiert auf dieses Verführungsangebot mit zwiespältigen Gefühlen: zunächst ist er versucht, sich "der Kraft des sinnlichen Verlangens"
zu beugen; doch dann schämt er sich seines Verrats an Tutein. Ehe das
Verlangen nach der jungen Frau ihn vollends überwältigt, befiehlt ihm
Tutein: "Du mußt auf das Chinesenmädchen verzichten ... Du kannst mich
nach so kurzer Zeit nicht verraten. Du kannst noch nicht aufhören, mein
Freund zu sein." – Gustav Anias Horn, ohnehin in dieser Beziehung der
schwächere und labilere, fügt sich und fühlt sich erneut bestärkt in der
"Gesinnung der Verschwörung", die beide aneinanderkettet.

Einen neuen Ausbruchsversuch Gustav Anias Horns, die Liebesbeziehung zu
der jungen Negerin Egedi, wertet dieser als einen Sieg über Tutein. "Am
nächsten Tag", so heißt es da, "entschied es sich, ich hatte ihn überwunden." Doch auch dieser Fluchtversuch endet tragisch. Egedi wird gleichsam
vor den Augen Gustav Anias Horns von zwei unbekannten Männern überfallen. Sie überlebt zwar den Überfall, so scheint es; doch sie bleibt fortan
für immer verschwunden. – Bei diesem Überfall war übrigens auch Tutein
zugegen. Doch Horn hegt keinen Verdacht gegen den Freund, daß dieser an
dem Lynchversuch beteiligt gewesen sein könnte. Gleichwohl beginnt er,
"ihn jetzt zu hassen, weil seine bloße Gegenwart mein Glück auslöschte. Er
hatte Ellena ermordet, auf die Tochter Ma-Fus hatte ich verzichten müssen,
und nun war dies Grauenhafte geschehen, eine Lynchung, beinahe unter
meinen Augen ...". Das Fazit, das Horn aus diesen Verlust-Erfahrungen
zieht, wendet sich gegen Tutein, über den hier die wohl ablehnendsten
Sätze der gesamten Trilogie ausgesprochen werden: "Ich hatte keinen An-
haltspunkt, ihn zu verdächtigen. Ich spürte nur, ich verabscheute ihn, weil
er da war, weil mit ihm, als unsichtbarem Zwillingsbruder, das Verhängnis
geboren worden war. Und ich war hinzugekommen, mit hineingeworfen in
diese Geburt, ein Teilhaber, ich weiß nicht welcher Verstrickungen." – Noch
einmal also bäumt sich Horn gegen ihre gemeinsame Verschwörung auf; doch
sogleich beschwichtigt ihn Tutein mit dem Vorschlag, nach Egedi zu suchen.
Die Suche bleibt erfolglos, und bald darauf verlassen die Freunde den süd-

amerikanischen Schauplatz; nach mehreren Zwischenaufenthalten landen sie auf den Kanarischen Inseln.

In Las Palmas beziehen sie ein gemeinsames Hotelzimmer, doch verbringt jeder seine Tage für sich allein, wobei Horn sich eingesteht, daß Tutein unter dieser absichtsvollen Trennung leidet. Der jedoch hatte, wie es heißt, ausdrücklich abgelehnt, Horns Entschlüsse weiterhin zu beeinflussen. Horn verfällt in eine Phase der Regression, leidet unter Heimweh und wird von Erinnerungen an die Eltern, vorab an die Mutter, heimgesucht. Er hält sich häufig im Hafen auf und beobachtet dort die Einheimischen. Besonders hat es ihm eine Schar junger Männer angetan, die dort nach Münzen taucht. Und dann, ganz unvermittelt, erklärt er: "Ich saß am Kai und gewann einen Freund."

Dieser unvermittelte Einbruch in seine regressive Isolation verstört Horn nachhaltig. Zunächst ist seine Affinität zu seinem neuen Freund, einem dunkelhäutigen Eingeborenen, der sich Augustus nennt, von ästhetischem Wohlgefallen geprägt. Horn bewundert an Augustus dessen unverstellte Kreatürlichkeit, wenn er vor sich hinspricht: "Was für ein Tier, was für ein herrliches Menschentier!" Eine erste Annäherung erzeugt sogleich Mißverständnisse: Als Horn dem Taucher eine Geldsumme anbietet, mißversteht der das als Aufforderung zur Prostitution, und – so heißt es wörtlich – es "kam Trauer in sein Gesicht". Obwohl Horn den Verdacht auszuräumen sucht, verhält Augustus sich distanziert, vermutlich deshalb, weil ihm Horn unheimlich ist. Ihre verbale Verständigung bleibt sehr lakonisch. Auch bei den nun häufiger stattfindenden Begegnungen auf der Kaimauer schweigen beide meist, und Horn begnügt sich damit, Augustus anzuschauen. Von dessen Lebensumständen bringt er nichts in Erfahrung. Auch heißt es ausdrücklich, Horn habe ihn "nie in Kleidern gesehen". Er bleibt also für ihn die Inkarnation des Kreatürlichen, allerdings nicht des lebensvoll Vitalen, denn unverkennbar ist ein "müder schmerzvoller Zug" um den Mund des Tauchers. Und hier bereits, zu Beginn der Schilderung der Augustus-Episode, wird der spätere Tod des Tauchers präludiert, und zwar mit den Worten: "Ich rief ihn niemals an, ich begrüßte ihn niemals redend. Nur einmal hätte ich gerne mehr von ihm gewußt! Als er starb. Ich sah ihn sterben."

Nach dieser Vorausdeutung jedoch fährt der Ich-Erzähler in seinem chrono-
logischen Bericht fort. Auch Horn wird, durch Augustus, in eine vegetative
Existenz hineingezogen, lebt "wie eine Pflanze, ... die täglich an die Sonne
gestellt wird", und gewinnt die "Fähigkeit, ganz ohne Traum und Gedanken
in der Sonne zu vertrocknen". Fast ohne Emotionen, nur unterbrochen von
den "dürftigen Worten", die der Taucher an Horn richtet, der "einzigen
Speise" seiner "Seele", ist dieses pflanzenhafte Dasein dennoch von unter-
gründiger Spannung erfüllt. Zwar gesteht Horn sich ein, daß er nichts von
dieser "leeren Kameradschaft" erwartet, schon gar nicht sexuelle Abenteuer.
Aber er versucht doch allmählich, seine Abhängigkeit zu prüfen, indem er
den Begegnungen auszuweichen trachtet. Das freilich mißlingt, denn er wird
unweigerlich immer wieder zu Augustus getrieben. – Auch dieser ändert
sein Verhalten; er legt die Trägheit, zu der die finanziellen Zuwendungen
Horns ihn verführt hatten, ab und beginnt, "seine Kunst vor vielen zu
zeigen". Das aber wird ihm zum Verhängnis; er gerät beim Tauchen in den
Sog einer Schiffsschraube und wird tödlich verletzt.

Diesen Unfalltod kommentiert Horn aus der Rückschau mit den Sätzen: "Das
Geschehen mußte zu mir kommen; ich kam ihm nicht entgegen." Als er jedoch dem in den Wellen treibenden Körper des Tauchers in einem Boot ent-
gegenrudert, schon in voller Gewißheit, daß dieser tot ist, verschwindet
seine vormalige Passivität; in ihm reift, so wörtlich, "der Entschluß":
"Dieser Tod war meine Sache." – Der Terminus "Entschluß" läßt aufhorchen:
mit ihm beendet Horn die Phase der Lethargie und fühlt sich zur Aktivität
angespornt: zur Inbesitznahme eines Leichnams. Sie ist als ein Akt der
Kompensation zu begreifen, bekräftigt Horn diesen Schritt doch mit den
Sätzen: "Dieser Leichnam sei mein Leichnam. Nichts des lebenden Menschen
hatte mir gehört, nun gehörten mir die Trümmer." Die Dimensionen dieser
Kompensations-Anstrengungen enthüllen sich in der folgenden Passage, die
eine Mischung aus Beschreibung und Reflexion darstellt.

"Die Schiffsschraube mußte ihre Schaufeln in das süße Fleisch gegraben
haben. Die Eingeweide lugten hervor. Aber fürchterlicher, das Becken war
zertrümmert. ... Einige Minuten lang spürte ich die untragbare Last meiner
Einsamkeit. Ich hatte keinen Gedanken, nur dies eine, dies jämmerlichste,
dies alles vernichtende Gefühl, einsam und abgeschieden zu sein, ohne

Liebe, ohne Hoffnung, ohne Vertrauen. ... Ich hielt mich nur aufrecht, weil ich den Leichnam nicht verlassen wollte. Das hatte ich mir vorgenommen. Dieser Tod war meine Sache. Darum stand ich da, beschämt, traurig, mir ganz entfremdet, ein Feind aller Menschen."

Die Isolierung und die Entfremdung von Tutein, von Horn bewußt herbeigeführt, hatte er aufzuheben versucht durch die "leere Kameradschaft" mit Augustus, und erst bei dessen Tod empfindet er seine Vereinsamung mit voller Wucht. In diesem Kontext nun findet sich eine verblüffende Wendung, die die Verklammerung der Augustus-Episode mit dem Zwillingsbündnis mit Tutein aufdeckt. Horn erklärt nämlich: "Ich rettete mich in den Gedanken, daß die Schuld dieses Sterbens vielleicht auf mich komme." Das ist eine aufschlußreiche Deutung, versucht Horn doch mit diesem Schuldbekenntnis sich dem Mörder Alfred Tutein anzugleichen, ihm in die Abgründe einer – hier freilich nur fahrlässigen – Tötung zu folgen. Anders ist das Wort "rettete" nicht zu interpretieren. Denn normalerweise müßten jedwede Schuldgefühle seine Verdammnis intensivieren, nicht aber als Rettung empfunden werden. – Der erste Teil der Augustus-Episode zentriert sich mithin um die Abirrung Horns von der Zwillingsbrüderschaft und birgt zugleich, durch das Schuldbekenntnis, den Keim zur erneuerten Bekräftigung dieses Bündnisses in sich.

Aus diesen Schuldgefühlen resultieren dann alle weiteren Veranstaltungen, die Horn unternimmt, um die Leiche des Augustus in Sicherheit zu bringen-, dies der Inhalt des zweiten Teils der Augustus-Episode (auf den dritten, das eigentliche Begräbnis, kann ich hier aus Zeitgründen nicht mehr eingehen). – Der zweite Teil enthält ein Bündel von Leitmotiven, die für Jahnns gesamtes Werk prägend sind. Da ist einmal der Protest gegen die Zerstörung des Leibes, der sich diesmal jedoch – anders als bei der Bestattung Tuteins – nur in Form einer Perversion realisieren läßt. Da ist zweitens die besondere Beziehung Jahnns zu den menschlichen Knochen. Und drittens symbolisiert die Begräbniszeremonie auch einen heidnischen Initiationsritus, der das männliche und das weibliche Prinzip zumindest im Tod vereinigt.

46

Die Sorge um eine würdige Bestattung des Leichnams, ja Jahnns Faszination durch Begräbnisriten überhaupt, muß man mit einem Kindheitstrauma in Verbindung bringen, über das er sich wiederholt geäußert hat: Jahnn hatte einen Bruder, der vor seiner Geburt gestorben war. Dieser Bruder hatte den gleichen Namen wie Jahnn, nämlich Hans.* Als kleines Kind mußte er immer am Weihnachtsabend mit seiner Mutter das Grab des Bruders besuchen. Dort zu lesen: "Hier ruhet Hans Jahn", war, wie er gesteht, eine der "entsetzlichsten, wahrhaft satanischen" Erfahrungen in seiner Kindheit. Später berichtet er darüber mit den beinahe kryptischen Sätzen: "Mein Blut ging in mir um, und ich wußte, daß ich seine Seele trug, daß es nicht mein Blut war, daß nichts mir gehörte, sondern alles dem, der da begraben lag. ... Ich war überzeugt, daß ich seine Seele trug, eine fremde Seele, die sich nun ihrem wahren Leib näherte, und hinaus wollte in das Grab hinein."

Dieses Bekenntnis eröffnet vielschichtige Perspektiven, auf die ich hier nicht im einzelnen eingehen kann. Wichtig aber ist in unserem Zusammenhang, daß Gustav Anias Horn, als er sich mit einem Klinikarzt über die Modalitäten der Bestattung berät und über seine Beziehung zu dem Toten Auskunft geben soll, lapidar antwortet: "... es ist mein Bruder". Das ist eine ganz abwegige Erklärung, da der Tote von dunkler Hautfarbe ist. Ausdrücklich jedoch wird die Umdeutung in "etwas Erhabenes und Allgemeines", nämlich in den "Menschenbruder", verworfen: es ist die spontane Reaktion des Unbewußten, die Jahn hier seinem Protagonisten in den Mund legt. – Alles, was sein Kindheitstrauma darüberhinaus für Jahn selber impliziert, Identitätsunsicherheit, Austauschbarkeit, Todeswünsche etc., muß hier nicht erörtert werden; für Gustav Anias Horn bleibt es irrelevant, zumindest in diesem Kontext. Allenfalls läßt sich sagen, daß seine Sorge um den Leichnam des Augustus, die Jahn ihm oktroyiert – wie er

---

* Der Jahnn-Forscher Thomas Freeman hat inzwischen herausgefunden, daß Jahnns toter Bruder gar nicht Hans, sondern Gustav Robert hieß. Dadurch sind die Implikationen noch komplizierter geworden. Es handelt sich dabei eindeutig um eine Zwillingsphantasie. Durch den Akt der Reduplikation des Namens wollte Jahnn eine Angleichung an ein Ideal erzwingen: an den von der Mutter verklärten Bruder. In einer Art Ersatzhandlung wollte er dem toten Bruder den eigenen Namen opfern, um so die ihm im realen Leben verwehrte Duplizität mit dem Bruder zu erreichen.

das bei allen seinen zentralen Figuren tut – den Begräbnisritus beim Tode
Tuteins – freilich noch sehr verhohlen – präludiert.

Daß die Augustus-Episode als eine Irritation und Abirrung Horns gedeutet
werden muß, als etwas der Zwillingsbrüderschaft nicht Gemäßes, erhellt
auch daraus, daß dieser – anders als bei der Bestattung Tuteins – die
Ausführung der Zeremonie ganz und gar dem Arzt überläßt. D.h. er
bestattet seine Leiche nicht selber, ordnet nichts an und äußert keine
eigenen Wünsche. Erst viel später, als er die Ausschließlichkeit der
Zwillingsbrüderschaft ganz und gar akzeptiert hat, konturiert sich auch
sein Einspruch gegen die Verwesung zu festen Vorstellungen. Völlig allein
und ohne Beistand wird er die Leiche Tuteins einbalsamieren, um sie noch
für eine Weile dem Kreislauf des Vergehens zu entreißen. Und weil er
überzeugt ist, daß ein "Rest an Bildern" in Tuteins Knochen den Tod
überdauert. Diesen Rest gilt es, durch Einbalsamierung zu bewahren.

Damit sind wir bei dem zweiten Leitmotiv: der Knochen als "Reliquie". Auch
hierbei sind Jahnns Vorstellungen zum Teil zurückzuführen auf sein Kindheitstrauma, den Friedhofsbesuch. Angesichts der ihm so früh bewußt gewordenen Verwesung rettet er sich in die Vorstellung, daß die menschlichen
Knochen, anders als Muskeln und Eingeweide, der Vergängnis nicht sogleich
ausgesetzt sind. Die wiederholt geäußerte Insinuation, daß die menschlichen
Knochen der "Sitz der Erinnerung" seien, Bilder und Reminiszenzen über
den physischen Tod hinaus speichern, gehört zum Kanon von Jahnns
Grundüberzeugungen. So wie Horn später überzeugt ist, daß er in Tuteins
Sarg "ein Etwas, eine Winzigkeit von ihm selbst miteingeschlossen" hat,
"den Rest von Bildern in seinen Knochen", so ist er angesichts des
zertrümmerten Beckens von Augustus überzeugt, daß es eine "Erinnerung
aus dem tiefsten Innern eines Menschen" bewahrt.

Auf diesem Hintergrund muß die Tatsache gedeutet werden, daß Horn den
Hüftknochen des Tauchers an sich nimmt und über Jahre hin aufbewahrt.
Er wird sich erst beim Tode Tuteins von ihm trennen, als er ihn – einer
plötzlichen Eingebung folgend, in Tuteins Sarg einschließt –, auch dies ein
Beweis, wie eng verflochten die Augustus-Episode mit der Zwillingsbrüder-
schaft ist. Doch zurück zur Bestattungszeremonie des Tauchers! Wir erin-

nern uns: beim ersten Anblick der Leiche erschrickt Horn über die heraus-
quellenden Eingeweide, um dann zu konstatieren: "Aber fürchterlicher noch,
das Becken war zertrümmert." Dabei ist mitzubedenken, daß für Jahnn das
Becken nicht zuerst eine erogene Zone bezeichnet, sondern den Sitz der
Eingeweide. Bemerkenswert ist in diesem Kontext, daß nicht Horn, sondern
die Gefährten des Augustus beim ersten Anblick seiner Leiche registriert
hatten, daß auch seine Geschlechtsteile von der Schiffsschraube zerfetzt
worden sind. Er selber kommentiert das "Gräßliche" mit keinem Wort.

Im Anatomiesaal der Klinik sodann entsetzt er sich wiederum vor der offenen Bauchwunde, und dieses Entsetzen kann er nur dadurch mildern, daß
er – wie es wörtlich heißt – "in die Verstümmelung" hineinfaßt, "gleichsam,
um eine Erscheinung zu bannen, die mich mit Vernichtung bedrohte". Zweifellos ist hiermit eine Anspielung auf die Ermordung Ellenas intendiert. Und
dann wird die Beschreibung folgendermaßen fortgesetzt: "Meine Finger in-
dessen hielten einen aus dem Bett der Muskeln herausgeschleuderten Knochen." Diese instinktive Anklammerung an etwas Unverwesliches deutet der
Arzt richtig als den Versuch einer Inbesitznahme. Er bietet Horn an, für
ihn den Knochen herauszulösen.

Wiederum ist es also nicht Horn selber, der einen Wunsch äußert, vielmehr
wird er ihm suggeriert, und zwar mit dem Hinweis des Arztes, daß dies "ein
greiser Wunsch in allen Menschen" sei. Horn läßt es, trotz seines Ein-
spruches gegen eine erneute Zerstückelung, geschehen und verliert gleich
darauf das Bewußtsein. Der Arzt hatte den herausgelösten Knochen auf die
Brust des Toten gelegt, und nachdem Horn das Bewußtsein wiedererlangt
hat, äußert er den Wunsch, noch einmal "die Haut über der metallenen
Brust" zu sehen. Er erfüllt sich diesen Wunsch mit den Worten: "Meine
Liebe, nie voll erwacht, senkt sich auf einen blutigen Knochen. ... Ich um-
schlang ihm die Schultern. Was mir nicht gehört hatte, in dieser Sekunde
riß ich es an mich. Es war mein Leichnam; über dem stillen Herzen beweinte
ich alles, was ich je verloren."

Hieraus wird deutlich, daß Augustus für Gustav Anias Horn nicht allein als
Verführung zur Abirrung zu gelten hat, sondern auch als Symbol für alle
verlorenen und vergeudeten Liebessehnsüchte. Erst viel später werden

diese Verlust-Erfahrungen, die die Trauer um Ellena, um die Tochter Ma-Fus, um Egedi, Buyana und Gemma einschließen, ihre Schärfe verlieren, als Horn von der Gewißheit durchdrungen ist: "Meine Seele hantiert nicht mehr mit Modellen und Typen, sie kennt den Menschen, in dessen Namen sie gerichtet werden wird." – Noch aber wird Horn von Versuchungen und Fluchtimpulsen bedrängt. Nach dem Besuch im Anatomiesaal, den eingewickelten Knochen mit den Fingern umkrallend, fürchtet er sogar, Tutein zu begegnen, ihm die "Reliquie" zu zeigen. Doch Tutein wickelt sie eigenmächtig aus, was Horn zu der gereizten Zurechtweisung veranlaßt: "Es ist mein Eigentum." Aufschlußreich ist nun, daß Tutein von Horn – rücksichtslos, wie es heißt – angesichts des Knochens an die "Verwesung Ellenas" gemahnt wird, die denn auch, und damit kommen wir zum dritten Motivkreis, in der Bestattungsszene mehrfach evoziert wird. Dafür gibt es mehrere Belege, die ich aus Zeitgründen nicht zitieren kann. Sie lassen sich jedoch leicht auffinden.

Auch hierbei spielt wieder Jahnns Kindheitstrauma am Grab des Bruders hinein, das in ihm den obsessiven Wunsch nach gemeinsamer Verwesung wachgerufen hat. Anders als sonst handelt es sich hier aber um die gemeinsame Bestattung eines Mannes und einer Frau. Die im Tode nachvollzogene Liebesvereinigung ist nicht nur an sich unnatürlich, weil es sich um Tote handelt. Sie ist es auch, weil Augustus seiner Männlichkeit beraubt worden ist, und weil die Tote, die wirkliche oder vermeintliche Tochter des Arztes, sich mit ihrem Wunsch nach Askese der natürlichen Bestimmung der Frau widersetzt hatte. Hierher gehören die diesem Aspekt immanenten Epitheta wie "Statue", "Galionsfigur", die bereits Leblosigkeit suggerieren, wie auch die Tatsache, daß der weibliche Leichnam ohne Kopf und ohne Hände ist, also nur noch als Rumpf vorhanden ist.

Hiermit wird offenbar, daß bei diesem Doppelbegräbnis nur vordergründig von einem heidnischen Initiationsritus gesprochen werden kann: Die in Mann und Frau geschiedenen Geschlechter werden zwar in der Verwesung wieder vereinigt. Jedoch: der Tote ist die kastrierte Symbolfigur für die Abirrung von der Gustav Anias Horn auferlegten Zwillingsbrüderschaft. Und die Tote ist eine Inkarnation der Unfruchtbarkeit. Die geschlechtliche Vereinigung zwischen Mann und Frau geschieht also nur aufgrund einer Inversion der natürlichen Abläufe. Aufschlußreich ist in diesem Zusammenhang, daß Tutein später, als Horn ihm von dem Doppelgrab des Arztes Dr. Woke und seiner zwei Jahrzehnte zuvor verstorbenen Frau erzählt, jener "späten geisterhaften Hochzeitsfeier", nachdrücklich an den Beckenknochen des Tauchers erinnert – ein Beweis, wie eng verflochten Jahnns Motivkreise sind.

Die Arzttochter ist aber nicht nur eine Inkarnation der Unfruchtbarkeit; sie hat auch eine Stellvertreterfunktion: sie erinnert an die gemordete Ellena, deren Sterben für Horn ebenso verborgen blieb wie das ihre; nur den Taucher sah er sterben, den seiner Mannheit beraubten Mann. Allerdings ist mit dieser Assoziation an Ellena die Eliminierung des weiblichen Prinzips für Horn noch nicht abgeschlossen, da er später sowohl mit Buyana als auch mit Gemma sexuelle Kontakte haben wird. Wohl aber wird durch dieses – unnatürliche – Doppelbegräbnis die Leblosigkeit der Mann-Frau-Konstellation in Kontradiktion zu der fortan beherrschenden mann-männlichen Geschlechtswelt gesetzt. Nicht die Auslöschung des weiblichen Prinzips, jedoch die Ausgrenzung wird damit vorweggenommen. Auch sie ist allerdings nur paradigmatisch gemeint: Horns späte Reminiszenz angesichts der schließlich im Meer versenkten Leiche Tuteins verweist auf eine noch im Tod nicht zu eliminierende Präsenz des Weiblichen: "Da liegt das alles, die ganze Erinnerung, Ellena mit ihm." – Dies ist, noch einmal, eine Allusion an das Doppelbegräbnis von der Arzttochter und dem Taucher Augustus.

DISKUSSION

* Der Leib – das sagt auch schon Leonardo da Vinci – ist eine Vielheit von Seelen. Dieses Prinzip, das sich ja auch in den veränderten Lagen des Lebens eines Menschen natürlich zeigt – und bei Jahnn ganz stark, denn Jahnn ist nicht immer derselbe, ja es gibt mehrere Jahnns – sollte man hier einmal deutlich ins Auge fassen. Ein Punkt noch dazu, den Sie angedeutet hatten: die Frage des Ersatzkindes. Inzwischen ist ja allerlei passiert. Prof. Freeman hat sich sehr bemüht, in den standesamtlichen Urkunden irgendetwas zu finden. Ja, er hat aber bis jetzt nichts aufgetrieben. Ich sprach darüber mit Monna Harms, die Jahnn ja auch gut kannte und lange mit ihm

gelebt hat und die sagt: Es gab – ich bin wieder bei der anderen Wirklichkeit – es gab in Jahnn phantastische Momente, wo er etwas geträumt hatte,
was er dann zur Wirklichkeit erhob. D.h., das wurde dann von ihm so behandelt als ob es wirklich geschehen wäre. Es kann z.B. sein, daß die
Mutter diesbezüglich mal irgendetwas gesagt hat. Er hat mit mir dreimal davon gesprochen, das habe ich dreimal von ihm gehört: "Ja, ich bin ja nur
ein Ersatzkind". Dies hat ihn nie verlassen. Ein kleines Stück in Jahnn, das
vielleicht zerstört war – schon sehr früh.

Elsbeth Wolffheim

Es ist letztlich gleichgültig, ob es diesen gestorbenen Bruder gegeben hat.
Sicher ist, daß diese Phantasie oder Tatsache, in die sich Jahnn reingestei-
gert hat, sehr viele psychische Mechanismen in ihm in Bewegung gesetzt
hat. Das müssen wir jetzt erstmal, bis Herr Freeman alles rausgefunden hat,
so hinnehmen. Das zweite ist, daß ich Ihnen zustimme – ich weigere mich
oder sträube mich nur dagegen, von zwei Jahnns zu reden. Das setzt immer
so etwas wie Dualismus voraus, und gerade das wäre etwas, was mir selber
als Deutung dieser vielschichtigen Person zu kurz greift.

* Ich verstehe eigentlich das zweite Referat so, daß wir nach der – im en-
geren Sinne – Homosexualitätsthematik die Todesthematik in ihrer vollen
Breite auf dem Tisch haben. Aus meinem bisherigen Bild von Jahnn geht eigentlich hervor, daß das fast sein Zentralthema war. Und daß es da etwas
gab, was überschwappte auch in den Bereich seiner Erotik. Auf eine sehr
singuläre Weise. Also mir fällt spontan – ob das der Prüfung standhält, weiß
ich nicht – der Begriff von Erich Fromm von der nekrophilen Seite in einem
Menschen ein. Und meine Spekulation im Hinblick auf das erste Referat – um
eine kleine Verbindungslinie zu ziehen – ist für den Moment, daß Jahnn wegen dieser Kombination seine Homosexualität vielleicht so schwer akzeptabel
war, denn es war keine Form von abgelöster Homosexualität, nicht einfach
eine sexuelle Orientierung, sondern es war eben doch wohl unlöslich ver-
koppelt mit seiner Beziehung zum Tode. Und das ist ja nicht die Regel,
auch in der Homosexualität nicht die Regel, sondern eine extreme singuläre
Auseinandersetzung.

Elsbeth Wolffheim

Wobei wir es schon etwas spezifizieren sollten. Was gerade in diesem Kontext wichtig ist, daß z.B. Ellena ermordet wird, Egedi gelyncht wird und, in *Jeden ereilt es* wird auch die Schwester ermordet. D.h. also, es ist dann, wenn Sie diese Verknüpfung suchen, immer eine Affinität auch zur Verletzung oder Verstümmelung oder Auslöschung der Frau. Ich wollte gerne, daß das sozusagen als Anstoß aus diesen Ausführungen auch hervorgeht. Und wohlgemerkt, die Arzttochter ist verstümmelt, der Vater hatte ihr vorher den Hals und die Hände abgeschnitten, also dieser Leichnam, der mit dem anderen zusammengebettet wird, ist auch verstümmelt und außerdem ist sie eine Frau, die Nonne werden wollte und also unfruchtbar geblieben wäre. Das sind hier noch besonders verschärfte Komponenten.

* Ich hätte zwei Bemerkungen: Die erste, daß ich die biographischen Reminiszenzen von Ihnen begreife als bloße Hinweise, also nicht als Rückführungen, denn es geht ja doch wohl um literarische Bilder oder Strukturen, die natürlich einen allgemein menschlichen Charakter haben. Und die zweite, wo Sie als Frau das Thema Tod bei Hans Henny Jahnn ansprechen, da muß ich an eine gute Freundin von mir denken, wie sie reagierte auf eine grobe Inhaltsangabe, die ich ihr gegeben habe, von *Fluß ohne Ufer:* Ach na ja gut, das ist ausgesprochen gewöhnlich, ein Mann bringt eine Frau um, und der Verlobte, statt seine Frau zu verteidigen, ist froh, daß er sie los ist und verbündet sich mit dem Mörder. Dummerweise wird die Frau praktisch von der Männergemeinschaft untergebuttert. Da ist jetzt für mich die Frage: Gibt Jahnn auch eine Problematisierung dieses "Modells"?

Elsbeth Wolffheim

Ich hoffe, daß das mehr durch Gespräche herauskommt. Problematisierungen gibt es unendlich viele und auch wenn ich nur diese Frauenfiguren hier aufgegriffen habe, dann ist damit noch nicht das umrissen, was insgesamt für Jahnn Frauen verkörpern. Die Gemma-Episode ist z.B. ganz anders akzentuiert. Das können wir mit drei Sätzen nicht sagen. Hier habe ich auch ganz bewußt nur einen Teilbereich genommen, weil sich viel an diesem Segment erklären läßt, aber wir können nicht erwarten, daß wir jetzt alle wissen, was hat Jahnn über Liebe, über Frauen gedacht. Das muß sich im Gespräch entwickeln, sonst wird es auch zu plakativ, wenn ich jetzt sage:

Erstens war es so und zweitens so. Das finden Sie sicher auch nicht spannend.

* Aber ich denke, daß schon eine wichtige Sache angesprochen wurde, die uns auch beschäftigt und die vielleicht in den Zusammenhang Tod und Homosexualität hineingehört, nämlich die Frage, die ich auch in der Sekundärliteratur eigentlich nicht behandelt finde: Wie frauenfeindlich sind einige Figuren von Jahnn? Ich sage nur mal das Reizwort "Frauenfeindlichkeit", denn wenn man solche Frauenfiguren sieht, wie etwa die Hure Vivi im *Epilog*, dann werden Frauen zumindest sehr schnell glauben können, daß dies wirklich frauenfeindlich ist.

* Ich möchte einige Stellen von Jahnn zitieren: "Die Wärme des Geschöpfes im Fleisch, Nachbar Tier, geboren wie ich, die Wärme der Stute erquickte mich"; und dann: "Die Nähe des Lebens ganz allgemein, männlich, weiblich, Mensch, Tier, Unterschiede, die kein Gewicht haben, selbst der Kastrat – solange er lebt – ist brüderlich mit den Mitgeborenen". Dann eine wichtige Stelle: "Dies äußerste Verlangen hat mich nur selten heimgesucht, selten ist es gestillt worden. Ich habe keinen Ruhm in der Wildheit. Das allgemeine Fleisch, das mich nicht begehrte, war mir meistens genug, meine Einsamkeit erträglich zu finden". Und in der Augustus-Erzählung, wo er diesen jungen, wunderbar aussehenden Schwimmer sieht und ihm begegnet: "Was für ein Tier, was für ein herrliches Menschentier". Ich meine, dieses ungeheuer breit angelegte Bedürfnis nach Nähe, nach körperlicher Nähe, das konnte sich doch nur entwickeln in unterschiedlichsten Richtungen, in heterosexuelle, in homoerotische Bedürfnisse, in einer wunderbaren Liebe zum Tier und in einer Zartheit, die rührend ist, wenn er davon spricht, wie er ein Häschen in seiner Hand hat oder wenn er einen toten Vogel streichelt, der ihm immer noch Zärtlichkeit gibt. Ich meine, es wird sicher nicht daran gezweifelt – und das tut glaube ich auch Frau Wollfheim nicht – daß die homosexuellen Regungen oder auch Bedürfnisse und Realisierungen etwas sehr wichtiges in dem Werk sind. Aber es wäre doch schade, wenn man dieses Globale, was Jahnn in einer wunderbaren Sprache immer wieder erneut ausdrückt und ausformt, unberücksichtigt ließe gegenüber dem anderen.

Elsbeth Wolffheim

Das tut sicher auch keiner, aber z.B. für die *Niederschrift des Gustav Anias Horn* und auch für das Spätwerk *Jeden ereilt es* ist das Dominante die homosexuellen Beziehungen. Das muß man ganz klar immer wieder sagen. Und auch in den Dramen kommen immer wieder homosexuelle Konstellationen vor, also es ist nicht so ausgewogen, es hat im Werk eine Dominanz. Was das andere angeht, so finde ich es nicht sehr produktiv zu fragen: Wenn Jahnn für seine Romanfigur eine bestimmte Lösung gefunden hat, hat er selbst etwas ähnliches erlebt? Wir können es gar nicht nachprüfen. Wir können nur sehen, er hat z.B. für seine Figur, diesen labilen Gustav Anias Horn, der von Tutein in diese Zwillingsbrüderschaft hineingezwungen wurde, sich Lösungsmöglichkeiten ausgedacht, ihn immer stärker an Tutein zu binden. Und zwar, weil Fluchtgelüste in Horn stark waren. Und die Fluchtgelüste enthüllen sich auch in dieser Augustus–Episode.

* Ich denke, man muß dies im Zusammenhang sehen. Wenn man die Frauen-figuren untersucht, fällt mir da als ganz wichtiges Beispiel ein *Die Nacht aus Blei*, die ich sowieso als ein exemplarisches Stück Literatur von Jahnn sehe, wo er nochmal alles zusammengefaßt hat, also sein Leben auch als homosexueller Mann eigentlich umfaßt. Da ist z.B. diese Elvira–Figur, eine eisige Frau, die die homosexuelle Verbindung verhindert bzw. Matthieu auf seinem Weg durch die Nacht entgegentritt als die Verkörperung der Hetero-sexualität. Sie malt aus, was ein Mann in seinem Leben wahrzunehmen hat. Diese Frau ist Bordellbesitzerin, Puffmutter, könnte man sagen, die gleich-zeitig aber auch die "normale" Sexualität in dieser Welt gegen den Außen-seiter Matthieu vertritt, ihn herausfordert als einen Mann, der er nicht ist. Nachdem er ihren Forderungen nicht gerecht werden kann, wird er ausge-stoßen; und auf dem Weg, auf der Straße dann, findet er zu seinem Außen-seitertum, trifft sein eigenes Jugend–Ich und es entwickelt sich diese homo-erotische Beziehung.

Elsbeth Wolffheim

Und dann kommt aber noch eine Frau vor, Elvira ist nicht die einzige. Es kommt noch die Kellnerin, die Trank und Speise verweigert. Das ist ja eine ganz wichtige symbolische Geschichte.

* Ja, die sehe ich auch als eine Mittlerin zum Heterosexuellen. Sie behält aber die Muster, daß nämlich die Frau eigentlich die Heterosexualität verkörpert, der der Held nicht gerecht werden kann. Dieses Muster finde ich ganz entscheidend, um zu erklären, warum die Männerfiguren eben auch diese Aversionen gegen die Frauen haben. Das ist sicher eine sehr private Seite dieses Autors. Ich kann das z.b. jetzt nicht in Verbindung bringen mit der gesellschaftlichen Realität, auch nicht mit der, in der Jahnn gelebt hat, denn da war es ja ganz sicher nicht so, daß die Frauen in ihrem gesellschaftlichen Status die heterosexuellen oder die homosexuellen Männer unterdrückt hätten und an der Ausübung ihrer Geschlechtlichkeit gehindert hätten. Aber, es ist eben bei diesem Autor eine spezielle Ausdrucksform seines individuellen Empfindens, und ich denke, das ist ein ganz wichtiger Schlüssel zu dem, was man heute auch Frauenfeindlichkeit nennt: die Verhinderungsfunktion der Homosexualität.

Elsbeth Wolffheim
Das, glaube ich, muß man sehr differenzieren. Das Wort "Frauenfeindlichkeit" ist mir viel zu kurz gegriffen. Das ist ein Komplex für sich, über den man lange reden müßte. Z.B. gibt es bei Jahnn "das Grab der Lust", in Bezug auf eine Begegnung mit einer Frau. Es gibt die Reminiszenz von Gustav Anias Horn, daß ihn in seiner Kindheit die Bäuche schwangerer Frauen immer an Grabsteine erinnert haben. Ich glaube eher, daß dieser Komplex Nekrophilie oder Tod und heterosexuelle Liebe, daß da ein ganzer Problemkreis ist, der mit Gewalt zu tun hat, mit Ermordung. Das also ist aufzuschlüsseln; es ist mit Frauenfeindlichkeit überhaupt nicht zu deuten, sondern die Unheimlichkeit der Frau, der Jahnn auf seine Weise im Werk begegnet: mit versuchter Auslöschung, mit Galionsfiguren, mit Statuen, mit Unlebendigkeit usw. Es ist wirklich viel komplizierter.

* Ich möchte noch einmal zurück zur Augustus-Episode. Gustav Anias Horn will ja verhindern, daß die Tochter des Arztes und der Taucher zusammen begraben werden, er will ja, daß Augustus ein Grab findet und nicht von diesem Arzt seziert und zerstückelt wird. Der zynische Mediziner – aus welchen Gründen auch immer – will, daß seine Tochter mit ihm zusammen begraben wird. Wie würden Sie das deuten?

Elsbeth Wolffheim

Das ist falsch, Horn hat nie versucht zu verhindern, sondern er hat es geschehen lassen. Zum Teil daraus resultierend, daß er überhaupt noch willenlos und lethargisch ist in dieser ganzen Episode; er ist eigentlich nie richtig aktiv. Nur in dem Moment wo er sagt: Das ist meine Leiche, in dem Moment, wo er in die Eingeweide faßt. Und das zweite ist, daß ich glaube, daß dieser Arzt nur scheinbar zynisch ist, daß er sich hinter so einem Kittel verschanzt, um seinen Schmerz über den Verlust seiner Tochter nicht zum Ausdruck zu bringen.

* Ich möchte gern noch etwas über die "Frauenfeindlichkeit" sagen. Ich finde viel mehr, daß die Frauen bei Jahnn mit großer Fremdheit charakterisiert sind. Auch nicht alle, da muß man sicher Unterschiede machen. Signe und Gemma sind ja nun wirklich große Frauen, auch sie sind nicht gleich, sie sind ja sehr unterschiedlich in ihrer Individualität.
Ich kann mir aber schlecht vorstellen, daß Jahnn z.B. für eine Beziehung zwischen Mann und Frau den Ausspruch tun würde: Es ist befreundetes brüderliches – in diesem Fall schwesterliches – Fleisch. Daraus wird eine – für mich jedenfalls – ziemliche Distanz deutlich. Der Begriff "Fremdheit" ist mir deshalb am naheliegendsten. Ich würde nicht sagen: Feindlichkeit. Aber ich fühle mich als Mann nicht angegriffen dadurch. Es mag schon sein, daß eine Frau sagt: Das ist reichlich harter Tobak, wie hier Frauen dargestellt werden.

* "Frauenfeindlichkeit" kann ja nur so ein Schlagwort sein. Für meine Begriffe ist doch wichtig darzustellen, daß Jahnn die Verhältnisse, die sonst gesellschaftlich üblich sind, umkehrt. Perrudja ist ein Antiheld und Gustav Anias Horn ist ja auch mehr oder weniger ein "Softi". Die Frage ist doch, inwieweit die Helden bei Jahnn aber auch in Mord verstrickt werden, in Tod, in das, was man die Todeskultur dieser Gesellschaft nennen könnte. Und die Schuld, die die Männer beispielsweise am Tod von Frauen haben; wie Jahnn sozusagen diese Verstrickung auf eine andere Weise zu beschreiben und zu lösen sucht, als das sonstwo geschieht.

* Bei Jahnn würde ich überhaupt nicht von einer Frauenfeindlichkeit sprechen, sondern Fremdheit, das ist mir lieber. Ich hasse keine Männer, aber

ich kann mir vorstellen, daß mir eine Frau vertrauter ist oder daß ich da –
wenn ich Nähe suche oder "innerlich" leben will, daß ich dort anders vor-
wärts komme.

* Ich wollte vor allem eine etwas differenziertere Sicht zum Ausdruck bringen: daß es möglicherweise sein kann, daß jemand, der sich derartig ver-
quält über diese Sachen äußert, der Wahrheit näher kommt als eine Darstellung, für die sehr vieles selbstverständlich ist. Da geschieht die Unterdrückung von Frauen wahrscheinlich eher unter der Hand, einfach selbstverständlich.

Elsbeth Wolffheim

Also Unterdrückung der Frau – solche Vokabeln fallen mir beim Jahnnschen
Werk überhaupt nicht ein.

* Ich drehe das sogar mal um: Es gibt kaum einen Autor, der so spannend
für Frauen ist wie Jahnn, weil diese Art von erotischer Radikalität einfach
aufregend ist und das ist das, was mich interessiert, nicht die übliche Be-
ruhigung wie bei Johannes Mario Simmel & Co.. Da ist dann alles ganz
schnell gelaufen, da wird "eine Nummer geschoben" und fertig. Hans Henny
Jahnn will ganz woanders hin, und das ist es, weshalb er eigentlich fasziniert. So eine Figur – und ich kann das jetzt nur sagen von unserer Beschäftigung mit *Ephraim Magnus* – wie die Johanna, das ist eine von diesen
ganz anders geführten Frauen-Figuren. Wo so etwas passiert am Schluß,
dieser irrsinnige Umweg von Ephraim über den Bruder zu seiner Schwester
hin, wo es dann fast so etwas gibt wie "schwesterliches Fleisch", eine Vereinigung mit schwesterlichem Fleisch. Und ich finde eben auch, man sollte
diesen Begriff "Homosexualität" vielleicht ein bißchen erweitern oder dahin
weiter untersuchen: was heißt eigentlich brüderliches Fleisch, was heißt
Zwillingsbrüderschaft, Blutsbrüderschaft? Da finde ich die Fragestellung interessant: was heißt Homosexualität oder wie steht man gegenüber Normen
von Homosexualität zu diesem Versuch von Jahnn, einen anderen anders zu
erreichen, über eine andere Art von Aufbrechen von Leid zu erreichen! Was
macht ihn zwanghaft, führt ihn dazu?

* Ich möchte noch die Bemerkung machen, daß hier offenbar allgemein –
von männlicher wie weiblicher Seite – geradezu wie selbstverständlich der

Literaturpapst Hans Mayer für überwunden – und widerlegt in diesem Fall – angesehen wird, denn in dem wohl bislang bekanntesten Werk über Homosexualität in der Literatur, *Außenseiter* von Hans Mayer, wird Jahnn nur ein einziges Mal auf den hunderten von Seiten erwähnt. Und zwar mit der lapidaren Feststellung, daß Signe eben eine extrem frauenfeindliche Figur sei. Es gibt ein Schema – ich habe das in meiner Dissertation zu kritisieren versucht – bei Hans Mayer, was Frauenfeindlichkeit genau ist. Da führt er einige Punkte auf, z.B. daß Frauen immer versuchen, erotische Beziehungen zwischen Männern zu unterlaufen und zu unterbinden, dagegen zu intrigieren und einige andere Punkte. Daß das sehr schematisch ist, daß wir heute darüber hinaus sind und daß es etwa für die Figur Signe nicht zutrifft, halte ich für evident.

* Ich habe nur eine kurze Verständnisfrage dazu, wo Sie von der Arzttochter sprechen. Es heißt doch eigentlich: "`So ist es wirklich ihre Tochter?`, entfuhr es mir. `Ich glaube daran, daß jener braunhäutige Mensch ihr Bruder ist. Man hilft sich damit.`" Für mich ist hier doch durchaus ausgesagt, daß es keineswegs biologisch seine Tochter gewesen ist. Sondern daß es nur eine Formel für die Verbundenheit gewesen ist, daß er sie zu seiner Tochter macht, nach seinen Vorstellungen.

* Die Stelle würde ich lesen als ein Beispiel für ein Thema, das Jahnn nicht in erster Linie, aber auch immer wieder beschäftigt hat. Die Ungewißheit der Vaterschaft. Das ist eben so eine Crux. Das macht Jahnn immer, daß ganz klar ist: das ist mein Kind, aber ob es auch sein Kind ist, das weiß niemand.

Elsbeth Wolffheim
Es ist gut, daß Sie jetzt darauf hinweisen, ich habe es deshalb nicht berücksichtigt, um den Fluß der Argumentation nicht noch mit lauter Paranthesen zu überfrachten, aber es ist schön, daß Sie es jetzt sagen.

* Ich war längere Zeit in Indien, und jetzt sehe ich plötzlich eine Parallele. Und zwar folgendes: Es hängt mit dem Tod zusammen, mit Homosexualität im Mönchstum. Die Frau wird auch im Hinduismus und auch im Buddhismus gesehen als etwas, was sie immer wieder nur zu Wiedergeburten führt. Als immer neuen Tod.

Elsbeth Wolffheim

Aber immer nur als Frau, ein Mann können sie nicht sein.

* Ja. Dies wird sozusagen der Frau angelastet und deshalb ziehen sich die Männer zurück von den Frauen, um das absolute Ewige des Nirwana zu erreichen. Und das ist auch wieder Angst vor dem Tod. Warum gehen die Leute ins Kloster? Aus Angst vor dem Tod gehen die ins Kloster. Und sie wollen nicht dazu beitragen, daß die Welt immerfort gezeugt wird. Sie sollte ewig stillstehen. Und nun gibt es bei Jahnn – das ist mir eingefallen – folgendes: Einmal wird der Unterschied aufgehoben zwischen dem Einmal-gewesen-Sein und Niemals-gewesen-Sein. Das ist eine Sache, die mich erschreckt hat. Und die andere Stelle: Er sagt, es gibt eine Wirklichkeit, aus der wir gar nicht entfernt werden können. Die beiden Stellen gegeneinander, Ewigkeitshoffnung und Todesverfallenheit.

* Ich glaube, ich sollte mal etwas profan Biographisches sagen. Ich war ja auf Bornholm und damals lebte Jahnn mit seiner Frau Ellinor. Aber er hatte eine Freundin, wie wir wissen, die Judit. Und es lebte ja außerdem noch die Schwägerin Monna dort. Ich habe mich übrigens, um ganz sicher zu gehen, bei Monna Harms erkundigt, so daß das, was ich jetzt sage, ganz sicher ist. Es war aber so, daß er mit allen Dingen, die ihn eigentlich angingen, die also sein Persönlichstes betrafen, seine Entscheidungen, seine Wünsche, sein Ratsuchen usw., zu Ellinor ging. D.h., Judit war wohl da, er war in einer sehr heftigen Liebe zu ihr befallen, ohne Zweifel, aber sein geschwisterliches Selbst oder wie immer man das nennen will, war seine Ehefrau. Und immer wieder war es so, daß die kleine Judit daran natürlich verzweifelte, daß sie im Grunde nicht zugezogen wurde; und umgekehrt: die andere Sache "florierte", obwohl das auch für Ellinor nicht gerade angenehm war.

* Ich glaube, eine sehr gefährliche Sache, der man nicht erliegen sollte, ist eine Entpersonalisierung der Geliebten. Und das stört mich sehr, daß hier immer geredet wird, als ob es nur Männer gäbe, und Männer wären Männer, und nur Frauen, und Frauen wären Frauen, sonst gar nichts. Das sind Personen. Und insofern finde ich es auch falsch, immer wieder so ranzugehen, zu fragen: wen hat er eigentlich am meisten geliebt? Das ist falsch, das

stimmt so nicht. Auf der anderen Seite braucht man sich auch nicht lange darüber zu streiten, es gibt die Aussage, der man nichts hinzuzufügen braucht. Da würde ich auch sagen, jeder der lesen kann, der müßte es auch richtig verstehen. Jahnn sagt ganz klar: das ist das größte Erlebnis, Ereignis meines Lebens gewesen, die Liebe zu Harms. Das brauchen wir erst mal nicht weiter zu diskutieren. Es ist auch klar, daß die Beziehung zu Harms` Leben eben das ist, was dann in der *Niederschrift* aufgegriffen wird. Aber ich meine, es geht da um bestimmte Menschen und es geht da auch um ganz bestimmte und sehr fein nuancierte literarische Gestalten. Und nicht um Männer und Frauen als – Popanz, muß man fast schon sagen. Und nur für solche Popanze kann man dann, glaube ich, mit Begriffen wie "frauenfeindlich" operieren.

Elsbeth Wolffheim
Nur eine Kleinigkeit: Hans Mayer hat auch in Hamburg im Oktober noch mal wieder über Jahnn gesprochen. Dann bekam er eine etwas belegte Stimme, als er von der strengen Libido Jahnns sprach. Also diese Kaspereien, die finde ich nun auch traurig. Da würde ich sagen, das muß außenbleiben.

James W. Jones

Homoerotik in drei Dramen der frühen Weimarer Republik:
Bronnens *Vatermord*, Brechts *Baal* und Jahnns *Die Krönung Richards III.*

Schon Jahrzehnte bevor die ersten homosexuellen Dramenfiguren auf der deutschen Bühne zögernd Fuß zu fassen begannen, war die Homosexualität Gegenstand medizinischer Theorien und akademischer Diskussionen gewesen. Daher waren diese Bühnengestalten anfangs weniger aus Fleisch und Blut geformte Charaktere als vielmehr Sprachrohre der jeweiligen Auffassungen ihrer Autoren für oder wider die moralischen und juristischen Sanktionen gegen diese sexuelle Orientierung. Edmund aus Herbert Hirschbergs *Fehler* von 1906 und Juliane aus Hermann Sudermanns *Die Freundin* von 1915 sind typisch für solche Charaktere auf der Bühne bis hin zum Jahre 1918. Sowohl die Gestalten selbst, die großzügig mit den physischen und emotionalen Zügen des anderen Geschlechts ausgestattet waren, als auch die Struktur der Stücke, in denen jedesmal ein Arzt die Grenzen der sozialen Akzeptanz für Homosexuelle setzt, machen deutlich, daß in diesen Dramen noch alles von der medizinischen Instanz abhängt. Die deutsche literarische Sicht der Homosexualität vor der Weimarer Republik war gründlich beeinflußt von den wissenschaftlichen Debatten um diese neugeschaffene Spezies des Homosexuellen. Die beiden genannten Stücke unterstützen diese Beobachtung, wie auch so unterschiedliche Prosawerke wie Musils *Törleß* von 1906 oder Aimée Ducs *Sind es Frauen?* von 1901, um nur zwei weitere Beispiele zu nennen.

Es ist hier nicht möglich, die Vielfalt der medizinischen Ansichten hinsichtlich der Ursachen von Homosexualität und des Verhaltens von Homosexuellen zu referieren. Zwei davon dominieren aber zu Beginn der Weimarer Republik, und sie sollen kurz umrissen werden. Sigmund Freud glaubte, daß die Homosexualität aus einer Hemmung der normalen Entwicklung eines Kindes resultierte, so daß diese auf der Ebene der homosexuellen Fixierung stagnierte, anstatt, wie es "normal" wäre, während der Adoleszenz eine heterosexuelle Libidoverschiebung zu erfahren. Seine *Drei Abhandlungen zur Sexualtheorie* von 1905, wo er seine Theorie zuerst entwickelte, zusammen

mit einigen anderen Essays während der folgenden zwei Jahrzehnte, beein-
flußten die Diskussion auf eine entscheidende Weise. Seine Ideen erlebten
eine Resonanz in der europäischen und amerikanischen Kultur und trugen
in der literarischen Gestaltung der Homosexualität viel dazu bei.

Magnus Hirschfeld dagegen hatte schon Jahre vor Freud eine ganz andere
Auffassung vorgetragen. Zwischen 1896 und den Zwanziger Jahren
entwickelte er eine Ätiologie der Homosexualität, in der er bewies, daß es
sich um ein vollständig natürliches Phänomen handele. Für ihn bildeten die
Homosexuellen ein drittes Geschlecht, eine Zwischenstufe zwischen Mann und
Frau, so daß männliche Homosexuelle nach außen hin als Mann erschienen,
aber innen die Seele oder Natur einer Frau besaßen. Durch das *Wissen-
schaftlich-humanitäre Komitee*, das Institut für Sexualwissenschaft, und verschiedene andere internationale Ligen für sexuelle Reform führte Hirschfeld
jahrelang den Kampf um die Emanzipation der deutschen Homosexuellen.

Die um die Jahrhunderwende entstandene Haupttheorie über die Homosexualität hatten während der Weimarer Republik den akademisch-medizinischen
Diskurs hinter sich gelassen und waren in den Bereich der öffentlichen Dis-
kussion eingedrungen. Auch die Bemühungen der verschiedenen Gruppen,
die für die Rechte der Homosexuellen eintraten, übten auf die öffentliche
Meinung bestimmenden Einfluß aus, z.B. das *Komitee*, die *Gemeinschaft der
Eigenen*, und die anderen Organisationen, die nach Einführung der parla-
mentarischen Demokratie in Deutschland entstanden waren. Schon gegen
Ende des Ersten Weltkrieges war die Homosexualität Thema in Zeitungen und
Gesprächsgegenstand in Cafés geworden, und mit der Abschaffung der Zensur im Jahre 1918 wurde sie auch bühnenfähig. Nicht länger mußte die
Homosexualität als *das* Zentralproblem eines Dramas behandelt werden; sie
konnte integriert werden in allgemeinere, weniger parteiliche Fragestellungen.

An drei Dramen der frühen Weimarer Zeit soll im folgenden untersucht wer-
den, wie Homoerotik auf der Bühne dargestellt wurde. Ich benutze das Wort
Homoerotik, statt Homosexualität, denn in den Dramen finden die
Beziehungen zwischen Männern oder zwischen Männern und Jungen keinen

sexuellen Ausdruck, aber die Anziehung zwischen diesen männlichen Figuren gestaltet sich unverkennbar auf eine erotische Weise.

Die Freundschaft zwischen den beiden Dramatikern Bertolt Brecht und Arnolt Bronnen findet sich aus der Sicht des letzteren dokumentiert in dessen *Tage mit Bertolt Brecht* von 1960. Brecht legte Bronnen seinen *Baal* zur Lektüre vor, und Brecht versuchte sich – allerdings erfolglos – an einer Produktion des *Vatermords*. Ihre Freundschaft und die Anziehungskraft, die Brecht auf ihn ausübte, beschreibt Bronnen in unzweifelhaft erotischen Worten (obwohl er zugleich klar macht, daß Brecht diese Gefühle seinerseits nicht erwiderte). Ob nun diese Männer sich voneinander erotisch angezogen fühlten, ist jedoch sekundär. Von entscheidender Bedeutung ist, daß ihre frühen Stücke zentrale homoerotische Motive enthalten.

Bronnen hatte die Arbeit an seinem ersten Drama, *Vatermord*, bereits vor Beginn der Weimarer Republik begonnen. An der Niederschrift saß er seit 1915; veröffentlicht wurde das Drama 1920; und seine Uraufführung erlebte es 1922. Seine vorweimarischen Ursprünge sind durch Sprache, Form und Inhalt erkennbar: das verwendete Staccato, die elliptischen Schreisätze, die Charaktertypen, und die Themen von einer Opposition zur bürgerlichen Gesellschaft und von einer Befreiung verdrängter Sexualität können als typisch expressionistisch bezeichnet werden.

Im Verlauf der sieben Szenen des Stückes wächst in Walter Fessel die Erkenntnis, daß er die Bindung an den Vater durchbrechen muß, da sie ihn vom Leben zurückhält. Von seiner Familie an der Entwicklung und Entfaltung seiner Persönlichkeit gehindert, gelingt es ihm, durch eine Reihe von physischen und emotionalen Kämpfen mit seinem Bruder, seinem Freund, seiner Mutter und seinem Vater zu sich selbst zu finden. Das Drama erreicht seinen explosiven Höhepunkt mit dem Vatermord.

Die Szene, die für uns von Interesse ist, trägt den Titel *Die Freunde*. Edmund besucht seinen Freund Walter in dessen Zimmer und versucht, ihn zu "verführen". Walter zeigt sich ziemlich willig. Zwar fordert er Edmund auf, er solle weggehen, als dieser sich aber tatsächlich zum Gehen anschickt, da umarmt ihn Walter und will ihn zum Bleiben bewegen. Edmund legt Walter auf das Bett, beugt sich über ihn und erklärt: "Ich will dich verderben". Walters Protest bleibt verbal: er erlaubt es Edmund, ihn an Bauch, Lippen und Händen zu berühren. Bevor sich aber Weiteres entwikkeln kann, kommt Walters Mutter dazwischen, und die Stimmung ändert sich. Nachdem sie das Zimmer wieder verlassen hat, ist Walter eine ganz andere Person. Jetzt widersteht er Edmunds Zudringlichkeiten, erklärt ihm seinerseits: "Ich muß rein werden" und demonstriert einen größeren Grad an Selbstbewußtsein als zuvor. Er fordert Edmund auf, ihn in Ruhe zu lassen, Herr Fessel tritt ein, und der dramatische Brennpunkt entfernt sich von den beiden Jungen.

Die Freudianische Symbolik nicht nur dieser Szene, sondern im ganzen Stück, sticht so deutlich hervor, daß es sich fast erübrigt, sie zu erörtern. Im Verlauf dieser einzelnen Szene werden wir Zeuge davon, wie Walter seine – von Freud beschriebene – pubertäre Phase durchläuft. Am Anfang steht die erotische Attraktion zu einem anderen Jungen, am Ende jedoch hat er die homosexuelle Neigung hinter sich gelassen und ist offen für eine heterosexuelle Beziehung. Der entscheidende Wendepunkt ist der Eintritt der Mutter, die Walter symbolisch auf den rechten Pfad der heterosexuellen Sexualentwicklung verweist, indem sie der physischen Intimität zwischen den beiden Jungen ein Ende setzt.
Die freudianischen Implikationen reichen freilich noch weiter. Edmund bekennt sich offen zu seiner Homosexualität: "Ich bin nämlich pervers, mußt du wissen". Seine Wollust jedoch führt ihn zu einer Überbetonung von solch negativen Werten wie "Verderbtheit" und zu einem Interesse einzig am Sexuellen und nicht an Walter als Person.
Dieser wehrt sich mit Recht gegen eine solche Reduzierung und gibt seine homoerotische Beziehung zu Edmund auf, sobald ihm bewußt wird, daß sie ihn an der Entfaltung seiner Freiheit hindert.

Die Darstellung der Homoerotik bei Bronnen kann nicht als eindeutig negativ oder positiv gelten. Aufgrund der dem Drama unterliegenden freudianischen Symbolik erscheinen einige Aspekte der Homoerotik als negativ (z.B. Edmunds Verführungsabsicht oder die rein sexuelle Bindung zwischen den Jungen). Zugleich auch ist die Homoerotik eine notwendige Phase in Walters – zugegebenermaßen exzentrischer – Adoleszenz. Indem Bronnen die Beziehung aber in einen psychologischen Diskurs stellt, klammert er sie schließlich von einer Eingliederung in den legitimen Ausdruck sexueller Entfaltung aus.

Bertolt Brecht behandelte homoerotische Beziehungen in drei seiner fünf frühen Stücke: so auch im ersten, *Baal.* Die erste Fassung erschien 1918, eine zweite 1919, eine dritte 1922 – die, mit kleinen Veränderungen, die Fassung war, zu der Brecht für seine *Gesammelten Werke* zurückkam –, und schließlich eine vierte 1926. Hier beschäftigt uns einzig die Beziehung zwischen Baal und Eckart. In der ersten Fassung ist dieses Verhältnis grob umrissen, doch erklärt Baal dem Musiker nie seine Liebe. Dadurch wirkt die Mordtat unmotiviert und läßt verschiedene und gegensätzliche Interpretationen zu, z.B. daß Baal Eckart tötete, weil dieser ihm sein Mädchen weggenommen habe, oder weil Eckart Baal untreu geworden sei. In der zweiten Fassung von 1919 ist diese Beziehung breiter ausgeführt. Da Baal nun mehrmals seine Liebe zu Eckart gesteht, wird der Mord als die Tat eines enttäuschten Liebhabers einsichtig. Die detailfreudigste Ausmalung der beiden Gestalten und ihres homoerotischen Verhältnisses enthält die Fassung von 1922, und diese soll hier benutzt werden.

Mit seinem Stück *Baal* schrieb Brecht die Geschichte eines Dichters, der es unternimmt, das Leben auf das vollste zu genießen und der stirbt, nachdem er alle Menschen, die seinen Weg kreuzen – Männer wie Frauen – "verbraucht" hat. Schon früh im Stück trifft Baal den Musiker Eckart in einer Branntweinschenke, wo Baal einige obszöne Lieder singt und auf vulgär heterosexuelle Weise mit seiner augenblicklichen Geliebten Emilie verkehrt. Eckart bittet seinen Freund, mit ihm zurück zur Natur zu kehren, doch Baal erwidert: "Es ist zu früh, Eckart! Es geht noch anders!" Zunächst noch muß Baal seine Impulse für Frauen ausleben: erst nachdem Baal Johanna, die Freundin seines Bewunderers Johannes, Emilie, die Tochter seines Mäzens Mech und die Schauspielerin Sophie, die Baal eines Tages buchstäblich auf seinen Händen nach Hause trägt, "genommen" hat, wird er des Stadtlebens und der Frauen müde, die ihm als Belastung vorkommen. Endlich nimmt er das Angebot Eckarts wahr, zur Natur zurückzukehren, und schließt sich dem Straßenleben des Musikers an.

In der darauf folgenden Szene erklärt Baal Eckart seine Liebe. Eckart jedoch bleibt kühl, bis Sophie – jetzt schwanger – wieder erscheint und darum bittet, die beiden auf ihren Wanderungen begleiten zu dürfen. Baal weist sie zurück, doch Eckart nimmt Partei für sie. Die beiden Männer beginnen zu ringen. Baal hält Eckart eng umschlungen, um den Kampf zu beenden: "Jetzt bist du an meiner Brust, riechst du mich? Jetzt halte ich dich, es gibt mehr als Weibernähe!" Schon bald danach gesteht Baal abermals seine Liebe und fügt dem hinzu: "Ich mag kein Weib mehr". Das aber trifft nicht auf Eckart zu, der auf weitere heterosexuelle Affären eingeht – sehr zu Baals Verzweiflung. Baal vergewaltigt eine Frau, mit der Eckart Geschlechtsverkehr hatte, und tötet endlich seinen Freund, als er ihn mit einer Kellnerin auf dem Schoß entdeckt, in der selben Branntweinschenke, wo wir die beiden Männer zuerst fanden.

Baal, Ausdruck einer alles auffressenden Lebenslust, sucht stets die sofortige Erfüllung seiner Wünsche. Mit Frauen führt das zu rein geschlechtlichen Verwicklungen, mit Eckart jedoch zur Liebe. Genau genommen ist der einzige lichte Moment des ganzen Stücks in der homoerotischen Beziehung des Lyrikers und des Musikers zu finden – aber auch sie wird vom Tod überholt. Obwohl er in der Schluß-Szene gesteht, daß er Baal liebe, läßt es Eckart nie zu, daß ihn Baal so besitze wie die Frauen. In der Tat erfährt Baal in seinem Verhältnis zu Eckart einen Rollentausch: ist Baal in seinen Beziehungen zu Frauen stets der dominierende Faktor, verliert er in seiner Beziehung mit Eckart diese Macht, was letztlich dafür verantwortlich ist, daß er den Mann, den er liebt, tötet.

Brecht intendierte seine Dramengestalten und ihre letztlich negativen Schicksale – Eckart wird ermordet, und auch Baal stirbt am Ende des Stücks – als "lebensbejahend". In der Negation suchte er die Affirmation. Baals großes Nein zur bürgerlichen Gesellschaft ist zur selben Zeit ein Ja zu allen Kräften, die von der Gesellschaft verweigert und unterdrückt werden. Es sind besonders die sexuellen Bedürfnisse, von denen zivilisierte Menschen entfremdet sind, die Baal voll auslebt. Eric Bentley beschreibt Baals Sexualität wie folgt: "Seine Handlungen charakterisieren ihn als den von Freud so genannten "polymorphen Perversen": Sensualität ist gut als solche, und er beschränkt sich nicht auf die "Ventile", die die Gesellschaft gewährt". Solch unbändige Sensualität wirkt befreiend, da sie die Grenzen der bürgerlichen Zivilisation sprengt. Doch verliert Brechts Herausforderung an die sozialen Normen, seine Gestaltung einer homoerotischen Beziehung schnell ihr positives bejahendes Potential und erweist sich letztlich als genauso destruktiv wie jede andere Beziehung.

Zum Teil sind die Gründe dafür, warum diese emanzipierenden Möglichkeiten nicht erkannt wurden, in der ziemlich freudianischen Konzeption der Homoerotik bei Brecht zu finden. Baal ist nicht wie Walter Fessel ein Jugendlicher, der eine homosexuelle Entwicklungsphase durchläuft, sondern eher Ausdruck des ursprünglichen sexuellen Zustandes, in dem sich – wie Freud glaubte – alle Menschen befinden, bevor sie zwischen Hetero- und Homosexualität unterscheiden lernen. Jedoch ist es Eckart, dem Baal seine Liebe erklärt. Die Vergewaltigung der Frau, mit der Eckart schlief, und die Ermordung seines Freundes können als Augenblicke homosexueller Eifersucht verstanden werden. Ob nun Brecht die Freundschaft zwischen Baal und Eckart in einem freudianischen Licht sah (was bezweifelt werden muß) – Tatsache ist, daß seine Schilderung dieser unzweifelhaft homoerotischen Beziehung mit bestimmten Aspekten der Theorien Freuds zu homosexuellen Verhaltensweisen übereinstimmt (z.B. ihre narzißtischen Bedürfnisse, ihre Unfähigkeit, langfristige Beziehungen zu schaffen, und ihre Tendenz zur Eifersucht). Weder diese Theorien noch auch Brechts Stück sprechen ausschließlich negativ in Bezug auf gleichgeschlechtliche Beziehungen. Genau genommen finden die einzigen Momente, in denen Zärtlichkeit und Liebe erfahren werden, zwischen Männern statt: als Baal Eckart seine Liebe gesteht und ihm von seinen Träumen erzählt, während sie unter dem Himmel im "grünen Laubdicht" und in den "Weiden" bei der "Landstraße" liegen. Es scheint Brechts Absicht gewesen zu sein, in seinem Stück das befreiende Potential der Sexualität außerhalb der gesellschaftliche Grenzen erkunden zu wollen. Als jedoch die Liebe in Mord umschlägt, wird diese Möglichkeit zerstört.

Sowohl Freuds als auch Hirschfelds Theorie der Homosexualität versucht, gleichgeschlechtliche Liebe in das "normale" Verhaltensmuster menschlicher Sexualität einzufügen. Der Einfluß Freuds auf das Drama Bronnens und, wenn auch weniger ausgeprägt, auf Brecht wurde aufgezeigt. Ihre Protagonisten leben allenfalls eine "abnorme" Existenz. Vielleicht aber sollte

"Normalität" nicht das Maß sein, an dem die drei hier behandelten Stücke-
schreiber gemessen sein wollen; denn die Norm war allen drei Anathema. Besonders in Hans Henny Jahnns Dramen finden wir einen Kosmos von Emotionen und Erotik, der weit entfernt von allem ist, was man im Alltag vorfin-
det. Sowohl *Pastor Ephraim Magnus* (zu dem 1923 Brecht und Bronnen Regie
führten) als auch *Die Krönung Richards III.* bieten Beispiele von Jahnns
Darstellung der Homoerotik. Da im letzten Drama die mann-männliche Erotik
eine größere Rolle spielt als im ersteren, konzentrieren wir uns auf dieses.

Jahnn begann mit der Arbeit am *Richard III.* im Jahre 1917 und beendete
sie 1920, seine Uraufführung erlebte das Stück am 5. Februar 1922 in
Leipzig. Es war das erste Drama Jahnns, das gespielt wurde (obwohl *Pastor
Ephraim Magnus* bereits veröffentlicht war und seinem Autor 1920 den
Kleist-Preis eingebracht hatte), und es bewirkte eine sensationelle Reaktion
unter den Zuschauern.

In Jahnns Motivbearbeitung versucht Richard, den Thron von England
durch die Heirat mit der Königin Elisabeth und die Beseitigung ihrer zwei
Söhne Eduard und Richard — die legitimen Thronfolger — zu erreichen. Seine
ehrgeizigen Pläne sind erfolgreich, indem er die Prinzen lebendig begraben
läßt und alle politische Opposition unterdrückt. Das Stück wimmelt von einer
Sexualität, die von der Norm abweicht. Der erste Akt enthält die Kastration
eines von Elisabeths Pagen; im zweiten spielt Richard mit dem Gedanken,
seinen Pagen aufzuessen; und im dritten wird eine abermalige Kastration
nur knapp vermieden.

Jeder Akt enthält zwei Szenen, in denen homoerotische Beziehungen auftreten. Sie fungieren jedoch nicht als weitere sexuelle Abnormitäten, sondern
vielmehr als Gegengewicht zu den Haupt- und Staatsaktionen der Machtha-
ber, die über die Schicksale ihrer Untertanen herrschen. Szene 3 des I.
Aktes folgt unmittelbar auf die Kastration des Pagen Elisabeths, Paris, und
beginnt damit, daß ein weiterer Page, Henry, mit einem Mädchen in einem
Schloßsaal Geschlechtsverkehr hat. Heterosexualität wird in einem ziemlich
zweifelhaften Licht geschildert, während Homoerotik im Gegensatz dazu relativ positiv erscheint (kein sexueller Akt zwischen Jungen oder Männern
wird hier geschildert). Hassan, ein Page, der aus seinen homoerotischen

Gefühlen kein Geheimnis macht, versucht, den einfältigen Euryalus aus den Händen Elisabeths zu retten:

"(Er packt Euryalus, hebt ihn in seine Arme.) Wollen wir fortlaufen und uns in einer Höhle verbergen? – Ich möchte einmal matt an Dir werden. Alles Blut möchte ich verschütten, dieses Gefühles wegen. – Die Buben denken, wir seien albern, und das Instrument ihrer widerlichen Lust lächelt."

Hassan erklärt daraufhin dem Jungen seine Liebe und auch, in typisch Jahnnscher Manier, seinen Wunsch, mit seinem Geliebten zusammen zu sterben:

"Ich bin gesund, Du bist es auch. Es kann nicht anders sein, da wir uns unser rotes Blut in unsern Leibern mischten. Und stürbest Du, Dein Blut in mir würd kalt, ich stürbe zugleich mit Dir. Und umgekehrt wird`s auch ein Schluß. Du weißt es ja."

Euryalus aber glaubt, daß er der Königin gehorchen muß und erlaubt es Hassan nur, sich unter dem Bett Elisabeths zu verbergen. Die homoerotischen Implikationen und der Kontrast zur vorangegangenen Szene waren in einer früheren Fassung dieser Szene sogar noch deutlicher, wo Hassan und Euryalus gemeinsam onanierten.

Die beiden Jungen sind nicht das einzige männliche Paar, das zum königlichen Spielzeug wird. Am Ende der dritten Szene treten die Prinzen Eduard und Richard auf. Eduard beruhigt die Befürchtungen seines jüngeren Bruders, sterben zu müssen, mit einer Umarmung und den Worten: "Ich werde Deine Hand nicht lassen, ich werde Deinen Leib umschlingen, Dich an mich pressen – dann wirst Du ruhig sein und nicht fürchten." Daß ihre Beziehung mehr sein soll als nur brüderliche Liebe, wird deutlich durch ihr physisches und emotionales Verhalten und durch eine Bemerkung Hassans vor ihrem Auftritt. Er sagt den Pagen, daß die Prinzen in einem Alter seien, wo sie sexuelle Gedanken hätten und doch ein gemeinsames Bett weiter teilten. Seine Frage, "Könnt Ihr Euch denken, was sie treiben?" ist jedoch nicht diffamierend gemeint, sondern will im Gegenteil andere, neue Möglichkeiten sexueller Entfaltung in den Pagen wecken. In Szene 4 des I. Aktes plant Elisabeth, Euryalus zu töten, nachdem sie ihn zur Liebe benutzt hatte. Sie spielt sogar mit dem Gedanken, sein junges Fleisch und Blut aufzuessen, um sich selber zu verjüngen. Der zukünftige König Richard zieht jedoch

Hassan unter dem Bett hervor und erdolcht beide Jungen. Hassan umarmt Euryalus, und ihr Blut vermischt sich, während sie sterben.

Akt II enthält zwei Szenen, in denen sich König Richard an seinen Pagen wendet, um in Augenblicken, in denen er sich gänzlich allein fühlt, Trost zu finden. Er hat alles gewonnen, wonach es ihn verlangt hatte, und doch fühlt er sich unbefriedigt. In seinem langen Monolog erklärt er: "Ich möchte ruhig sein und ohne Leidenschaft, ein Knabe, der die Seligkeit der ersten Hochzeitsnacht gekostet." Dann ruft er seinen Pagen, dem er befiehlt: "Du mußt heute Nacht zu mir ins Bette kriechen und mich wärmen. Ich fürchte mich." Zu diesem Zeitpunkt ist keine Erotik vorhanden, aber sie erscheint in Szene 6, wenn der König sich wieder verlassen fühlt, nachdem er seine Freunde gegenseitig und gegen sich aufgehetzt hat. Allein mit seinem Pagen, teilt er ihm mit: "Du (bist) der einzige, den ich noch liebe", und fährt fort mit dem Satz, der Schlüssel ist zu allen homoerotischen Beziehungen in diesem Stück: "...und den ich zu mir zwingen kann." Er bittet ihn: "Leih mir Deinen Schoß, daß ich meine Träume hineinschütten kann. Du junges Fleisch, erbarm Dich meiner!" Wie Elisabeth scheint auch Richard sich das Fleisch dieses jungen, unschuldigen Knaben einverleiben zu wollen:

"Kann sein, wenn ich auf Deinen Schenkeln ruhe, daß mich die Töne Deines Blutes zu einem Raubtier machen, und werd ich das, glaub nicht, daß Deine Jugend Gnade vor mir findet. Und wärst Du unreif, meine Zähne müßten doch in Deinen Eingeweiden schwelgen."
Der Page zeigt keinen Gefühlsausdruck und sagt nur einfach: "Ihr dürft mit mir verfahren, wie's Euch beliebt." Und hier macht Jahnn das tragische Schicksal dieser Beziehungen nur zu klar, wenn er Richard erklären läßt: "Wie ich Dich liebe. Meinst Du das? Oh Gott! – Mit jedem Sinn beiß ich die Zähne aufeinander. Mein Leben schäumt noch warm und grenzenlos – und bin doch morgen tot." Doch die Politik greift ein und hindert Richard daran, seine animalischen Wünsche zu stillen. Norfolk, der Vertraute des Königs, führt den Herrscher zurück zu den Belangen der Stunde.

Der dritte Akt faßt Jahnns Schilderung homoerotischer Beziehungen in diesem Stück zusammen. Er beginnt mit der Szene, in der der Rebell Bucking-

ham und der Spion Ham auftreten. Die beiden Männer würfeln, und das
Spiel nimmt eine stark sexuelle Bedeutung an, als Buckingham zuerst um
Hams Hemd spielen will – er will den Mann nackt sehen – und dann um
dessen Penis. Er will vollständige Macht über ihn ausüben. Ham dagegen ist
nicht gewillt, den Dienst für seinen König so weit zu führen. Er lenkt
Buckingham ab, indem er die Sprache auf dessen Schlachtpläne bringt. Bald
danach, noch bevor die Würfel gefallen sind, entfernt sich Ham heimlich. In
der 3. Szene des letzten Aktes sind die beiden Prinzen Freunde von Paris
geworden – des Pagen, der im I. Akt auf Befehl ihrer Mutter, der Königin,
kastriert worden war. Alle drei Jungen sterben; die Prinzen werden in
einem Steinsarg zusammen lebendig begraben und finden sich in einer
letzten Umarmung.

Homoerotik ist demnach sowohl eine positive als auch eine negative Emotion
in diesem Drama. Die Beziehung zwischen Gleichgestellten, den Pagen Hassan
und Euryalus oder zwischen den Prinzen Eduard und Richard, kann als
zärtlich und liebevoll gekennzeichnet werden – Qualitäten, die die heterosexuellen Beziehungen im Stück nie erweisen. Die Beziehung zwischen Un-
gleichen jedoch, König Richard und sein Page oder Buckingham und Ham,
wird zu einem Test der Herrschaft über Leben und Tod: wäre Ham nicht da-
vongelaufen, hätte er wahrscheinlich durch Buckingham seine Männlichkeit
verloren. Die wirklichen Liebesbeziehungen, die zwischen den Jungen bestehen (und es ist wichtig zu betonen, daß sie nur zwischen Jungen, nicht
zwischen erwachsenen Männern bestehen) werden von denjenigen zerstört,
die die politische Macht in ihren Händen halten. Heterosexualität wird zu einer durch und durch perversen Institution, während nur Homoerotik die
Möglichkeit wahrer Liebe zuläßt (obwohl diese Möglichkeit von den Macht-
habern zerstört wird).

Die Anwendung der beiden eingangs genannten Theorien Freuds und
Hirschfelds auf Jahnns Auffassung der Homosexualität erweist sich letztlich
als unfruchtbar. Seine Vorstellung der Homoerotik ist absichtlich ambiguös
in Bezug auf ihre Ursprünge (ein Hauptpunkt dieser Theorien) und wird
zudem künstlerisch komplex gestaltet. Doch kann ein Schlüssel zum Verständnis in der Widmung des Stückes gefunden werden, wo Jahnn seinen
Freund Franz Buse mit Michelangelos David vergleicht:

"Der David ist ein Junge, an dessen Skelett man erkennen könnte, daß Gott lange schwankte, ob er ein Weib oder ein Männlein aus ihm machen wolle. Das Becken ward zu weit gebaut und die Brust zu schmal; da aber die Meinung war, daß er ein Mann werde, gab Gott ihm üppige Blumen in den Schoß, gab ihm zugleich das Gefühl aller Organe und Glieder, daß er nicht nur brünstig sei. So lernte er die Liebe an jedem Blutstropfen in sich, an jedem Muskel."

Genau diese androgyne Eigenschaft besitzen diejenigen Gestalten Jahnns, die einander wählen oder von Männern gewählt werden. Sie stehen alle an dem Punkt ihrer Jugend, wo die männlichen und weiblichen Komponenten noch nicht ausdifferenziert sind, wo das Männliche das Weibliche noch nicht überwältigt hat. Diese Mischung aus unverdorbener Jugendlichkeit, zusammen mit einer noch ungebrochenen Verbindung mit den ursprünglichen Instinkten, mit einem naiven Verhältnis zu den umgebenden Lebenskräften, erweist sich als äußerst attraktiv. Jahnn fährt in seiner Widmung fort mit den Worten:

"(David) verstand die Geilheit der Tiere und die Lust ihres Gebärens, die Wonnen der Jungen beim Saugen und die Freuden der Mutter, wenn sie die Kleinen leckte. Er fand aber kein Weib, weil ihm in seine eigenen Knochen und Därme alles Wissen gelegt war und er sehen konnte, daß ihre Brüste und Schöße vergiftet und häßlich waren, nicht warm und reif genug, daß man Mut fände, Blut hinein zu gießen."

Blut – der Saft der Lebenskraft – wird auf diese Weise zum zentralen Symbol der homoerotischen Beziehungen in Jahnns Stück. Hassan und Euryalus vermischen ihr Blut, als sie sterben; ebenso die Prinzen in ihrem Steinsarg; und Richard und Buckingham fordern das Blut des Pagen bzw. des Spions.

Die Verbindung von männlichen und weiblichen Eigenschaften und Instinkten in diesen androgynen Figuren kann weder verglichen werden mit der Kombination von männlichem Geschlecht und weiblichem Gefühl, wie wir sie in Hirschfelds Theorie antreffen, noch auch vertritt sie Freuds Theorie der Bisexualität oder der infantilen Sexualität. Jahnn führt uns Emotionen vor, die den rein medizinischen oder psychologischen Bereich transzendieren und das Band zwischen Sexualität und Instinkt wieder knüpfen, das die Zivilisation zerbrochen hat.

Bei genauerer Betrachtung ist Jahnns Drama das einzige dieser drei Stücke, das Homoerotik als Mittel benutzt, um die von der bürgerlichen Gesellschaft gesetzten Grenzen zu sprengen und den "Willen zum Leben" zu befreien. Baal lebt "jenseits" der Schranken konventioneller Moralität, und zusammen mit Eckart scheint er eine Erotik zu entdecken, die ein gewisses Maß an emotionaler Erfüllung verspricht. Doch erweist sich diese Beziehung als nur eine weitere Episode in Baals Leben, wo er alle Menschen, die seinen Weg kreuzen, hemmungslos für seine narzißtischen Bedürfnisse ausnutzt. Indem es der Homoerotik einen freudianischen Anstrich aufsetzt, begibt sich das Stück aller emanzipativen Möglichkeiten, die eine solche Sexualität vielleicht hätte bieten können. Die Beziehung zwischen Baal und Eckart verkommt zu einem darwinistischen Kampf ums Leben für den urmenschlichen, den aso-zialen Baal. Für Walter Fessel bedeuten homoerotische Gefühle die Gelegen-heit, der erstickenden Atmosphäre seines kleinbürgerlichen Familienlebens zu entkommen. Jedoch entpuppt sich diese Möglichkeit als eine falsche, da sie nur zu erneuter Abhängigkeit und Hilflosigkeit führt, indem nun Edmund die Fäden in der Hand hätte. Der homoerotische Konflikt erhält eine Lösung, die die bürgerliche Familienstruktur nicht bedroht, als Walter seine Adoleszenzphase einfach hinter sich läßt, genau wie Freud es beschrieben hat.

Hans Henny Jahnn verwirklicht die Homoerotik in seinem Drama in einer profunderen Weise. In *Richard III.* zeigt er, daß die gleichgeschlechtliche Erotik von sozialen und politischen Kräften unterdrückt ist, nicht indem er sich auf diese Erotik konzentriert, sondern indem er sie in den größeren Rahmen von Richards politischen Kämpfen einbettet. Die homosexuellen Ver-bindungen repräsentieren alternative Wege, die, falls eingeschlagen, die In-dividuen dem Einflußbereich der Machtbesitzenden entziehen könnten. Aber diese wissen sehr gut ihre Autorität zu handhaben. Da eine solche Alterna-tive umwerfend wirken könnte, wird sie erbarmungslos ausgerottet.

Wie schon früher erwähnt, lassen sich die androgynen Eigenschaften der Jungen, die in homosexuelle Beziehungen verwickelt sind und Jahnns Vor-stellung einer Verbindung von Blut und Seele weder Freuds noch Hirsch-felds Theorie der Homosexualität zuordnen. Durch diese Integration der Homoerotik und durch die Darstellung sowohl ihrer Wirklichkeit als auch ihrer Möglichkeiten gelingt es Jahnn, den Fallen der beiden medizinischen Konzeptionen zu entgehen. Er vermeidet die einfachen Kategorien. Der von der Medizin hergestellte Diskurs beschränkte Homosexuelle in bestimmte Eigenschaften und Verhaltensweisen, aber zu gleicher Zeit erzeugte er dadurch einen größeren sozialen Freiheitsraum für sie.

Die Dramen Brechts und Bronnens verbleiben innerhalb des wissenschaftlichen Diskurses und hinterfragen damit nicht den Begriff der Homoerotik. Trotz all der antibürgerlichen Rhetorik der beiden Stücke reproduzieren sie in Bezug auf Homoerotik die vorherrschende negative Haltung. Jahnns Drama dagegen entgeht dieser "Verärztlichung" der Homoerotik, indem er sie mit vitalistischen und ursprünglichen Aspekten der menschlichen Existenz verbindet.

In der Tat kann man nicht sagen, daß Jahnns Methode bei der literarischen Darstellung der Homosexualität zu bevorzugen sei, denn leicht könnte sie in die Irre führen oder zu gegensätzlichen Zwecken mißbraucht werden. Die Beschreibung von Homoerotik in *Richard III.* weist den Weg auf Darstellungen, die weniger von strikten psychologischen Theorien beeinflußt sind und sich dann, innerhalb eines Diskurses von Emotionen, freier bewegen, wo sie eine von der Medizin ungeregelte Sprache finden kann. Die Literatur der Weimarer Republik weist ein reiches Erbe von Werken auf, die sich mit der Homoerotik befassen – ein Erbe, das erst seit kurzem von Literaturwissenschaftlern aufzuarbeiten begonnen wurde. Hans Henny Jahnn, in so vielem der "Außenseiter" der Literaturgeschichte, ist auch in der Behandlung homoerotischer Beziehungen seinen eigenen Weg gegangen. Hätten ihn mehr auf diesem Pfad begleitet, wären mehr außerhalb der engen Grenzen der medizinischen Kategorie Homosexualität gegangen, wären unsere Literatur und unsere Kultur vielleicht um ein Vielfaches reicher.

Anmerkung: Die Diskussion zu dem vorangegangenen Beitrag ist hier nicht abgedruckt, da sie durch technische Mängel bei der Tonaufnahme verlorengegangen ist.

Dietrich Molitor

Guido Bachmanns Romantrilogie *Zeit und Ewigkeit* und Hans Henny Jahnns
Romantrilogie *Fluß ohne Ufer* – Analogien und Kontraste

Guido Bachmann, Schriftsteller, Pianist und Schauspieler, wurde 1940 in
Luzern geboren. Er hat Hans Henny Jahnn nicht mehr selbst kennengelernt.
Aber die Lektüre des Jahnnschen Werkes hat ihn – nach eigenem Bekunden –
zum Schreiben gebracht. Das ist unverkennbar, sowohl in formaler wie in
inhaltlicher Sicht. Dennoch, *Zeit und Ewigkeit* ist sicher kein Abklatsch von
Fluß ohne Ufer, eher ein krasses Gegenkonzept.

Der erste Teil der Trilogie, *Gilgamesch,* erschien erstmals 1967 – und ent-
fachte einen heftigen Literaturskandal, weil die nicht uminterpretierbare
Darstellung einer homosexuellen Freundschaft als nestbeschmutzende Pornographie bewertet wurde. Dieser Skandal – und nicht etwa eine breite Leser-
schicht – hat Bachmann, zumindest in der Schweiz, bekanntgemacht – ähnlich, wie Jahnn seinerzeit durch das skandalträchtige Drama *Pastor Ephraim
Magnus* bekannt geworden ist. Es erübrigt sich fast zu erwähnen, daß
Guido Bachmann von der Literaturwissenschaft und -kritik als Außenseiter
behandelt wird.
1982 schloß Bachmann die fast 1600 Seiten umfassende Romantrilogie nach
etwa 20jähriger Arbeit ab. Ich gehe davon aus, daß nur wenige Zuhörer *Zeit
und Ewigkeit* kennen und gebe deshalb zunächst eine knappe Übersicht.

Der Roman *Gilgamesch* ist eine klare und unverschlüsselte Spiegelung des
Gilgamesch-Mythos in die Schweiz der 60er Jahre. Bachmann erzählt die Geschichte der Jünglinge Roland und Christian. Ihrer unverbrüchlichen Liebesbeziehung stehen die Elternhäuser und die Schule als repressive und
puritanische Institutionen entgegen. Die mystisch-dunkle Versucherfigur
Ruben, die den Fiebertod Christians bewirkt und Roland in Abhängigkeit zu
sich bringt, zerstört das Jünglingsidyll. Erst nachdem Roland das Grab
Christians aufgefunden und mit dem toten Freund Zwiesprache gehalten
hat, verliert Ruben seine Macht über ihn. Die Liebesbeziehung erweist sich
– entsprechend dem mythologischen Vorbild – als den Tod überdauernd.

In der *Parabel*, dem zweiten Teil der Trilogie, ist die Hauptfigur der Tonsetzer Claudio Reich, der in einer Art Tagebuch die langjährige Beziehung
zu seinem verstorbenen Freund Fred Anders reflektiert. Der Bezug zu *Gilgamesch* ist dadurch gegeben, daß Reich, auf der Zeitebene des Schreibens,
eine Freundschaft mit Roland verbindet – aber auch dadurch, daß nicht
eindeutig klar wird, ob die Figur Claudio nicht mit der Figur Roland identisch ist. Dieser personale Bezug bleibt für mich ähnlich zweideutig, wie die
Begegnung zwischen Matthieu und Anders in *Die Nacht aus Blei*. Durch zahlreiche Erzähl- und Handlungsebenen unterbrochen, deckt Reich nun den
Verlauf und die Art seiner Freundschaft zu Fred Anders auf: er lernt den
41 Jahre älteren Anders während der Suche nach einem jugendlichen Knaben – der sich später als der Versucher Ruben herausstellt – kennen. Für
ihn im Grunde unerklärlich, entsteht eine enge Freundschaft zu Anders, die
allerdings durch die unterschiedliche Reife der Charaktere zunehmend
problematisch wird. Es folgen mehrere Trennungen und Versöhnungen, bis
die Zuneigung Claudios schließlich in Haß umschlägt und zum Mord an dem
Freund führt.

Auch die Figur Fred Anders läßt m.E. die Deutung einer Doppelung der
Person Reich zu. Eine solche von Bachmann raffiniert angelegte Aufspaltung
der Hauptfigur – die schreibend am unwiderruflichen Ausgang der Jugend
steht – in das Jugend-Ich Roland und das durch Altersreife geprägte Ich
Anders`, und die gleichzeitig mit beiden Figuren in der Romanhandlung reale
Beziehungen unterhält, bedürfte einer gesonderten eingehenden Untersuchung.

Mit Reichs Mord an Fred Anders kündigt sich nun neben dem Motiv der unverbrüchlichen Männerfreundschaft ein neuer Komplex an, der im dritten
Teil, *Echnaton*, handlungsbestimmend wird: der Vatermord. Hier allerdings
verkompliziert dadurch, daß Reich erst später erfährt, daß der ermordete
Freund sein Vater gewesen ist.

Reichs Suche nach seiner Identität ist eine Reise durch die Zeiten, sie geht
weit in die Vergangenheit zurück und reicht in die Zukunft bis zu seiner
Ermordung durch den Sohn – der, um dem historischen Vorbild Echnatons
treu zu bleiben, aus einer sexuellen Verbindung zwischen Reich und dessen
Mutter hervorgegangen ist. Damit entwickelt Bachmann eine kaum noch
durchschaubare monströse Familienchronik, die wohl gleichzeitig auch als

eine Art überpersonaler Geschichte der Zivilisation verstanden werden könnte.

In diesem knappen Überblick sind nur wenige der zahlreichen Handlungsstränge und der vielen herstellbaren komplizierten Bezüge angerissen worden; ich denke jedoch, daß schon manche Parallelen zum Werk Hans Henny Jahnns erkennbar sind.

Zusammenfassend nenne ich zunächst einige formale Bezüge zwischen *Zeit und Ewigkeit* und *Fluß ohne Ufer*:

- beide Werke sind als Trilogien angelegt;
- wie Jahnns *Holzschiff* kann *Gilgamesch* als Introduktion des Werkes verstanden werden: in beiden Er–Erzählungen werden die Protagonisten und Themen eingeführt;
- die Mittelteile *Die Niederschrift des Gustav Anais Horn I* und *II* und *Die Parabel I* und *II* sind in der Ich–Form geschriebene Tagebücher der Tonsetzer Horn bzw. Reich, in denen sie ihre Beziehung zum verstorbenen Freund reflektieren;
- Jahnn deutet die fugenhafte Komposition der Romantrilogie an – Bachmann erklärt sie ausdrücklich mehrmals;
- Bachmann führt Schreibtechniken fort, wie sie Jahnn (vor allem in *Perrudja*) wegweisend angewandt hat: Verquickung von Zeitebenen wie Schreibgegenwart, Rückerinnerung, Fortschreibung der Handlungsgegenwart; Wechsel der Realitätsebenen, Sprachspiele, Rastertechnik.

Gemeinsamkeiten auf inhaltlicher Ebene zeigen sich vordergründig in der Wahl und Adaption des Gilgamesch–Stoffes, wobei sich die Umsetzung sicher darin unterscheidet, daß Bachmann nicht wie Jahnn nur andeutet, verschlüsselt, sondern direkt spiegelt. Verbunden damit ist auch die offenere und direktere Darstellung homosexueller Freundschaften.

Auf eine Besonderheit sei hier hingewiesen: wie Jahnn in *Fluß ohne Ufer* die Rolle der Ischtar dem Mann Ajax von Uchri zuweist, nimmt auch in *Gilgamesch* eine männliche Figur, Ruben, diesen Part ein. Und Ajax wie Ruben werden als körperlich anziehend beschrieben, beide unterstreichen ihre aufreizende Sinnlichkeit durch Schminke und exotische Düfte, beide machen ihre Versuchung zum Ritual.

Auch die Vertonung des Gilgamesch-Stoffes spielt in den Werken eine bedeutende Rolle: Horn schreibt die große Symphonie "DAS LICHT DES
WEISSEN MONDES", in deren Chorsätzen die Freundschaft von Gilgamesch
und Engidu umgesetzt ist, Reich schreibt für den Freund Roland ein Gilga-
mesch-Oratorium - wobei zweideutig bleibt, ob es sich dabei wirklich um ein
musikalisches Werk, oder um den ersten Teil der Romantrilogie handelt. In
diesem Zusammenhang macht Bachmann auch eine der wenigen direkten An-
spielungen auf Jahnn. Dazu ein kurzer Textauszug aus der *Parabel*, in dem
Reich einem Hamburger Musikverleger sein Oratorium anbietet:
"Blankenese. Schmale Straßen. Enge und steile Treppen. In einem Park fand
ich das Haus des Verlegers. Ein weisses Haus mit schwarzem Strohdach. (...)
Im Koffer das Oratorium: einige Pfund schwer. Ich klingelte. Ein junger
Mann öffnete. Ich stellte mich vor. Der junge Mann zeigte sich erfreut, ob-
wohl er einen schüchternen Eindruck machte. Ich trat in eine sehr grosse
Stube ein. An den Wänden Regale. Ein Flügel und ein Spinett im Raum. Kurz
danach gesellte sich die Frau des Verlegers zu uns. Wir nannten uns bald
bei den Vornamen. Ian und Ellinor luden mich zum Essen ein. Ein deftiges
Essen: knuspriger Schweinsbraten. Kartoffeln.Am Abend fuhren wir in die
Stadt. Wir besuchten ein Transvestiten-Lokal. Bedienerinnen mit Bassstimmen
fragten nach unseren Wünschen. Kurz vor Mitternacht machte eine Dame
Striptease. Die junge Dame entpuppte sich als Bursche. Ich blieb fast eine
Woche bei Ian und Ellinor. Wir hatten das Oratorium genau und gründlich
durchgesehen. Ian sagte, alles Nötige tun zu wollen. Vorerst lasse er Foto-
kopien anfertigen; und dann spräche er mit einem Agenten in Kopenhagen:
dort sollte eigentlich die Uraufführung stattfinden." (Die Parabel, S.122f)

In dieser kurzen Passage wird einerseits sichtbar, daß Bachmann bzw. Reich
Jahnn zur künstlerischen Instanz erhebt, indem er sein Werk durch ihn
(nach langem Zögern übrigens) beurteilen läßt, wobei zweideutig bleibt, ob
Jahnn hier als Musikverleger oder Autor angesprochen ist. Andererseits ist
die ironische Distanz - ein Grundzug Bachmanns - unübersehbar. Denn das
Qualitätsurteil spricht sich ja Bachmann selbst aus, es ist nicht gestützt auf
verarbeitete biographische Realität. Jahnn hingegen erscheint durch An-
spielungen auf seine einerseits bürgerliche, andererseits bohemehafte Le-
bensweise als Karikatur.

Mit dem Stichwort "ironische Distanz" verbindet sich nun eine Reihe von
Merkmalen, die ich in Richtung eines "Gegenkonzepts" zu Hans Henny Jahnn
deuten möchte. Mit zunehmender Tendenz im Verlauf seines Schreibens entwickelt Bachmann eine beißend sarkastische Sprache, die auch gelegentlich
nicht effektheischender Wirkungen entbehrt. Die in *Echnaton* auftretende
Figur Crowley, Narr und zerstörender Dämon in einem, verkörpert eine solche Ausdrucksweise geradezu in einer Art, die ihn zur Inkarnation des Bösen, zur alles vernichtenden und negierenden Existenz macht.
Ironie, Sarkasmus, Karikatur, Witz und – in wahrsten Sinne des Wortes –
spielerischer Umgang mit Sprache, – Sprachformen, die Bachmann so virtuos
beherrscht wie sie Jahnn fremd sind – können verletzen, aber doch leben
lassen. Sie können aber auch vernichten, nämlich dann, wenn sie als Mittel
umfassender Destruktion eingesetzt werden. Erst mit den Inhalten, Auffassungen und Wertungen, die durch die Sprache transportiert werden, zeigt
sich die volle Gegensätzlichkeit in den Grundaussagen der Werke. Einige
Aspekte dieser gegensätzlichen Weltbilder möchte ich hervorheben, auch
wenn ich mir bewußt bin, daß dies hier nur mit Verkürzungen möglich ist
und damit auch die Gefahr einiger Schiefheiten in sich birgt.

Hans Henny Jahnn ist bekanntlich nicht davor zurückgeschreckt, die vielfältigen zerstörerischen Kräfte im Menschen darzustellen – um es gelinde
auszudrücken. Mord, Totschlag, eine denkbar große Palette von Verstößen
gegen bürgerliche Moral- und Normvorstellungen nehmen breiten Raum in
seinem Schreiben ein. All dies hat ihm den Ruf eines sittenlosen Skandal-
autors eingebracht. Nun ist – unter den hier Anwesenden zumindest- vermutlich unbestritten, daß Jahnns unheile Welt eingebettet ist in ein zutiefst
humanes Programm, in eine Naturphilosohie, in der jede Daseinsform, auch
die grausame, ihren Platz hat. Es ist die Ehrfurcht vor aller Schöpfung,
seine Liebe und Bewunderung zur Natur und ihren Geschöpfen und, ganz
herausragend, die Fähigkeit des Menschen zu lieben. In allen Romanen
Jahnns ist das Grundthema die Liebe zweier Menschen zueinander. Das ist
noch nichts Spezifisches. Spezifisch hingegen ist die Art, wie die Liebenden
mit ihren Zuneigungen und ihren Konstitutionen, wie Jahnn es nennt, umgehen. Kompliziert sind diese Leben allemal, wenn man von den idealisierten
und wenig der Realität entlehnten Wunschmenschen, den Heins und Garis,
einmal absieht. Und sie sind ohne Zweifel nicht nur deshalb kompliziert, weil

Jahnn in den meisten Fällen eine besondere Form der Liebe, die mann-
männliche, zum Thema macht. Die dargestellten Probleme, der Prozeß des Zu-
einanderfindens, das Umgehen mit Anfechtungen von außen, die stetige
Suche nach Selbsterkenntnis, sind universaler Art, sie gelten für jede Liebesbeziehung, ob homosexuell oder heterosexuell. Entscheidend ist nun, daß
die Beziehungskonflikte konstruktiv gelöst werden. Die Partner sind geprägt
von dem Willen, ihr Leben gemeinsam weiter zu verbringen und von der
Suche nach Möglichkeiten hierzu. Es gibt im Werk Jahnns – und das ist
überaus bedeutend für die Handlungsweise der Protagonisten – kaum die
allzumenschliche Reaktion des Resignierens. Die Liebenden konzentrieren
eine ungeheure Kraft darauf, ihre tief verankerten Träume von der er-
strebten Lebensgemeinschaft weiterzuverfolgen. Dies trägt m.E. mit dazu bei,
daß wir als Leser gefesselt werden von den immerhin oft tragischen und
keineswegs rundum erfüllten Leben der Jahnnschen Figuren.
Steht aber hinter der Weigerung zu resignieren nicht auch ein subtiles
Verdrängen der Realität? Funktioniert dieses Nicht-Resignieren nur deshalb,
weil Jahnn einen wesentlichen Bestandteil von Liebesbeziehungen, die er-
füllte Sexualität, ausklammert? Wo er doch sonst vor den unangenehmsten
Wahrheiten nicht zurückschreckt! Vielleicht muß er dies ausklammern, weil
die Angst vor dem Sich-Eingestehen unerfüllbarer Liebesmöglichkeit nahe an
den Rand einer tödlichen Bedrohung gerät.

Jahnn hat einmal den bemerkenswerten Satz gesagt: "Das urtragische Problem ist, zu lieben und nicht oder weniger wiedergeliebt zu werden." Sind
die Konstellationen der Paare nicht auch so angelegt, daß genau diese Tragik in ihnen steckt? Sind Treueschwüre und Ausschweifungen als äußere
Klammer der Beziehungen und Surrogat für fehlende sexuelle Erfüllung zu
sehen? Läßt sich nicht auch aus der Freundschaft zwischen Jahnn und
Harms diese Problematik erkennen? Wenn dies so wäre, dann hätte Jahnn
vor der nicht zu bewältigenden Erkenntnis halt gemacht, daß paritätisches
Lieben und Geliebtwerden einschließlich ihres Ausdrucks im sexuellen Mit-
einanderumgehen, für ihn – und seine Romanfiguren – nicht erlebbar waren.
In der Konsequenz, auszuklammern und zu sublimieren, um überleben zu
können.

Ich lasse hier bewußt Fragen stehen, möchte aber in diesem Zusammenhang
den außergewöhnlichen Aufsatz von Martin Dannecker *Engel des Begehrens
- Die Sexualität der Figuren in Hubert Fichtes Werk* (1) erwähnen. Dannecker kommt zu dem Schluß, daß die bei Fichte durchgängig oberflächlich
erscheinenden sexuellen Beziehungen und das Fehlen erfüllter Liebesbeziehungen ihre Ursache hat in der schonungslosen Erkenntnis, daß jede
gelebte Sexualität hinter den Vorstellungen und Träumen davon zurück-
bleiben muß. D.h. Sexualität als Ausdruck und Mittel zweier Individuen, eins
zu werden, ist nicht realisierbar. Für Fichte bleibt daher folgerichtig nur
das Streben nach persönlicher Freiheit, Leben ohne Illusionen in einer sä-
kularisierten Welt.

Bei Guido Bachmann ist eine Fichte ähnliche Grundhaltung zu beobachten,
die allerdings ganz andere Handlungsmuster nach sich zieht. Kein Zweifel,
der vermutlich in jedem Menschen tiefsitzende Traum von der unverbrüchlichen Liebesfreundschaft spielt in den Reflexionen des Claudio Reich eine
große Rolle. Aber es ist ein Jugendtraum, der mit zunehmendem Alter der
furchtbaren Erkenntnis weicht, unverwirklichbar zu sein. Hier sind die Folgen: Destruktion, zerstörerisches Handeln und Liebesunfähigkeit.
Für Reich, den ausgeprägten Intellektuellen, bleibt der Mythos von der unverbrüchlichen Freundschaft eben Mythos – anders als für Horn. Er ist
nicht hinüberrettbar in die gelebte Realität, spätestens dann nicht mehr, als
seine Jugend unwiederbringbar verloren ist. Da ist es kein Zufall, – und
viel mehr als die Faszination vor jugendlicher Schönheit – daß Reich sich
zunächst durch angestrebte Freundschaften mit jugendlichen Knaben einen
Türspalt zu verlorenen Träumen offenzuhalten versucht.

Die Tür zu durchschreiten und sich so vor dem Scheitern der Liebesbeziehungen und dem umfassenden Scheitern des Ich zu retten, ist unmöglich
geworden, weil er seine Liebesunfähigkeit als Schlüssel allen Scheiterns erkannt hat. Die Zerstörung, der Mord an dem Freund und Vater Anders –
und auf metaphysischer Ebene auch am Selbst – ist bedingt durch die Begegnung mit dem Zukunfts-Alter-Ego, die nur die aussichtslose

---

1 In: *Der Körper und seine Sprachen*; hrsg. von Hans-Jürgen Heinrichs.
Frankf./M. und Paris. Qumran 1985

Wiederholung eines unlebbaren Lebens offenbart. Auf der Wirklichkeitsebene im Roman drückt sich Reichs willentliche Selbstvernichtung zunächst in exzessivem Alkoholkonsum, später in einem Selbstmordversuch, bis hin zu seiner selbst provozierten und bewußt hingenommenen tatsächlichen Ermordung durch den eigenen Sohn Eto aus. Reich lebt als geistiges Monstrum in einer Welt voller Dunkelheit, Mystik und Okkultismus – denkbar weit ab von der Welt Jahnns. Aber auch dies ist kein Ausweg. Die Flucht in ein mystisches Dasein wird durch Ironie entlarvt, auch sie bleibt Phantasie und Illusion.

Übrig bleibt eine schillernde Hülle vom Leben und der Gesellschaft, ein brillant durchdachtes Nichts, vollgepackt mit Geist und entleert von lebbarer Substanz. Da bleiben keine Werte oder Wirklichkeiten, mit denen Identifikationen oder auch nur Zustimmung möglich wären, es sei denn, das Gesetz, das die Absurdität alles Seienden besagt.

Die Figuren Jahnns entziehen sich der Gesellschaft, versuchen ein abgeschottetes, in sich ruhendes Dasein zu führen. Eine für Jahnn noch mögliche Illusion? Bachmann läßt jedenfalls nicht einmal mehr die Illusion eines Fluchtweges zu. *Zeit und Ewigkeit* – ein innerer Spiegel unseres Zeitgeistes?

Literatur: Guido Bachmann, *Zeit und Ewigkeit: Gilgamesch*, Wiesbaden 1966; *Die Parabel*, Basel 1978; *Echnaton*, Basel 1982.

DISKUSSION

* Diese monströse Trilogie *Zeit und Ewigkeit* von Bachmann ist ja relativ unbekannt. Ich möchte fragen, ob Sie hierhergekommen sind, weil Sie profunde Bachmann-Kenner sind?

* Ich habe nach zweieinhalb Bänden das Lesen aufgegeben. Einfach weil mir diese Spielereien, diese sprachlichen Spielereien über Seiten hinweg zuviel wurden. Und ich muß auch ehrlich sagen, ich habe nicht mehr durchgeblickt zum Schluß. Den ersten Teil fand ich eine sehr realistische Darstellung, auch sehr gut nachvollziehbar, auch der zweite Teil, aber im dritten Teil hat er sich in irgendwelchen Feuerwerken verloren, die ich nicht mehr

nachvollziehen konnte. Das war mein Eindruck von diesem Werk. Ja, ich war sogar richtiggehend erleichtert, daß es anderen Leuten, die sich damit auf andere Art und Weise auseinandersetzen, ähnlich geht.

Dietrich Molitor

Unverständlich würde ich vielleicht nicht mal sagen, sondern es ist auf sehr sehr vielen Ebenen interpretierbar. Und nicht nur interpretierbar, sondern es stecken auch eine ganze Menge Ebenen darin. Diese okkultische Seite z.B., da habe ich keine Ahnung von, aber ich habe mir von Leuten, die ein bißchen mehr davon verstehen, erklären lassen, daß solche für mich nicht verständlichen Passagen ganz reale Hintergründe haben. Da werden z.B. oft Karten des Tarot-Spiels plastisch beschrieben; die muß man natürlich kennen, um das verstehen zu können. Das ist nur ein Beispiel für eine ganze Menge Bereiche, die mir sicher auch vollkommen entgangen sind. Ich erhebe absolut nicht den Anspruch, diesen Roman verstanden zu haben. Ich versuche nur einen roten Faden zu entwickeln, und auch der ist sicher angreifbar.

* Sie hatten zum Schluß eine Wertung abgegeben oder eine Frage formuliert. "Ist diese Trilogie ein Spiegel unserer Zeit?" Ich würde dem persönlich nicht zustimmen, einfach deswegen, weil ich glaube, was Bachmann geschrieben hat, ist ein Teil unserer Psyche, dieser vielleicht etwas mystische, dunkle Teil der Psyche, den man aber sonst in dieser Form kaum jemals an sich selbst erfahrbar macht. Viele Dinge, die in mir leben, die untergründig, unterbewußt vorhanden sind, Stimmungen, Träume, die habe ich nachvollzogen anhand von Bachmanns Werk. Und das finde ich eigentlich einen phantastischen Aspekt, daß dieses Moment einmal in einem großen Werk ausgedrückt wird. Aber daß es ein Spiegel unserer Zeit sein könnte, das habe ich eigentlich nie so empfunden, weil ich eine andere, positive Lebensauffassung habe. Es ist für mich nur ein Aspekt meines Lebens.

* Mir ging es ähnlich beim Lesen von Bachmann. Aber Spiegel unseres heutigen Zeitgeistes würde ich eigentlich mehr aus dem Vergleich mit Jahnn entwickeln. Und da ist für mich schon sehr auffällig, daß Jahnn ja mit der Gestaltung seiner Figuren, bei allem individuellen Scheitern dieser Schicksale, wirklich angeschrieben hat gegen den Zeitgeist, den er zugleich gese-

hen hat, und den er ja dann zum Schluß in den 50er Jahren auch politisch
gekennzeichnet und bekämpft hat. Nämlich die Selbstzerstörung der Menschheit. Es gibt eine Menge Stellen bei Jahnn, wo er unverhüllt sagt, das ist
eine Krankheit, das ist Paranoia. Man muß sich wirklich klarmachen, daß die
Politiker, die diese Rüstungsentwicklung machen, daß die – ich weiß nicht,
ob paranoid gerade der richtige Ausdruck ist – echt von einer Krankheit
befallen sind. So sagt Jahnn, die Menschheit ist von dieser Krankheit befallen, an anderer Stelle sagt er: dumm. Trotzdem schreibt er mit seinen Men-
schenbildern gegen diese Dummheit an und will eigentlich mit seinen Figuren gerade den humanen Menschen dagegensetzen. Und unter diesen Ge-
sichtspunkten würde ich Bachmann wirklich auch so lesen, daß er das Destruktive im Menschen und in den Beziehungen, die seine Figuren entwickeln, rausarbeitet.

* Nichts anderes wollte ich eigentlich zeigen. Ich meine, ich trage einen Teil
Destruktivität in mir, beim Autofahren zum Beispiel, wenn ich mit 200 über
die Autobahn jage. Insofern kann ich Bachmann als den Darsteller dieser
Destruktivität sehr wohl verstehen. Als ich Jahnn gelesen habe, vor 10 Jahren zum ersten Mal, das hat mir Impulse gegeben, zweifelsohne. Ich kann
nur sagen, daß Bachmann wie Jahnn Dinge ausdrücken oder Teile meiner
Persönlichkeit ausdrücken können. Deswegen könnten unter Umständen
beide Spiegel nicht nur ihrer jeweiligen Zeit sein, sondern auch der Situationen in mir. Das kommt natürlich darauf an, wie ich sie interpretiere.

* Wenn Sie das Stichwort "Destruktivität" nennen, dann muß ich sagen,
Bachmann löst eigentlich die Konstruktion ein, die Jahnn immer behauptet im
Romanaufbau. Ich glaube, das schwer Verständliche liegt darin, daß er
tatsächlich nach musikalischen oder formal kompositorischen Aspekten arbeitet, die Jahnn zwar andeutet, aber die man eigentlich quasi zahlenmäßig
oder gesetzmäßig immer noch nicht nachprüfen kann. Aber bei Bachmann
hat man manchmal das Gefühl, er hat wirklich Texte geschrieben und dann
in Streifen geschnitten und neu zusammengefügt. Ich glaube, er will
wirklich das große konstruierte Werk machen.

Dietrich Molitor

Die Destruktion bezieht sich überhaupt nicht – jedenfalls nach meiner Auffassung – auf die formale Konstruktion.

* Klar, aber ich glaube, man muß schon die Verhältnisse sehen, das Ganze schließlich wie er sehen – es ist doch offenbar ein Glaube an ein großes konstruiertes Kunstwerk. Der scheint jedenfalls als Arbeitsimpuls da zu sein.

* Er hat ja immerhin 20 Jahre seines Lebens investiert in diese Trilogie, was heutzutage nicht mehr üblich ist.

* Ich habe Guido Bachmann vorher überhaupt nicht gekannt, ich wußte auch nicht, daß er gewisse Beziehungen zu Jahnn hat, daß er durch ihn angeregt wurde. Nur beim Lesen kam mir das natürlich spontan. Irgendwann fiel mir mal auf, daß gewisse Stimmungsbilder ähnlich sind wie bei Hans Henny Jahnn. Auch die Schicksale der einzelnen Personen – zwar nicht direkt – sind in gewisser Weise ähnlich angelegt, und ich muß ehrlich sagen, nachdem ich das gemerkt hatte, hat für mich Guido Bachmann auch an Reiz verloren. Weil ich einfach gemerkt habe, da war schon einer da, der ihm das vorgedacht hatte. Ich war also etwas enttäuscht von dieser Geschichte. Fasziniert war ich von der wesentlich stärkeren Sprachfähigkeit Bachmanns. Wenn man das nämlich von den Ausdrucksmöglichkeiten her sieht, finde ich Bachmann von dieser "Feuerwerkssituation" her wesentlich eindrucksvoller, während Hans Henny Jahnn von der ganzen Sprachwahl, von der Wortwahl her wesentlich fließender, gleitender ist. Das ist nur ein Eindruck – ich habe es nie analysiert – aber ich war etwas enttäuscht, als ich merkte, daß es der Versuch einer Nachkonstruktion ist.

Dietrich Molitor

Das glaube ich nicht! Ich habe anfangs denselben Eindruck gehabt wie Sie, aber der ist doch zunehmend – vor allen Dingen durch *Echnaton* – revidiert worden. Denn ich denke: Jahnn ist wirklich jemand, der ganz nahe am Fleisch ist, wie er es nennen würde, und Bachmann ist sicher viel näher am Geist. Ich drücke das jetzt sehr überhöht aus, aber ich glaube, das markiert schon ein bißchen die Richtung. Jahnn ist jemand, der auf der Erde bleibt. Da spielt noch ein anderes Phänomen eine Rolle. Jahnn schafft ja

Lebenswelten, die von unserer Nachvollziehbarkeit eigentlich recht weit weg sind. Die Figuren reisen um die Welt und lassen sich dann in der tiefsten Wildnis irgendwo nieder und begehen da ihr Leben. Das ist zwar eine Lebensmöglichkeit, die den meisten von uns offen steht, aber nicht nachvollzogen wird. Und trotzdem finde ich, daß die Leben, die dann beschrieben werden, sehr authentisch sind. Bei Bachmann ist der Prozeß genau umgekehrt. Da bewegen sich die Figuren in einer äußeren Umgebung, die unserem Leben, Städten unserer Zeit viel eher entsprechen. Das Milieu ist nachvollziehbarer, aber die Handlungsweisen weniger.

* Ich würde es nicht auf den Gegensatz Fleisch und Geist bringen, da sind doch sehr fleischliche Passagen bei Bachmann drin.

* Und die Konstruktion, die Bücher Jahnns sind sehr geistig.

* Es ist aber doch eine tolle Kombination, daß er ein Poet ist und zu gleicher Zeit über Dinge in poetischen Bildern nachdenkt, sehr präzise. Aber eben doch mehr als Poet, würde ich sagen, nicht als Philosoph oder Literaturwissenschaftler, d.h. er begibt sich rein. Das finde ich dieses Ungeheuerliche bei ihm, diese Kombination von Körperlichkeit und Geistigkeit, daß er "drin" ist als Lebender.

* Eine Frage: Was erwarten Sie eigentlich aus diesem Vergleich Jahnn und Bachmann? Mit welcher Fragestellung gehen Sie an diesen Vergleich? Nur weil Bachmann auch eine Trilogie geschrieben hat?

Dietrich Molitor

Nein, nein. Also mein Ausgangspunkt ist natürlich schon unser Forschungsgegenstand "Homosexualität und Literatur" gewesen. Dazu gehört Jahnn und dazu gehört auch Bachmann. In dem Zusammenhang habe ich beide kennengelernt. Jahnn kannte ich früher. Dann habe ich Bachmann gelesen und diese Parallelen, die ich hier zu erklären versucht habe, gesehen. Ich fand dies solange nicht interessant, wie ich nämlich genau Ihrer Meinung war, das sei doch so eine Wiederholung, eigentlich will man sie nicht mehr hören. Aber seit dann *Echnaton* erschienen war, muß ich doch sagen, daß ich das eher als Gegenkonzept begriffen habe.

* Dietrich Molitor hat ja am Anfang gesagt, daß Bachmann im Grunde auch ein vergleichbares Schicksal noch jetzt erlebt, was Jahnn erlebt hat, nämlich daß er in der Literaturkritik eigentlich eher zu den Außenseitern gehört und vielleicht auch so etwas wie ein Skandalautor ist. Und auch das, meine ich, ist hinreichend Grund, sich mit Bachmann zu beschäftigen, unabhängig davon, wieviel ich mit seinem Werk anfangen kann. Ich würde als jemand, der hier den Forschungsbereich "Homosexualität und Literatur", so schlecht und recht es eben geht, vertritt, eine Art Verantwortung schon auch darin sehen, so einen Autor – ich will nicht sagen ins Gespräch zu bringen – aber ihm überhaupt die Chance zu geben, das, was er möglicherweise will, auch literaturwissenschaftlich in den Griff zu kriegen. Und da ist schon so ein Ansatz, die Verbindung zwischen Jahnn und Bachmann herzustellen, ein gerade für die Perspektive "Homosexualität und Literatur" relativ naheliegender.

* So habe ich das auch mitbekommen, beim Hören des Vortrags, daß ein forschungspraktisches Motiv auch ein zentrales gewesen ist.

* Ich möchte da nochmal anknüpfen. Mir ist das schon sehr aufgefallen, diese ganz engen und deutlichen Parallelen, formale Parallelen der beiden Trilogien. Gibt es da irgendwelche Vermutungen oder gar Hinweise, vielleicht auch von Bachmann selbst, warum er dieses formale Konzept so – ja ich möchte sagen – genau übernommen hat? Ich nehme gutwilligerweise mal an, daß er nicht irgendwie über die Trilogie gestolpert ist und dachte: Ach, das ist ja ganz nett, das mache ich auch so.

Dietrich Molitor

Man kann nicht sagen, er hat Jahnns Konzept genau übernommen. Ich habe ja lediglich einige Gemeinsamkeiten rausgepickt. Es gibt ja auch viele trennende Dinge. Es ist auch im Formalen schon ein erheblicher Unterschied, da sind viele Handlungsstränge zerschnippelt, sprühen regelrecht auseinander, während bei Jahn doch relativ fortlaufend entwickelt wird. In *Zeit und Ewigkeit* ist es wahnsinnig schwer, einen roten Faden überhaupt im Kopf zu behalten, zu behalten: worüber lese ich hier eigentlich. Und das kann man doch bei Jahn nicht sagen. Gut, ich habe ein paar Gemeinsamkeiten genannt, aber das sind ja nun wirklich ganz äußere Merkmale.

* Nein, ich begreife das nicht nur als äußere Merkmale, wenn z.B. die Er-
zählhaltung in den ersten Teilen jeweils die gleiche oder doch eine ähnliche
ist. Der Mittelteil ist, wie gesagt, als eine Fuge konzipiert. Wenn Joyce sein
Sirenenkapitel wie eine Fuge organisiert oder aufbaut, dann ist völlig klar,
warum er das tut: weil das ein sehr musikalisches Kapitel ist. Wenn jemand
den Mittelteil einer Trilogie als Fuge konzipiert, dann kann es eine gute
Idee sein; wenn das dann aber jemand übernimmt, dann steckt für mich
schon mehr dahinter. Ich wollte darauf hinaus, ob der Grund dafür , daß er
vieles übernommen hat, für ihn Ausdruck dessen ist, daß er sagt: ja, so
muß es sein, so muß eigentlich eine Trilogie konzipiert sein.

* Es gibt meines Wissens keine authentischen Aussagen von Bachmann, die
speziell darauf hinweisen, daß er von Jahnn die Trilogie, die Form übernommen hat, sondern es gibt nur allgemeine Aussagen, daß er viel von
Jahnn gelernt hat, und daß man das natürlich auch an seiner Trilogie sehen
kann. Das will er ja nicht verleugnen. Ich denke nicht, daß er – das könnte
man sicher nicht rausinterpretieren – sozusagen sich zum Lehrmeister
Jahnns aufwirft und sagt: Ich zeige dir mal, wie man eine richtige Trilogie
schreibt, sondern daß das mythische Konzept der Trilogie eine Rolle spielt –
, und ja auch für Jahnn eine große Rolle gespielt hat. Das ist eine Sache,
die auch bei Jahnn sehr wenig erforscht ist. Wie kommt Jahnn eigentlich
auf die Idee, die ja nicht immer vorhanden war, eine Trilogie zu schreiben?
Denn als er den ersten Teil geschrieben hatte, *Das Holzschiff,* da hatte er
noch nicht die Idee einer Trilogie. Dann wurde ihm gesagt: Da ist aber noch
einiges unklar, willst du da nicht noch ein Kapitel anfügen? Er hat eine
Weile rumlaboriert, ob er das Kapitel anfügt und schließlich war die Idee
der Trilogie bei Jahnn vorhanden.

* Aber, das ist etwas ganz Modernes. Wenn Sie den *Mann ohne Eigen-*
schaften von Robert Musil sehen. Man kann das vergleichen. Es ist meines
Erachtens sehr wichtig, daß Jahnn *Fluß ohne Ufer* nicht abgeschlossen hat.

* Aber trotzdem würden Sie wahrscheinlich auch zustimmen, daß die Entstehung der Trilogie von Bachmann nicht geprägt ist von der Vorstellung, daß
Jahnns Trilogie nicht fertig geworden ist.

* Obwohl, ich habe doch manchmal den Eindruck, daß er eigentlich Jahnn zeigen wollte, wie man richtig eine Trilogie konzipiert, vor allem eben auch in diesen mystischen Bereich hinein. Da habe ich schon den Verdacht: Hier versucht einer ein formales und inhaltliches Konzept zu übernehmen, es durch gewisse mystische Feuerwerke zum Glänzen zu bringen und hinterher als neues Werk herauszubringen.

* Ich würde den Vorwurf der Imitation nicht so stark erheben. Ich finde immer noch, jemand der Jahnn liest und dann selbst schreibt, das ist doch eine gute Reaktion, viel interessanter als wir, die wir darüber reden. Und zudem ist bei Bachmann ganz offen eine große Bewunderung für Jahnn da, die nicht nur in dem zitierten Text, wo Sie sagen, er ist ein bißchen karikiert, deutlich wird. Das ist mir viel sympathischer als das, was Fichte gemacht hat, indem er Jahnn zuerst auf der Seite gelassen, dann als Figur gebracht hat, aber die Hochschätzung eigentlich nie – oder ich habe es vielleicht nicht gelesen – durchklingen läßt, obwohl er viel enger mit ihm, oder vielleicht weil er viel enger mit ihm Kontakt hatte. Ich meine auch, daß ein Forschungsgegenstand "Wie schreiben Dichter nach Jahnn" von Interesse ist. Auch in dem Punkt "wie spreche ich davon", ist Bachmann sehr viel freier oder sogar lustvoller, lustbetonter. Ich würde sagen, es ist eine Hommage, das Verhältnis zwischen *Zeit und Ewigkeit* und *Fluß ohne Ufer*, nicht eine Imitation.

* Auch keine Hommage. Dafür ist es zu gegensätzlich.

Friedrich Kröhnke

Pasolinis *Medea* − Hans Henny Jahnns *Medea* (1)

I. Bei *Medea* von Pasolini − *Medea* von Hans Henny Jahnn geht es zunächst um denselben Mythos, wie man ihn vielleicht aus Gustav Schwab oder aus den älteren Adaptionen kennt. Jason, der mit den Argonauten nach Kolchis gereist ist, um dort das sagenhafte Goldene Vlies zu rauben, weil ihm dafür ein Königreich versprochen wurde, das er nachher doch nicht bekommt. Das Goldene Vlies ist ein magisches Widderfell, das ewige Jugend Jason bringen kann, wenn er es bekommt. Medea, die es eigentlich mit zu verwalten hat − jedenfalls vor allem in dem Pasolini−Film − hilft Jason dabei, dieses Goldene Vlies zu rauben und geht dabei so weit, ihren eigenen Bruder zu ermorden, bzw. an dessen Ermordung teilzunehmen. Und in Liebe zu Jason bricht sie mit ihm in Richtung Korinth auf, wo sie dann bleiben. Die eigentliche *Medea*-Handlung spielt sich in Korinth ab. Jason und Medea leben als Ehepaar schon seit Jahren oder Jahrzehnten dort zusammen. Jason, der aber jung geblieben ist − im Gegensatz zu Medea, die altert − hat sein Auge auf die junge Königstochter von Korinth geworfen, die in den meisten Fassungen, die es vom *Medea*-Stoff gibt, Kreusa, unter anderem aber bei Pasolini Glauke heißt, die Tochter des korinthischen Königs Kreon. Jason heiratet sie, ohne in irgendeiner Form geschieden von seiner alten, alternden Frau Medea zu sein. Medea entbrennt vor Wut, kann an der Sache aber trotz aller Vorstellungen und aller Versuche nichts ändern und geht dann zur vollständigen Rache über, entfaltet ihre alten Zauberkünste, über die sie schon in ihrer Heimat Kolchis verfügt hat, tötet mit Zaubermitteln erst den König Kreon und seine Tochter, dann ihre beiden, oder in anderer Fassung drei, eigenen Kinder, die sie mit Jason zusammen hat und verschwindet auf einem Feuerwagen durch die Lüfte.

Das ist so im Großen und Ganzen der Stoff. Er ist allerdings unterschiedlich verändert worden in den einzelnen Fassungen. Bei Hans Henny Jahnn kommt

---

1 Der Text ist die verschriftlichte Fassung des frei gehaltenen Vortrags.

unter amderem dazu, daß ursprünglich eines der Kinder Medeas die Königs-
tochter heiraten wollte und Vater Jason dort als Brautwerber hinkommt. Bei
der Gelegenheit aber beschließt er, selber die Braut haben zu wollen.
Es gibt eine ganze Reihe von Adaptionen dieses Stückes oder dieses Stoffes.
Die älteste ist von Euripides; weiter Seneca, Corneille, der Stürmer-Dränger
Klinger, dann Anouilh und andere. Klammern wir die allerneuesten Fassun-
gen oder Adaptionen eines – wie auch immer gearteten – *Medea*-Stoffes oder
-Stückes aus: vor allem Tabori in München (was ja jetzt zur Zeit in allen
Zeitungen nachzulesen ist), in der der Mord an den Kindern überhaupt ab-
geleugnet wird. Dort ist Medea gar keine Mörderin. Die ganze Sache wird
zur Lüge der Männergesellschaft erklärt. Oder Grips Kindertheater in
Berlin, wo die ganze Geschichte aus der Sicht der Kinder "Klein-Jason" und
"Klein-Medea" angegangen wird und eigentlich zu einem ganz normalen
Eifersuchts- und Ehescheidungsthema verkommt. Klammert man diese neue-
sten Adaptionen aus, stehen Hans Henny Jahnn und Pasolini in der Behandlung des Medea-Stoffes recht isoliert da. Bis dahin galt im wesentlichen, daß Medea eine boshafte Zauberin ist. Bei Corneille heißt es: "... Sie
ist von Leidenschaften beherrscht...". Bei verschiedenen Schriftstellern ist
sie ausdrücklich ein Ungeheuer. Immerhin hat sie außer dem König von
Korinth und dessen Tochter ihre eigenen Kinder, die sie mit Jason hat, ermordet. Dagegen steht in fast allen dieser älteren Stücke, bis hin zu
Anouilh, das Zivilisations-Ideal der Mäßigung, für das trotz aller Fehler,
trotz dieser plötzlichen unerklärten Ehescheidung und des fliegenden Wech-
sels der Frauen, Jason. Jason ist der Vertreter des Ideals der Mäßigung.
Dieses Zivilisations-Ideal: Mäßigung, Zurückhaltung, bürgerliche Gesittung,
war jedenfalls Hans Henny Jahnns und Pasolinis Sache nicht. Diese schwulen
Autoren identifizieren sich mit der Frau Medea – und damit auch mit der
Mörderin –, der Barbarin Medea. Es findet eine Verwertung statt, wie wir
sie etwa auch in Hans Henny Jahnns Zugehen auf die Figur Richards des
III. finden.

II. Vielleicht sollte auch einmal gesagt sein, daß es bei Hans Henny Jahnn
nicht nur diese Suche – wenn Sie so wollen – nach dem rechten Mann gibt,
die Liebe zwischen zwei Männern, sondern auch, vielleicht sogar vor allem,
– das sollte gegebenenfalls diskutiert werden – die päderastische Liebe, die
Liebe eines Älteren zu einem Jüngeren, zu einem pubertierenden Jungen.

Nicht die Suche nach dem rechten Mann, sondern eine Suche nach Ewigem, eine letztlich unerfüllbare Suche nach der Jugend, mit der Ideale und Träume verbunden werden. Es ist vielleicht auch die Frage, wie weit man Päderastie, Knabenliebe von Homoerotik, gleichgeschlechtlicher Liebe trennen kann und soll, welche Übergänge es dabei gibt. Für mich persönlich war bei der ersten Lektüre, dem ersten Text, den ich von ihm gelesen habe, Jahnn überhaupt in dem Sinne kein Homosexueller, sondern ein ausschließlich auf jüngere Knaben fixierter Schriftsteller. (Das war *Die Nacht aus Blei* und nicht etwa *Fluß ohne Ufer*.)

Es gibt Beispiele für die ausgesprochen lang anhaltende Beziehung zwischen Männern: Tutein-Horn, es gibt aber auch diese sehr an André Gide oder andere päderastische Autoren gemahnende Liebe zu Knaben wie die Alexander-Episode in *Perrudja*, die Freundschaft – jedenfalls in ihren Anfängen – zu Hein, die ganze *Nacht aus Blei*, die Haakon-Episode in der Rückschau in *Perrudja* und im Anfang vielleicht auch *Jeden ereilt es*. Es gibt also Beziehungen zwischen erwachsenen Männern, und es gibt den spezifischen "Traum vom Knaben" bei Jahnn – und das ist auch für *Medea* wichtig. *Medea* ist ein schwules und auch in einer sehr merkwürdigen Weise ein eminent päderastisches Stück.

III. Es gibt bei Pasolini und bei Hans Henny Jahnn eine oppositionelle Weltsicht, die aus der schwulen Ästhetik und dem schwulen Empfinden herausgeschweißt wird. Sie greifen beide – und das unterscheidet sie von den anderen Adapten des Medea-Mythos – die Stadt Korinth, die dort herrschende Zivilisation, die dort herrschende Männergesellschaft, den für diese Gesellschaft stehenden Jason, von außen an. Sie greifen Korinth als ein bürgerlich-konsumistisch-oberflächliches Staatswesen, in dem nicht wirkliche Beziehungen, keine überzeugende Gesellschaftsordnung herrscht, an. Sie identifizieren sich mit der Ausländerin, der Außenseiterin Medea, der Negerin Medea. Bei Hans Henny Jahnn ist Medea eine Negerin und als solche auf die Bühne zu bringen. In Klammern wäre überhaupt auf das Motiv: Neger, schwarze Rasse, bei Hans Henny Jahnn, hinzuweisen. In vielen Erklärungen, theoretischen Texten spricht er immer von den Außenseitern des 20. Jahrhundert, von den Sklaven auf Weltebene, den Negern und Chinesen. Ich verweise auf Oful in *Perrudja*, auf die Hauptfigur in dem Stück *Straßenecke*. Medea ist in allen Stücken, in allen Adaptionen eine barbarische Ausländerin. Sie wissen ja, daß bei den Griechen das Wort "Barbar" für nicht richtig griechisch könnende, stammelnde Leute, die irgendwie auch nicht die Segnung der richtigen Zivilisation erfahren haben, steht. Die Ausländerin Medea: bei Anouilh kommt sie sogar im Wohnwagen an, wohnt im Wohnwagen in der zivilisierten Stadt Korinth. Ich erinnere daran, daß in *Tonio Kröger* von Thomas Mann für das Außenseitertum auch immer wieder leitmotivisch der Ausdruck auftaucht: "Wir sind doch keine Zigeuner im grünen Wohnwagen." Wer im Wohnwagen lebt, ist Außenseiter, gehört nicht richtig in die Gesellschaft, lebt an ihrem Rand, unstet und ohne feste Zugehörigkeit. So sagt bei Hans Henny Jahnn Kreon ausdrücklich über Medea: "Ausländer lieb ich nicht". Jason sagt über die Außenseiterin, die nichtzivilisierte Medea: "Am Übersteigerten und Unnatürlichen klebt Fluch". Bei Pasolini sagt Creonte: "Sei diversa da tutti noi: perció non ti vogliamo tra noi." (Du bist von uns allen unterschieden, deshalb wollen wir dich nicht unter uns). Merkwürdig ist, daß Pasolini, obwohl er Medea mit Maria Callas in seinem Film besetzt hat, dennoch von der Idee, daß Medea eine Negerin sein könnte, gar nicht so weit entfernt ist. In Vorarbeiten zu *Medea* hat Pasolini erwogen, die alte griechische Geschichte von Orest, die Orestie in Schwarzafrika zu verfilmen. Daraus entstand der Vorfilm – ein richtiger Film ist nie daraus geworden – *Appunti per un` Orestiade africana*. Pasolini hat sich mit der Unterdrückung der schwarzen Rasse, mit Afrika auch in anderem Zusammenhang beschäftigt, vor allem in: *Il padre selvaggio* (Der wilde Vater), ein Filmskript, das in Italien als Buch erschienen ist, in Deutschland bisher noch nie. Die Negerin Medea, die Ausländer, die Außenseiter: daß es diese Gemeinsamkeit bei Pasolini und bei Jahnn gibt, ist offenkundig. Bei beiden beschränkt sich die Botschaft aber keineswegs auf so etwas wie einen Appell: toleriert Andersartige. Seien es nun Homosexuelle, Ausländer, Außenseiter jeglicher Art. Das geht weiter: Bei beiden steht Medea für etwas, das der zivilisierten bürgerlichen Kultur von Korinth verloren gegangen ist und in einem bestimmten Maß dieser Zivilisation sogar überlegen ist. Medea vertritt im Unterschied zu dem vordergründigen, konsumistischen, leichtlebigen Jason – wie es bei Pasolini heißt: "Disperatamente un rapporto sacro con la realtà' – in einer verzweifelten Weise ein heiliges Verhältnis, eine heilige Beziehung zur Realität. Für Medea sind Dinge heilig: ein Baum, das Goldene Vlies, eine Stätte, die Gesellschaft, die Menschen, die Liebe. Dem

Jason, der hier für die zivilisierten Gesellschaften, sei es der Antike, sei es des 20. Jahrhunderts, steht, geht dieses "heilige" oder in irgendeiner Form "mythische" Verhältnis zur Umwelt verloren. Pasolini spricht in seinen *Freibeuterschriften* von ganz ähnlichen Dingen. Dem Verlorengehen eines wirklich ernstzunehmenden, noch vom Mythos beherrschten Verhältnisses zur Umwelt, der völlig dem Konsum und der Kapitalverwertung geopfert wird. Pasolinis und Hans Henny Jahnns Gesamtwerk ist von diesen Gedanken nicht zu trennen. Die Tiere, die Umwelt, auch die wirklich intensiven Beziehungen von Menschen zueinander, werden von der spätkapitalistischen oder konsumistischen Gesellschaftsordnung verdrängt, vom Erdball verjagt. Sie wissen ja vielleicht, daß Hans Henny Jahnn u.a. dafür eingetreten ist, daß diese sogenannte zivilisierte bürgerliche Gesellschaftsordnung sich aus ganzen Erdteilen zurückziehen soll, um den Tieren wieder Platz zu machen, – was überdenkenswert ist. – Wie zu der allgemein schwulen Sichtweise Pasolinis und Jahnns die Identifikation mit der Außenseiterin, der Negerin Medea gehört, so ordne ich vor allem der päderastischen Ästhetik Hans Henny Jahnns die Identifikation mit der alternden Medea zu.

IV. Altern nennt Hans Henny Jahnn in einem Text über Medea "das urtragische Problem". Wir wissen wohl alle, daß in der schwulen Literatur, in der schwulen Wirklichkeit das Altern allgemein von großer Bedeutung ist. Dennoch ist es in der *Medea* so, daß das Gegensatzpaar des Alterns, der alternden Medea und ganz junger pubertierender Jungen in dem Stück, in einem außerordentlichen Maße ausgeführt wird und von großer Bedeutung ist. Es gibt eine Fülle von Motiven in Jahnns Stück, die in irgendeiner Form zu der Liebe mit ganz jungen Knaben in enger Beziehung stehen. Jason soll – hat Jahnn irgendwo gesagt – auf der Bühne so jung, wenn nicht noch jünger als seine Söhne erscheinen. Von Jason hat er es ausdrücklich mehrfach mitgeteilt, daß er mit Jungen schläft. Die Söhne Jasons und Medeas lieben und begehren einander. Medea liebt ihren jugendlichen Bruder Absyrtos und findet ihn in ihrem älteren Sohn wieder.

Medea ist geradezu eine päderastische Symbolfigur, und es ist merkwürdig, daß nicht nur bei Jahnn eine Frau eine solche Rolle einnehmen kann. In dem gar nicht so bekannten, aber außerordentlich lesenswerten letzten erzählenden Text von Thomas Mann, *Die Betrogene*, oder in der Figur Mut-em-

enets in Thomas Manns *Joseph und seine Brüder* kann man Ähnliches finden. Oder in *Felix Krull* diese merkwürdige Schriftstellerin Madame Houpflé
in ihrem Verhältnis zu Felix Krull – eine ältere, alternde Frau und ein sehr
junger Knabe. Es wird ausdrücklich gesagt, denn der eine Junge sagt über
Medea: "Vieles schafft sie,/ alles nicht, schafft täglich, daß/ wir schöner
werden, nicht altern am/ Gebein, nur wachsen. Und immerfort,/ so wünscht
sie, solln wir blühen; ihr Auge will,/ solange es nicht gebrochen, an uns/
kein Welken sehn. Für Vater auch/ sorgt gleichermaßen sie. Bezeugen,/ daß
ohne Wandlung, wie am Hochzeitstag,/ jung Jason durch die Jahre geht, all
jene können diesen lange kennen ... Peinvolles erfuhr ich, daß unsere Mutter nicht teilhat, sie selber, am Segen des Zaubers. Sie altert."

Auf der anderen Seite, sehr eigentümlich, – ich weiß nicht, ob mich ir-
gendjemand von Ihnen darüber belehren kann, daß es diesen Brauch in der
griechischen Antike wirklich gegeben hat, mir wäre es jedenfalls neu – in
dem *Medea*-Stück Jahnns kommt wiederholt die Sprache auf den alten
Brauch, daß die Mutter des Jungen, wenn er zum ersten Mal mit der jungen
Braut ins Hochzeitsbett steigt, während der Hochzeitsnacht das Recht hat,
die Fackel während der ganzen Nacht zu halten. Wie auch immer, es ist
von außerordentlichem Interesse, daß Hans Henny Jahnn diesen merkwürdigen alten Brauch in seinem Stück ganz ins Zentrum stellt. Es ist keine
Rede in einer anderen Adaption des Stoffes von diesem Brauch. Ausdrücklich heißt es, dieser Brauch sei der Lohn für die Mutterschaft. In dem
Recht der Mutter, die Fackel am Hochzeitsbett zu halten, bekommt sie trotz
allem, trotz ihrem Alter, noch einmal das Recht, an der Jugend teilzuhaben,
einem alten Gesetz folgend, und damit zugleich einen Ausgleich für alle
Nachteile der Mutterschaft.

Angelpunkt des gesamten Werkes *Medea* von Hans Henny Jahnn ist der vi-
sionäre Gedanke: Medea über Jason: "Abwandt` der Feige sich./ Sein Weib
nicht länger küßte er./ Dem Anspruchsvollen war Medea/ schon widerlich;
um wieviel mehr ein stinkend Aas ihm." Nämlich die jetzt durch den Zauber
auch gealterte junge Braut. "Hättst du vermocht", sagt Medea zu Jason, "zu
küssen die Verwandelte,/ gesundet wieder wäre sie/ in deinen jungen
Armen." Ein visionärer Gedanke, ein utopischer Gedanke von einem Glauben
an die Kraft der Liebe, wieder jung zu machen, wie Sie sie vielleicht wohl

kaum bei irgendeinem anderen schwulen oder heterosexuellen Autor finden. Der Alternde kann durch die Liebe wieder jung werden, und das ist nicht nur so dahergesagt, im Sinne: man ist immer so alt wie man sich fühlt. Es fände kein Tod in Venedig statt – wenn man es mal so ausdrücken möchte. Es ist keine Notwendigkeit, so wie dieser Aschenbach es tut, sich künstlich das Haar schwarz zu färben, die Liebe selber · besorgt die ewige Jugend, wenn man nur den Glauben an diese Kraft hat. Die Voraussetzung ist eben eine Unbedingtheit der Liebe, die Jason bei Pasolini und bei Jahnn abgeht. Ein Glaube an mythisch Anderes, an eine Möglichkeit, die Welt wirklich durch eine Intensität des Gefühls zu ändern, das an dem Unterschied sogar von Mord und Liebe nicht halt macht. Daß durch eine solche Intensität des Gefühls die Welt und die Verhältnisse der Menschen zueinander nicht plötz- lich, sondern geradezu messianisch sich ändern könnte! Nicht Jason, son- dern neben Medea haben die Knaben diese Unbedingtheit. Beachten Sie, daß bei Hans Henny Jahnn in der *Medea* eine Frau und sehr junge Jungen, pu- bertierende Jungen, außerhalb der Männergesellschaft stehen und deshalb, oder in Wechselbeziehung dazu, über eine Unbedingtheit der Liebe verfü- gen, die in dem Satz gipfelt: "Du kannst mich töten, wenn Du mich nur liebst." Jahnn verlangt diese Unbedingtheit überall. Im *Pastor Ephraim Magnus* heißt es: "Knaben, junge Knaben, kommen eher darauf als wir. Sie sind noch zarter, ihre Glieder, ihre Bewegungen, ihre Haut und ihr inneres Gesicht. Ich meine das Unnennbare an ihnen, daß sie nur küssen können, das sie über dem Fell eines weichen Tieres weinen macht, das ihre Seele mit Dingen füllt, weit über jeder Alltäglichkeit. Nur die können noch wirklich lieben. Ich verstehe es gar nicht, warum wir älter werden müssen. Gottes Himmel kann doch nur voller junger Knaben sein, halbreifer Liebender. Wir waren gewiß schon zu alt – damals, als wir uns aufmachten, lieben zu wol- len."

Vielleicht sollte man auch im Zusammenhang mit dem Problem "Frauenfeindlichkeit" auf die Figur Medea achten. Ein schwuler Auor hat hier eine Frau in das Zentrum eines Werks gestellt, eine Frau, die neben den Jungen außerhalb der bürgerlich-konsumistischen, "zivilisierten" Män- nergesellschaft steht.

V. *Il padre selvaggio* steht in einer gewissen Beziehung zu diesem Stoff, als eine Variante, die im Unterschied zur *Medea* Pasolinis nicht ohne Hoffnung bleibt. Wie in der *Medea* stoßen in diesem nicht realisierten Film "preistoria" und "civiltà", Vorgeschichte und Zivilisation, eine bürgerlich entwickelte Gesellschaft und eine noch im Archaischen verharrende, aufeinander. Ein Junge in Schwarzafrika und andere schwarze Schüler lernen in einer zentral gelegenen Stadt an einer weißen Schule. Sie haben einen Lehrer, der – sagen wir – ein pädagogischer Erotiker ist, und der ihnen ein ganz anderes Weltbild als bisher – ab vom üblichen Büffeln – vermittelt. In den Ferien kommen diese Schüler, vor allem der eine Junge, der die Hauptperson des Stückes ist, wieder in ihr Dorf zurück und erleben dort einen schweren Pogrom, eine Vernichtung der Weißen durch Aufständische, aber auch wirklich Aufgehetzte und im gewissen Sinne "barbarische" Stämme; und zwischen dem jetzt halb von der bürgerlichen Zivilisation angerührten Jungen, dem Davidson, und seinen Eltern, seinem Vater, klafft auf einmal eine tiefe Kluft, dieselbe Kluft, wie sie Medea plötzlich von der Heimat Kolchis trennt. Der Unterschied zu Pasolinis und dem Jahnnschen *Medea*-Stück ist, daß der schwarze Junge Davidson aus der plötzlichen Fähigkeit zu schreiben, Poesie zu machen, in der Lage ist, den Widerspruch zwischen der alten archaischen Gesellschaftsordnung und der neuen bürgerlich-weißen Gesellschaft, wenn nicht auszutilgen – das kann er nicht – so doch auszudrücken, eben indem er schreibt.

Ein Stück Utopie am Ende dieses nicht realisierten Stücks, in dem Pasolini sich mit ganz ähnlichen Fragen wie in seinem *Medea*-Film befaßt. Die letzte Einstellung des Films, eine durchaus optimistische: man sieht dieses schwarzen Jungen "fosco innocente sorriso", sein dunkles unschuldiges Lächeln.

DISKUSSION

* Was mir nicht ganz klar geworden ist, inwiefern man die Medea als Päderast – das war ja die Hauptthese oder zumindest für Jahnn eine der Hauptthesen – bezeichnen kann. Wenn ich das richtig verstanden habe, hat

sich der Autor identifiziert mit der Mutterfigur, um auf diese Weise das in-
nige, und auch als Familienverhältnis dann legitime, erotische Verhältnis zu
den beiden Knaben zu gewinnen. Auf der anderen Seite muß man aber doch
sehen, daß bei Jahnn überall das Thema vorkommt: die Mutter, die darunter
leidet, ihre Söhne in der Pubertät zu verlieren und die nun versucht, die
Ödipus-Konstellation auch über die Pubertät hinaus zu festigen. Die Mütter
versuchen ihre Söhne zu halten. Wenn sie merken, daß es nicht geht – und
es geht meistens nicht, weil die Söhne ihre Geliebten haben, ihre Freunde
haben – dann wird das als eine sehr schmerzliche Trennung dargestellt. Ich
sehe also eigentlich auch die Medea eher als eine solche Figur denn als die
päderastische Projektion auf eine Mutter.

* Ich bin auch noch etwas überrascht über diese Deutung. Trotzdem, dem
würde ich entgegensprechen, daß Medea, wenn ich mich recht erinnere, die
ganze Zeit über sich geradezu freut darauf, daß sich ihr Sohn ablöst, weil
sie ja auf die Hochzeitsnacht wartet. Also das würde in diesem Fall nicht so
ganz aufgehen.

* Das ist richtig, das ist auch keineswegs so eindeutig. Aber auf der anderen Seite ist die Tötung der Kinder auch wieder getragen von dem Wunsch,
eine Entwicklung, eine bestimmte Körpergestalt festzuhalten, im Tod festzuhalten. Hier ist auch eine Entfremdung zwischen den beiden Knaben, die
sich nicht verstehen, weil der eine schon in der Pubertät steht. Aber ich
gebe Ihnen völlig recht, daß sich das nicht so ganz verträgt mit der Vor-
freude auf die Hochzeitsnacht und den entsprechenden Zeremonien.

Friedrich Kröhnke
Ich bin nicht ganz sicher, ich glaube Hubert Fichte hat mal gesagt, daß
Päderasten keine Personen, sondern einen Zustand lieben.

* Auch Homosexualität kann man nicht auf Personen beziehen, sondern sie
ist eine Handlung. Man muß nicht die Person fixieren, sondern einen Zustand, einen Durchgangszustand sozusagen. Natürlich nicht in dem Sinne
von: das wird nachher schon besser werden. Ich meine es so, wie es Herr
Jäger gestern gesagt hat: daß es gefährlich sei, jemanden auf etwas festzu-
nageln mit einer Bezeichnung.

* Aber der Päderast braucht deswegen dann immer wieder neue Personen, die gerade in diesem Zustand sich befinden.

Friedrich Kröhnke

Hans Mayer hat das am Beispiel der *Falschmünzer* von Gide meiner Meinung nach ganz schön dargestellt. Der letzte Satz des ganzen Romans drückt den Moment aus, in dem er, zum ersten Mal im richtigen Alter, den jüngsten Sohn kennenlernt. Der letzte Satz des Romans heißt: Neugierig bin ich auf die Bekanntschaft mit Caloub. Also auf diesen jüngsten Jungen, nachdem die beiden älteren Brüder sozusagen, ich meine das nicht zynisch, schon "drangewesen" sind. Das ist Verliebtheit in einen Zustand. Ich glaube, Jahnn hat versucht, immer wieder in seinen Werken so etwas anzustreben wie: es soll – nicht durch einen ständigen Partnerwechsel, sondern durch die Möglichkeit, den Partner sogar bis über den Tod hinaus in dem Zustand, in dem er war, zu halten – das möglich sein, wovon geträumt wird. Das ist dieser Moment der Hochzeitsnacht. Medea will die Fackel halten, und es stellt sich die Frage, wie dieser letzte Moment verewigt werden kann. Medea spießt die beiden Jungen mit einem Dolch im Moment des sexuellen Verkehrs miteinander auf. Dieser Moment bleibt festgehalten, bleibt der Endmoment. Ich halte nach wie vor diesen Wunsch, den Zustand in Ewigkeit zu prolongieren, für eine ausgesprochen päderastische Idee.

* Du hast die Medea-Figur mit der Rosalie von Tümmler, mit der *Betrogenen* parallelisiert. Mir scheint wichtig zu sein, daß dieses Problem des Alterns, oder des Nicht-altern-Wollens, kein spezifisch päderastisches Problem ist, sondern tatsächlich ein Frauenproblem. Im Zusammenhang mit der Alterns-problematik bei Thomas Mann habe ich mich damit auseinandergesetzt – und habe bei Frauen wütende Reaktionen geerntet für diese Lesart. Also etwa die Reaktion: vereinnahmt das bitte nicht alles für euch, das ist tatsächlich auch unser Problem. Und die Männergesellschaft, so die Frauen, mit denen ich darüber diskutiert habe, legt großen Wert auf die Jugendlichkeit der Frau. Also es ist tatsächlich kein isoliertes Phänomen.

Friedrich Kröhnke

Darf ich gerade einen Satz dazwischen sagen? Es liegt an der Unter-drückung der Frauen und der Männerherrschaft, die auch die Schwulen betrifft, daß Schwule und Frauen glauben, sie müßten in ewiger Jugend erblühen. Diese Situation betrifft beide. Und zweitens: Es ist der Päderast Thomas Mann, und nicht der Leser, der die Frau Tümmler oder andere Frauen für seine Lesart vereinnahmt hat.

* Ja, das ist klar. Mir scheint trotzdem wichtiger zu sein, es von der Figur der Jungen her zu sehen, als von der Frauenfigur. Eher die erotische Utopie des Jungseins in den Knabenfiguren anzulegen, wie Du es jetzt ja auch gerade in dem zweiten Durchgang gemacht hast, das Festhalten des Jungsein-Wollens, daß darin die erotische Opposition aufscheint. Nicht in der Abwehr des Alten, der alternden Frauen oder der alternden Päderasten. Und daß darin die Hoffnung auf eine andere Möglichkeit des Mannseins, wie sie in dem Zustand des pubertierenden Knaben dann festgehalten werden soll, aufleuchtet. Da scheint mir mehr das Gewicht drauf zu liegen als in der Frage: symbolisiert eine alternde Frau den Päderasten oder welche Problematik verbinden Frauen und Päderasten miteinander?

* Mich hat das sehr überrascht, diese Analogie zwischen Medea und Päderast. Und ich muß da erst drüber nachdenken, wie vielleicht auch der eine oder andere, der jetzt überrascht ist. Ich kann mir denken, daß man gerade durch den Vergleich mit Pasolini auf so etwas erst richtig gestoßen wird. Es wäre für mich interessant, ob es personale Beziehungen zwischen Pasolini und Jahnn gibt, also ob Pasolini die Jahnn-*Medea* wirklich bearbeitet hat und von daher seine Ideen bezieht. Das ist das eine. Das andere: so wie ich Jahnn kenne, macht er das ja eigentlich nicht so wie Thomas Mann, daß er eine Frauenfigur sozusagen vorschiebt, um ein Problem zu behandeln, was er eigentlich behandeln will, nämlich das Problem des männlichen Päderasten. Und schließlich ist mir aufgefallen, daß eine Figur, die so deutlich altert und Alter kennzeichnet wie Medea, bei Jahnn sonst überhaupt nicht begegnet – außer im *Epilog* der alternde Faltin.

Friedrich Kröhnke
Vielleicht kann auch jemand von Ihnen etwas dazu sagen; mir ist nicht einmal bekannt, ob Pasolini den Namen Hans Henny Jahnn kannte. Geschweige denn, daß er dessen *Medea* kannte.

* Das weiß ich nicht, glaube es aber nicht. – Bei der *Medea* von Hans Henny Jahnn leuchtet mir Ihre Interpretation bis zu einem gewissen Grad ein. Aber was anderes ist es, ob dieselbe Identifikation aufgeht für die *Medea* von Pasolini. Da habe ich große Zweifel. Ich sehe auch, daß da die Männerwelt mehr so etwas ist, was in Holland jetzt neuerdings immer homosozial heißt; trotzdem besteht meiner Ansicht nach bei Pasolini eine bestimmte Ambivalenz gegenüber der Medea.

Friedrich Kröhnke
Die Argonauten und Jason in dem Pasolini-Film sind so eine Art zu groß gewordene Jungen, die alles locker sehen, alles locker machen und spielerisch leben, spielerisch ganze Städte anzünden, einfach, um ihr Vergnügen zu haben, und die sich ein bißchen so verhalten, wie eine Schulklasse es tut, bevor der Lehrer durch die Tür hereinkommt. Medea steht dem fremd gegenüber, wie jemand, dem eben diese locker-vordergründige Unbeschwertheit der Jugend von vornherein fehlt. Dennoch würde ich sagen, bei Pasolinis *Medea* liegt der Schwerpunkt in dem – in den *Freibeuterschriften* voll ausgeführten – Gegensatz zwischen der imperialistischen Kultur und den vorimperialistischen archaischen Kulturen, die Pasolini in irgendeiner Form zu retten oder zu verteidigen versucht. Noch eine Bemerkung zur Identifikation Medeas mit dem Päderasten: ich glaube nicht, daß man hier sagen sollte, daß Medea vorgeschoben ist. Wenn man dieses Wort gebraucht, dann findet natürlich eine gewisse Wertung statt, und dann liegt einem natürlich nahe zu sagen, nein, das kann ja wohl nicht stimmen. Wir können statt "vorgeschoben" zu sagen ja zumindest die Frage aufstellen: was interessiert den Mann, den schwulen Mann Jahnn an einer solchen Figur Medea, wie kommt er dazu, sich mit ihr zu befassen? Das braucht ja kein Vorschieben zu sein, wenn man einfach sagt: diese Figur hat sein Interesse gefunden und in diese Figur hat er auch etwas von seinem Verlust der Jugend hineingelegt. Es steht in der Hinsicht in Jahnns Werk, soweit ich das jetzt mit müdem Kopf überschaue, recht einzig da. Das war es von meiner Seite.

Erhard Mindermann

Eros und Tod bei Hans Henny Jahnn und Peter Weiss. Überlegungen zu *Die Nacht aus Blei* und *Das Duell*

Nicht zuletzt wohl wegen ihrer besonderen Thematik, dem beschriebenen grausamen Verhältnis von Erotik und Zerstörung, liegt das Schweigen der Literaturwissenschaft zu der Beziehung von Jahnn und Weiss begründet. Jedenfalls sind deutliche Bemerkungen von Weiss in der Richtung nicht gehört worden, denn in verschiedenen Interviews und in einer Rezension von 1954 bekennt sich Weiss zu Jahnn als seinem sogenannten Lehrer, der für seine "poetische Konkretion" verantwortlich sei. An Jahnns Roman *Die Nacht aus Blei* und Weiss' 1952 geschriebene Erzählung *Das Duell* soll untersucht werden, wie diese Drehbücher des Schreckens funktionieren und was Weiss wohl gemeint haben mag, als er in seiner damaligen Rezension zu Jahnns *Fluß ohne Ufer* dessen "neue Art der Epik" lobte.(1)

Um dieser Frage näher zu kommen, sind mir vier vergleichbare Momente aufgefallen:

1. die konstruierte Erfahrung einer "Agonie des Realen"(2);

2. das kämpferische Wirken der individuellen Sehnsucht nach Liebe, Ruhe, Identität und Ursprünglichkeit und auf der anderen Seite den zerstörerischen und tödlichen Strömen und Impulsen;

3. die Thematik von Eros und Tod und die Bedeutung der Schrift;

4. die Konstruktion von Rettungsversuchen aus einer Ausweglosigkeit durch Sühne, Schrift, Sexualität und Tod.

Wie funktioniert das Beziehungsspiel dieser in die Texte eingeschriebenen Aspekte, und wie können die Differenzen zwischen Jahnn und Weiss gedacht werden? An den Begriffen der Funktionsweise, des Beziehungsspiels und der Differenz ist es leicht zu erkennen, woher meine theoretischen Überlegungen kommen und gesellschaftstheoretisch und sprachanalytisch neues Terrain erkunden.

---

1 Im folgenden zitiert nach: Hans Henny Jahnn: *Die Nacht aus Blei*. Frankfurt a.M. 1980

2 cf. Jean Baudrillard: *Agonie des Realen*. Berlin 1978

Ausgangspunkt dieser Überlegungen ist die von Julia Kristeva, einer französischen Semiotikerin, aufgestellte These, daß sich der literarische Diskurs zusammensetzt aus dem Semiotischen und dem Symbolischen.(3) Ein Text ist eine signifikante Praxis in einer Gesellschaft, wo die Tätigkeit eines Textes eine Arbeit am Rohmaterial der Sprache ist: er bricht das Umgangssprachliche und die Sinnhaftigkeit grammatischer Sprache auf und entfesselt einen neuen Prozeß der Sinngebung. Das Rohmaterial der Sprache ist der Klangstoff, der den Sinn umgibt, den Signifikant, den Laut, und nicht das Signifikat, die Bedeutung. Ein Text repräsentiert nicht eine Bedeutung, eine Realität, sondern er ist sie. Er ist sinngebende Praxis, die die Bedingungen ihrer Produktion und Sinnproduktion zurückverfolgt. Die Signifikanten sind Strukturelemente und gruppieren sich um den Ort, der "Subjekt" genannt wird. Das Subjekt geht im Text unter, um die Sprache zu bearbeiten, es verliert sich im Text und folgt einer Leerstelle, die im signifikanten Material zirkuliert. Das Subjekt des Textes besteht aus Individuationen, die der französische Strukturalist Gilles Deleuze "vorindividuelle Besonderheiten" nennt.(4) Kristeva bestimmt sie als triebhafte Strukturen, die jeden symbolischen Akt determinieren. Im Genotext manifestiert sich dieses triebhafte, was Kristeva in ihrem Buch *Die Revolution der poetischen Sprache* das Semiotische nennt, und im Phänotext manifestiert sich das Symbolische, Kommunikative, Bedeutende eines Textes. Dies ist der Bereich, wo sich die Suche nach Identität, Harmonie, Liebe und Ruhe einschreibt, der Eros; und im Genotext gibt es die Aktivität des Zerstörerischen, Destruktiven, des Agrammatischen, des Todes. Kristevas These daraus lautet nun, daß – ausgehend von Texten der französischen Avantgarde –, die vorsprachliche Trieborganisation, das Semiotische, in dialektisch widersprüchlichem Verhältnis zur sprachlichen Organisation, dem Symbolischen, steht. Aus diesem Widerspruch konstituiert sich das Subjekt des Textes. Für den Leser von Texten bedeutet dies, daß er die "Genese der Texte" reproduzieren soll: "Wir lesen Signifikanten, zeichnen Spuren nach, reproduzieren Erzählungen, Systeme, Derivate, doch nie den gefährlichen Schmelztiegel, den diese Texte

3 Gilles Deleuze: *Woran erkennt man den Strukturalismus?* In: *Geschichte der Philosophie*, Bd.8, hrsg. von François Chatelet, Frankfurt a.M., Berlin, Wien 1975, S. 299
4 Julia Kristeva: *Die Revolution der poetischen Sprache*. Frankfurt a.M. 1979. (Orig.: *La revolution du langage poetique*. Paris 1974)

bezeugen. Die Praxis des Prozesses geht mit Aufräumung einher, die vor nichts halt macht. Sie zerstört jede Konstanz, erzeugt eine andere, die sie ebenfalls zerstört."(5)

Das Semiotische des Jahnnschen Textes *Die Nacht aus Blei* spielt sich in jenen Bereichen, die vom Erzähler als Unkenntliches, Unerkanntes, Namenloses und Sprachloses ausgewiesen sind. Für welchen Text stehen diese Chiffren? Die den geschriebenen Text unterlaufenden vorsprachlichen Strukturen, Triebstrukturen, kennzeichnen sich, so meine These, im Spiel zwischen der Erosion der Realität, ihrer Auflösung und Agonie, und dem Verschwinden des Subjekts. Als einen verworrenen Trieb entwirft Matthieu sein eigenes Spiegelbild, dem nichts zu gleichen scheint von dem, wie er ist. Das ist paradox, denn unter Spiegelbild ist – im Gegensatz zum Wunschbild – eine umgekehrte Abbildung des Realen zu verstehen. Diese Umkehrung bekommt eine entsprechende Realität in Matthieus Wahrnehmung von Anders, dem sechzehnjährigen Jungen, den er auf seinen Forschungen durch die nächtliche Stadt kennenlernt. Er erkennt sich in ihm wieder als Wunschbild. Matthieu scheint die Erinnerung verlassen zu haben, die er aus anderen Städten mitgebracht hat. Wegen dieses Scheins ist er in der Lage, nur noch sich zu kennen ("Als ob alle Welt Matthieu wäre") und nur noch Augenblicke empfinden zu können. Elvira, die Lebedame, entspricht Matthieus Begehren, denn sie verlangt von Matthieu nicht nur, daß er vergißt, sondern auch, daß er das Vergangene nicht ordnet, so daß es sinnvoll wird. Sprachlich sinnvoll! Ihr Tribut für ihre Liebe, oder dem in Matthieu erzeugten Trugbild davon, ist das Sprachlose, das Matthieu bekommen soll. Für sie ist es ein hübsches Spiel und nichts weiter. Sie beklagt sich darüber, daß Matthieu seinen körperlichen, sexuellen Bedürfnissen nicht freien Lauf läßt.

Matthieu sträubt sich dagegen, von einer Leidenschaft besessen zu werden, aber seine Gedanken sind schlechte Verteidiger gegen ein Verlangen, das übermächtig, wie der Erzähler berichtet, sein Wesen durchdringt. Eine Steigerung erfährt dieses Begehren, als Elvira ihm versichert, nur ein Traum zu sein in seiner Abart, wie sie es nennt, als Mensch: jetzt ist nicht mehr

---

5 op. cit., S. 111

das Verlangen das mächtigste Gefühl, sondern die Gewißheit, daß kein Begehren an die Erfüllung heranreicht.

Hier wird aus dem Gefühl, das sich permanent steigert, die Unfähigkeit einer Sprache, Bezeichnungen zu haben. Wenn die Realität und das Bild von ihr verloren gehen, so steigert sich das Begehren mit dem gleichzeitigen Verlust des Benennens und der Wahrnehmung des Zusammenhangs. Seine Gedanken werden nur noch zu Bruchstücken, Fragmenten, wo kein "erkennbarer Zusammenschluß vernünftiger Vorstellungen" mehr möglich ist. Jedoch, und das ist die Paradoxie des Erzählens bei Jahnn, werden diese Fragmente, Partikel und der Verlust der Vernunft *nicht* beschrieben in einem sonst so bilderreichen Text, sondern bleiben unbenannt. Keine Sprache der Sprachlosigkeit. Aber ein lesbarer Text.

Die Funktion des Spiegels hebt die Gefährlichkeit dieses ungestalteten Textes wieder auf. Jahnn fällt nicht ins Agrammatische, Kommunikationslose, sondern läßt Matthieu sich in dem Spiegel in Elviras Zimmer erkennen. Spiegel besitzen ebenso die Engel, die Matthieu sich träumt. In diesem Spiegel lagern tausende von Schatten, so schreibt Jahnn, alle denkbaren Gestalten, die einen Namen haben, doch keine Gestalt. Ein unendlicher Kosmos ohne Gesicht, was Jahnn hier als Topos konstruiert.

Den schlafenden Menschen hält Matthieu den Spiegel ihrer Namenlosigkeit und Gesichtslosigkeit vor, wenn er als ihren Sinn des Daseins die reine Anwesenheit bezeichnet. Die Differenz zwischen sich und der Masse besteht darin, daß die Liebe oder die Erinnerung Gedanken und Vorstellungen sein können, die einmal gebildet und geformt wurden. Liebe und Erinnerung bleiben solange für Matthieu eine Vorstellung, wie Anders noch nicht anwesend ist und Gari, der ihn hinaus in diese Stadt geschickt hat, nicht mehr da ist. Beider Abwesenheit determinieren seine Wahrnehmung der Stadt als einen Ort, wo ein Mangel an Liebe herrscht. Das ist die Leerstelle des Textes, der das Subjekt des Textes folgt.

Der Spiegel ist der Ort, wo sich Anders und Matthieu betrachten. Im Spiegel erkennt sich Matthieu wieder und seine Entwicklung. Anders wird mit diesem Trugbild etwas ihm "Zugewiesenes". Aus diesem Trugbild heraus erwächst eine solche Intensität, daß Matthieu in Anders hinübergleiten will. Diese Intensität inszeniert einen Zustand der Ungewißheit, dessen Gefährlichkeit gegen eine "Gewißheit der Liebesgewalt" eingetauscht wird. Hier entsteht für Matthieu der Genuß, die Fülle des Daseins auf andere zu übertragen.

Die Intensität der Verwandlung ist nur erreichbar in einem Zustand der Priorität von gültigen Gesetzen, moralischen Gesetzen, und in der Metapher des Fremden, der mit einem ethnologischen Blick die Außenwelt distanziert sehen kann. Für Matthieu besteht diese Möglichkeit, obwohl er von den Normen betroffen ist und Anders verwundet worden ist.

Matthieu und Anders sind auf ihrer fast biblisch anmutenden Wanderschaft in einer absurden Situation: ausweglos und doch voller Intensität. "Ihm war, als wäre er von weither gekommen, über ausgedehnte Strecken, auf Schiffen und Eisenbahnen fahrend — ohne Bewußtsein eines Ziels, mit einer Fahrkarte, die längst abgelaufen war, oder niemals Gültigkeit gehabt hatte —, um verkehrt, verändert zu werden — mit einem närrischen Resultat."(6)

Nicht nur das Närrische kennzeichnet diesen vorsprachlichen Bezirk, sondern auch die Angst. Matthieu hat Angst vor Elvira, dem Groom, vor seinem eigenen Körpergefühl, das er als "entsinnlicht" empfindet. Der Widerspruch zwischen einem Gefühl des Entsinnlichtseins und der Suche nach Gewißheit zeigt sich am deutlichsten in der Schlußszene des Romans. Matthieu greift in die Wunde von Anders. Er will nicht Anders` Mörder werden. Er spürt die Enge der Wunde, die Widerstand leistet. Die Wut des Jungen und sein Todeswille vernichten den Schmerz. "Die Hand ist vom warmen Schaum der Eingeweide umgeben. Würde Matthieu ins Dunkel greifen, er würde eine Erfahrung gewinnen, eine Gewißheit — lächerlich klein, verglichen mit dem ungeheuren Horizont der Sehnsüchte —; aber doch eine Gewißheit: daß man das Herz eines Menschen zerdrücken kann." (7)

Gerade in diesen Bezirken des Grauenhaften, wo das Organische von Anders beim Lesen zum Greifen nahe ist, zeigt der Text den Angriff der Angst auf die Sprache. Matthieu verspürt ein "Brausen ohne Schall", wo die gewohnten Beruhigungen der Lebenszuversicht nicht mehr gehorchen.

6 Jahnn, op. cit., S. 75
7 op. cit., S. 99

Parallel zum Verlust der Sprache, dem Gewinn einer Gewißheit im sinnlichen Fühlen des Körpers verliert sich die Liebe zu Anders. Seine Liebe, so Matthieu, war ein Hinsinken, für das der Name fehlt. Aus diesem Gefühl der Angst vor dem Tod Anders` und des eigenen entsteht der Wunsch und der Ruf, die Imagination nach Gari. Die Angst produziert die Sehnsucht nach dem Körper Garis. Das ist das Närrische: Matthieus Liebe wird zur Angst verkehrt, aus der der Tod entsteht.

Ergibt sich aus dieser Disposition des Semiotischen eine dialektisch vermittelte Widersprüchlichkeit zur sprachlichen Organisation, dem Symbolischen? Aus diesem Verhältnis konstituiert sich das Subjekt des Textes.

Auf dieser Ebene der Analyse wird gefragt nach der Dynamik, die den verständlichen kommunizierbaren Text, den Phänotext, dominiert und *gleichzeitig zersetzt.*

Diese Dynamik konstituiert sich – so meine These – durch Matthieus symbolischen Tausch zwischen Liebe und Tod. "In der modernen Gesellschaft", so der französische Soziologe Jean Baudrillard, "hört der Tausch zwischen den Lebenden und Toten nicht auf. Der soziale Tausch läßt alles mit allem kommunizieren. Jedes kann die Stelle des anderen einnehmen! Diese "Wechseldurchdringung" ist das Symbolische dieser Tauschform. Das Symbolische ist die *soziale Beziehung*, die sich im permanenten Tausch zwischen Gabe und Gegengabe herausbildet: Die Form unmittelbarer wechselseitiger Stellvertretung, in der sich Gemeinsamkeit konstituiert."(8)

Diese These, zugegeben etwas riskant, möchte ich illustrieren an der Szene, wo Matthieu Elvira begegnet und an der Schlußszene. In Matthieus Begegnung mit Elvira und dem Groom tauschen sich Matthieus Begehren, Elviras Trugbilder, Simulakren der Liebe, und des Grooms sexuelle Verfügbarkeit. Elvira produziert Trugbilder des Weiblichen und Natürlichen: "Was Sie sehen Matthieu ist Schminke, nichts Natürliches – etwas Wächsernes, nur die Form der Form – doch weder ihre Farbe noch ihr eigentlicher Reiz. Der Mensch ist anders. Ich bin eine andere als ich scheine."(9)

---

8 cf. Jean Baudrillard: *Der symbolische Tausch und der Tod.* München 1982. (Orig.: *L´échange symbolique et la mort.* Paris 1976)
9 Jahnn, op. cit., S. 30

Matthieu tauscht sein Begehren mit einer toten Maske, die er als Tod wahr-
nimmt. Ihr Trugbild produziert jedoch Wünsche und Begehren. Trotz ihrer
"blicklosen Leere" ein Schaudern. Warum? Was begehrt in Matthieu? Ist es
Matthieu oder ein anderer in Matthieu?

In der Schlußszene gibt Anders Matthieu sein Leben in die Hand und
Matthieus Gegengabe soll die Erhabenheit sein, mit der er ihn umbringen
soll. Die Geste des Sakralen prägt diese Szene entscheidend. Matthieus Hand
fühlt sich in Anders` Körper gefangen und dem Opfer bereitet es dröhnen-
den Schmerz, die Hand hinauszuziehen. Matthieus Gewißheit des sinnlichen
Erlebens des Körpers soll seiner Erwartung nach der Schrei von Anders
entsprechen. Dieser Schrei kommt nicht; statt dessen das Sprachlose, die
Stummheit: Matthieu versteht sie als Zeichen einer "entwürdigenden" Verwandlung und als Bedrohung.
Aus dieser gestörten Tauschsituation resultieren für Matthieu verschiedene
Konstellationen: der Anblick des Todes in Anders` Verenden, die Ungewißheit
der Liebe zu Anders und das Begehren Garis, aus dessen unmittelbarer
Stellvertretung von Anders` Position, aus der sich eine engelhaft-himmlische
Gemeinschaft ergeben könnte. Jedenfalls als Versprechen.

Eingeschrieben in diese Szene ist nicht nur der permanente Tausch zwischen den Lebenden und Matthieus Begehren, sondern auch symbolhaft die
tödliche Kraft der Schrift: "Mit einem einzigen Kohlestrich ist alles ungültig
gemacht."(10) Das ist die Macht des tötenden Erzählers. Matthieus Ausweg in
den Abgrund beschleunigt sich dann. Gegen die Kraft des Todes bleibt die
sanfte Beschwörung des Eros von Matthieu und Gari nur ein Trugbild eines
Lebens in Liebe, die retten könnte. Diese Konstruktion hat Jahnn nicht versucht. Dem Närrischen, dem Spiegel, der Angst, dem Sakralen des symbolischen Tauschs und der mörderischen Schrift vermag der Eros nur in den
Trugbildern zu entgehen. In dämonischen freilich!

Die thematische Beziehung des *Duell* von Weiss und Jahnns *Nacht aus Blei*
illustriere ich strukturell an zwei Äußerungen, die mir prägnant erscheinen:
die erste ist von André Breton, die zweite von Weiss. Der Beweggrund der
surrealistischen Bewegung sei die Bestimmung eines neuen "geistigen Stand-
orts", wo Leben und Tod, Traum und Realität, Mitteilbares und Nicht-Mitteil-

---

10 op. cit., S. 101

bares nicht mehr widersprüchlich empfunden werden.(11) Dann Peter Weiss 1955 in seinem Text *Avantgarde – Film* über Luis Buñuel: "Wie in der Psychoanalyse wird das Verdrängte ans Licht befördert, all das Amoralische, Barbarische, was gefährlich ist für unsere Anpassung ... Stoff, in dem nichts von der Vernunft kontrollierbar ist, in dem die Konvention des bewußten Denkens ausgeschaltet wird und nur die verborgenen Kräfte zur Sprache kommen sollten."(12)

Die "Agonie des Realen" zeigt sich bei Weiss in der Entgrenzung von Traum und Wirklichkeit, Vision und Gegenständlichkeit. Im Bezirk des Vorsprachlichen, des Namenlosen, zeichnet er Bilder der Befreiung.

Das dominierende Thema dieser Erzählung ist die Suche nach Befreiung und Ich-Identität. Die Figuren Janna, Lea und Gregor sind verstrickt in ihre Wünsche und Obsessionen, die von einer sexualfeindlichen Elternwelt bekämpft werden. Diese Individuen stoßen aufeinander und entdecken im anderen sich selbst. Das Hauptthema der Erzählung ist die Schwangerschaft Leas, ihre hysterische Wildheit und Gregors Bemühen, die mögliche Selbstaufgabe scheitern zu lassen.

Die symbolische Ebene der Erzählung konstituiert sich in der Sehnsucht der Figuren nach Reinheit, Schönheit, Natürlichkeit und innerer Harmonie. Lea drückt dies aus, wenn der Erzähler über sie sagt: "Nie hatte sie leben dürfen wie sie wollte – aber wie wollte sie leben? Sie wollte etwas tun, aber sie wußte nicht was. Irgend etwas, indem sie mit ihren Gedanken und ihren Gefühlen und ihrem Körper einig war. Sie wollte existieren, sie wollte ruhen, warten, daß etwas in ihr entstehen würde."(13)

Auch hier wieder das Sakrale und Heilige der Kommunikation, wo es in der Erzählung keine direkte Rede gibt. Wie ein Ritual reicht Robert Gregor die Speiseschale, Liebesboten umgeben Lea mit Vorschlägen und Angeboten, bringen Blumen und Torten. Die Sprache und die Dialoge sind Trugbilder, die Gregor Leben vortäuschen.

Aus Gregors Hingabe an Lea zieht er eine Kraft, die ihn vor dem bodenlosen Abgrund Leas schützt. Sein Schwiegervater, ein Fabrikbesitzer, in dessen

11 André Breton: *Die Manifeste des Surrealismus*. Reinbek bei Hamburg 1977, S. 18. (Orig.: *Manifestes du Surrealisme*. Paris o.J.)
12 Peter Weiss: *Rapporte*. Frankfurt a.M. 1968, S. 21
13 Ders., *Das Duell*, S. 119

Fabrik Gregor arbeitet, zieht mit "Aufopferung" seine Kinder groß und
nimmt sich deshalb das Recht heraus, über Gregor zu urteilen. Lüstern weiden sich die Mitarbeiter und der Chef am "Opferblut" von Gregor, das sie
erregt hat. Für das Demolieren der Wohnung von Lea und dafür, sie geschlagen zu haben, leistet Gregor Abbitte! Ihre marienhafte Unschuld bekommt Lea zurück, wenn sie in ihrem Sadismus Handlung zeigt. Denn, so
schreibt der Text, Handlung schützt das Leben und vor dem "bodenlosen
Treibsand".

Am Schluß der Erzählung hat Gregor die Vision, ein Gefangener in einer
Kolonne zu sein, die vom Bahnhof abtransportiert wird in ein Gefangenenla-
ger. In dieser Imagination an die bedrohliche Außenwelt wird ihm klar, wie
Leas Bedeutung für ihn einzuschätzen ist, und daß die Bedrohung nicht
von Leas Wildheit ausgeht, sondern von einer feindlichen Umwelt. Er
verliert dann das Namenlose, so ist es im Text von Weiss konstruiert, und
betet Lea und die Poesie an. Im Entdecken neuer künstlerischer
Möglichkeiten, neuer Wahrnehmungen sieht er einen Ausweg. Diese
Wiederentdeckung des Lebens kann nur funktionieren, indem der Tod auf
die Außenwelt verschoben wird: "Wenn sie einander verwundet hatten,
geschah dies nur, um einen anderen Schmerz der tiefer lag,
aufzudecken."(14)
Mit dieser Umkehrung des Verhältnisses von Eros und Tod, die unter dem
Schmerz liegt, dem Zerstörerischen, gewinnt Gregor seine Rettung. Wie verhält sich der semiotische Text zu diesem Ausweg?

Hinter dem Trugbild des Lebens und Denkens steht für Gregor die rausch-
hafte Zerstörungssucht von Lea, die ihn verfolgt. Weiss beschreibt diese
Verfolgung in militärischem Jargon. Sexuelle Intensität kann Gregor nur
empfinden, wenn er sich als Opfer fühlt, determiniert wird. Gregors Tätigkeit besteht im kalten Beobachten. Schuld an seinem Zustand ist Lea.

"Vielleicht wollten sie einander helfen, doch diese Hilfe war unerreichbar,
abwegig, sie spürten nur, daß sie in einer quälenden Verbindung zueinander standen, als hätten unbekannte Mächte sie bewaffnet und sie Angesicht
gegen Angesicht gestellt, um etwas Namenloses zu sühnen."(15)

14 op. cit., S. 129
15 op. cit., S. 13

Das Namenlose, das es zu sühnen gilt, ist das Geschehen für Gregor, die Schwangerschaft Leas, ihre Furcht vor ihm und dem Kind. Schuld und Verantwortung erschrecken ihn, und dieses Erschrecken ist die Sühne und Bestrafung für das Nicht-wissen-Wollen seiner Handlungen, die unbeabsichtigten Konsequenzen. Den Prozeß der Befreiung im Exzeß der Sexualität der Menschen führt Weiss vor, um die Vergeblichkeit einer Aufhebung der Schuld durch Sühne in der Sexualität zu suchen. Das Namenlose zerstört Gregors Wunsch nach Flucht, denn Sühne ist nicht an Orte und Menschen gebunden. In der Erkenntnis, daß er ein Nichts ist, liegt für Gregor ein Zustand der Befreiung. Aus dieser Situation will er heraus durch ein Bewußtsein seines eigenen Todes. Aus dieser Todesrevolte als ästhetischem Zustand entsteht die Intensität, die ihn zum Schreiben befähigt. "Das war es, wohin er die ganze Zeit gegangen war, um endlich einen Punkt zu erreichen, von dem es kein Fortsetzen mehr gab, er war getrieben worden von einem Verlangen nach einem langsamen schwerelosen Fall, nach einem Stürzen im Zeitlupentempo durch stäubenden Schnee, die Arme ausgebreitet – aber jetzt wagte er sich nicht weiter heran an diese Möglichkeit, die so nahe lag, er bleibt erschöpft stehen, gleichgültig, vollständig leer."(16)
Und dann über seinen Ausweg in der ästhetischen Erfahrung: "Er spürte, wie ein Gewebe in ihm entstand, wie feine Fäden in einem unsteten Licht Richtungen andeuteten, Strukturen, um sich wieder im Unkenntlichen zu verlieren."(17)
Die analoge Metaphorik des Schreibens und der Geburt ist nicht zufällig gewählt, denn die Mutter steht für die Identität, die Ruhe und das Reine und Erhabene. Genau das vermißt er bei Lea: "Es war nichts Beständiges in ihrem Leben, da war nichts was sie erreicht hatte, aber in ihrem Rausch aus Schmerzen besaß sie mehr, als er je gefunden hatte in der Erhabenheit der Kunstformen."(18)
Weiss entwirft in der Intensität des Todesbewußtseins für Gregor einen Ausweg aus der Ausweglosigkeit des Lebens in der Erhabenheit der künstlerischen Produktion. Seine Schrift mordet nicht!

---

16 op. cit., S. 60f
17 op. cit., S. 82
18 op. cit., S. 98

Das ist die Differenz zwischen Jahnn und Weiss: bei Weiss gibt es im *Duell* einen Ausweg im "qualvollen Daliegen in der Ruhe" und das Schreiben beschreibt diesen Zustand mit Erhabenheit, während bei Jahnn mit einem Kohlestrich der Tod inszeniert wird. Weder bei Weiss noch bei Jahnn bildet die Sexualität einen Ausweg, dem Zerstörerischen zu entgehen. Es sei denn, das Destruktive wendet sich gegen das gesellschaftlich Destruktive: Todesrevolte statt aufklärerische Schrift. Intensität und das Erhabene kennzeichnen diese "neue Art der Epik", die Weiss an Jahnn so rühmte.

DISKUSSION

* Es ist eine Leseweise, die Du vorgeführt hast, wie Du z.B. das Nichtsprachliche lesen kannst, indem Du die Situation des Textes sichtbar machst – nicht? Das hast Du in dieser Kürze für mich aber nicht nachvollziehbar gemacht. Denn wenn Du sagst, das Vorsprachliche ist hier – hier, da ist es – das ist ja für uns zunächst einmal ein Widerspruch, weil das Vorsprachliche eben nicht *in* der Sprache ist, sondern in Konnotationen oder in einer Konstellation von Chiffren. Beim "Spiegel" habe ich geglaubt einiges zu verstehen, weil Du in mehreren Textstellen eine Verbindung schaffst zwischen den Figuren.

Erhard Mindermann
Ja, das ist es ja auch, daß dieses Vorsprachliche etwas ist, was auch soziale Beziehungen ausdrückt, z.B. in der Szene zwischen Elvira und Matthieu oder, bei Peter Weiss, auch im *Duell*, wo das ja ausgefaltet wird, wenn diese Menschen sich begegnen: das ist ja ein einziges Durcheinander, Durcheinander des Auslebens von Obsessionen, von sexuellen Obsessionen und sadistischen Phantasien, und nicht nur Phantasien, sondern auch realen Handlungen. Das ist also dauernd im Text latent da, aber es ist beschrieben – dieses Semiotische kann dann auch die sozialen Beziehungen ausdrücken – gerade mit dem Spiegel . Da ist ja die Stelle: er guckt in den Spiegel hinein, – und dann schreibt Jahnn: Im Spiegel hatte er einen Namen, aber die Gestalten des Namens kann dieser Spiegel nicht ausdrücken. Und das ist doch dann etwas – da muß ich mich als Leser doch fragen: was ist das

denn jetzt konkret, was heißt das? Was heißt das jetzt für die Konstitution und für die Rolle des Spiegels auch innerhalb des Textes?

* Also ich sehe jetzt eigentlich zwei Probleme: Das Vorsprachliche als eine psychische Dimension, wo das Bewußtsein noch nicht die Worte gefunden hat, oder eben das sozusagen Unsagbare. Und andererseits gibt es auch etwas, was im Text das Unausgesprochene ist. Also das eine ist psychisch: es gibt Dinge, für die ich keine Worte habe. Und auf der anderen Seite ist ein Text vorhanden, der ist aus lauter Sprache gemacht, und es gibt da vielleicht etwas, was das Unausgesprochene des Textes ist. Aber der Weg vom einen zum anderen, der wäre zu beschreiben.

* Aber die Sprache wird doch durch die Psyche bestimmt.

* Und durch welche, durch wessen?

* Durch die Psyche der Figuren. Matthieu ist in einer ganz bestimmten Weise angelegt, und da ist viel Unausgesprochenes, aber das, was er dann sagt, wird doch auch dadurch bestimmt, - ich weiß nicht wie man es nennen will - also durch seinen Typus, durch seine Suche nach Sinnlichkeit, zum Beispiel, und seine Verklemmtheit, gleichzeitig. Er ist ja sehr widersprüchlich.

* Meinst Du das auch so, Erhard Mindermann, meinst Du die Figuren haben eine Psyche?

Erhard Mindermann
Sie sind nicht psychologisch dargestellt in dem Sinne, daß sie mit psychologischen Begriffen geschildert werden, aber die Intensität der Wahrnehmung des Todes ist doch auch ein psychologisches Phänomen, auch das Problem der Angst, was sich nachher bei Matthieu zeigt. Und das konstituiert ja auch seine Art und Weise des Sprechens.

* Beschreibt er denn nicht auch Vorsprachliches im Sinne der Mimik? Also entwicklungsmäßig ist es ja wohl so: Der mimische Ausdruck des Menschen kommt vor der Geste. Der Säugling kann zuerst lachen und dann freut sich seine Umgebung, und dann kommt erst die Geste. Die Geste ist etwas Vorsprachliches. Und ein schlechter Schauspieler, der bringt das nicht zusammen: Geste und Sprache. Deswegen meine ich, wenn Geste und Mimik beschrieben wird, dann ist das doch auch etwas Vorsprachliches.

* Ich finde es erst mal von der Psychologie her klar, daß Gefühle als erstes kommen und danach die Sprache, oder die Mimik zuerst, also die Gefühle, die sich ausdrücken in Gesten und Mimik. Alles das, was in mir vorgeht, kann ich gar nicht sprachlich fassen. Und dennoch kann ich aus der Art wie ich spreche, rekonstruieren, aus welcher Haltung, aus welcher inneren Triebhaftigkeit oder aus welcher Sinnsuche oder woraus auch immer ich eigentlich rede oder handele oder überhaupt lebe. Also diese Rekonstruktion, so habe ich es verstanden, die ganz prinzipiell nicht in Sprache ausdrückbar ist, die zeigst Du auf. Also ist Sprache immer nur wieder ein – schon recht guter – Versuch, aber immer nur ein Versuch, das, was viel schneller in mir abläuft und viel komplexer ist, auszudrücken.

* Man erfährt das ja, wenn man die *Nacht aus Blei* liest, durch die Gestalten, die dort auftreten und die beschrieben werden, durch den Text. Der hat doch Bilder, sehr lebendige Bilder – nicht?

Erhard Mindermann
Ja, aber diese Bilder konstituieren sich auch; also dieses Bildhafte einer Situation, zum Beispiel in dieser Gruft, das ist ja eine sehr bildhafte Situation. Und Jahnn versucht auch die Intensität dieser Situation herauszukriegen durch die Ebene der Deutung. Er sagt ja, es ist Angst. Was sind aber dann die Bilder der Angst? Oder zum Beispiel dieses Hineingreifen in die Wunde: Er sagt, jetzt ist die Situation da, wo Matthieu Gewißheit bekommt – er hat sonst ein entsinnlichtes Dasein. Und dann auf einmal wieder Gewißheit im Schrecken, indem er in diese Wunde hineingreift ...

* Ich würde sagen, daß diese Sinnlichkeit, auch die plastischen Bilder dafür, ganz ausgeprägt da sind. Matthieu hat doch eine Vorstellung von Sinnlichkeit, und er erfährt – und ich glaube, darin liegt auch die Angst –, daß diese Sinnlichkeit Schein ist, Betrug ist, also sich nicht bewahrheitet, die Vorstellung davon ist Schminke, ist Fassade und dahinter ist nicht-reflektierende Schwärze, da kommt nichts mehr zurück: ein ganz plastisches Bild. Ich weiß nicht, ob ich das eben nicht verstanden habe, als Du gesagt hast, die Bilder seien zwischen dem Text.· Ich finde, da sind sie gerade im Text enthalten, da ist das Bild durch Text beschrieben.

Erhard Mindermann

Ja, es gibt solche Stellen, die beschrieben sind, am Schluß zum Beispiel, aber es gibt auch die Bilder, die vor der Sprache liegen. Zum Beispiel dieses Bild – ja wir kommen wieder auf die Schlußszene –, da kommt dann auf einmal der Engel. Und dann wird das ja inszeniert, als ob es eine Rettung wäre, aber da muß ich mich auch fragen: was ist das, was das jetzt irgendwie befähigt, diese Rettung? Das kommt aus dieser Intensität des Todesbewußtseins auch aus Matthieu heraus. Das sind ja auch Bilder, dieses Todesbewußtsein.

* Also ich würde mich dann fragen, wie ist diese Todesthematik überhaupt zu verstehen. Bezieht sich die auf körperlichen Tod, oder auf die Angst vor Tod im sinnlichen Wahrnehmen, also nicht hinreichend sinnlich wahrnehmungsfähig zu sein und deshalb das Gefühl von Tod oder Gestorben-Sein zu haben. Ich würde also vorsichtig sein, das als eine reale Todesszene zu deuten.

Erhard Mindermann

Es ist nicht nur als reale Todesszene zu verstehen, sondern es ist schon so: Tod bedeutet auch das Zerstörerische. Das Zerstörerische, aber auch dasjenige, was abstirbt.

* Ich habe deshalb Schwierigkeiten dies nachzuvollziehen, weil bei mir im Kopf rumschwirrt, daß die Schlußszene, also wo Matthieu in Anders praktisch reinsinkt durch dies Reingreifen in die Eingeweide, auch ein Zurückfallen in die eigene Jugendidentität ist, die er noch sinnlich hat wahrnehmen können. Anders wird ja beschrieben als jemand, der seine Sinnlichkeit sogar ausdrücken kann, in Worte kleiden kann. Matthieu ist dazu nicht in der Lage, und ich würde das vielleicht sogar interpretieren als die Sehnsucht nach Jugend – Wiedergeburt. Dadurch, daß dieses ältere Ich in Matthieu praktisch versucht, sich dahinein zu begeben. Aber das ist waghalsig, das weiß ich natürlich.

* Ich wollte noch auf eine ganz andere Ebene. Du sprichst ja von dem Vorsprachlichen und dem, wie sich das dann in Sprache und in Bildern irgendwie ausdrückt. Ich habe eine interessante Beobachtung gerade gemacht, indem ich nachdenke, wie sich das mit dem Vorsprachlichen verhält, also wie unmöglich es eigentlich ist, meine eigene Befindlichkeit in Sprache umzusetzen. Da bin ich selber sehr intensiv geworden. Und ich spüre Dich, – Intensität ist das Wort, was Du am häufigsten gebrauchst. – Ich habe eigentlich die Inhalte, die Du gebracht hast in Deinem Text, gar nicht im Einzelnen rekonstruiert, aber ich habe Deine Intensität gespürt, wie Du gelesen hast. Nicht *was* Du, sondern *wie* Du gelesen hast. Also als wäre in Deiner Theorie, wie sie zu mir herüberkommt, angelegt, auch auf diese Seite zu achten.

Erhard Mindermann
Ich meine, es gibt da schon irgendwie eine Wechselwirkung. Meine Theorie ist ja nicht benannt, aber sie ist erkennbar, indem verschiedene Stadien, die im Text drin sind, also Zustände, ineinander übergehen. Und das produziert diese Intensität, die Matthieu auch erlebt.

* Ja, das spüre ich auch, das geht mir auch so. Das spüre ich auch bei Jahnn. Und trotzdem denke ich eben, daß eigentlich die Interpretation und das, was wir hier jetzt gehört haben, auch an irgendeinem Punkt stehen bleibt, wo ich mich frage: welche Inhalte werden in dieser Intensität mitgeteilt? Nun ist es natürlich die Funktion eines Dichters, mehr mitzuteilen und jetzt zum Beispiel Begriffe wie "Homosexualität" oder "Identitätskonflikt" anschaulich zu machen durch seine Sprache. Und Du beschreibst jetzt, wie das funktioniert. Aber ich frage mich immer, also eigentlich fehlt mir der Punkt, wohin das Ganze führt, zu welchen Arten von Bedeutung, die wir mit Begriffen festgelegt haben, und die sicher auch zu eng und abgenutzt sind, und wo dann der Schriftsteller eine Erweiterung durch seine sprachlichen Mittel sucht, aber dennoch *auch* sucht, diese Inhalte zu benennen. Das ist eigentlich eine Stufe, die mir jetzt auch bei Dir fehlt. Intensität an sich ist für mich keine ausreichende Kategorie. Ich kann irgendwas sehr intensiv finden, frage mich aber trotzdem: was teilt sich mir mit? Ich kann nicht einfach nur sagen, das ist aber jetzt sehr intensiv, oder das ist jetzt sehr schön und ergreift mich gefühlsmäßig. Da möchte ich doch eine Stufe wei-

tergehen und fragen: Aus welchem Grund? Warum? Weil ich mich wiedererkenne. Aha! Aber was dann? Dann wird es spezifisch, denke ich, muß es werden, und das wäre eigentlich eine Stufe, die mich jetzt noch mehr interessiert. Vielleicht interessiert sie Dich nicht – ich weiß es nicht, aber mir geht es erst mal auch noch weiter um die Inhalte, also mir geht es um eine Zurück-Übersetzung dessen, was Jahnn verschlüsselt. Daß er nicht sagt, – wie ich das jetzt vielleicht in der Roh-Übersetzung sagen könnte – : Ich bin ein sexueller Außenseiter, ich erlebe diese Welt als eine, die mich ablehnt, die mich zerstört; ich habe in meiner Jugend, also als die Person Anders, mehr Zugang gehabt zu meiner eigenen Seele, ich war freier, ich hatte meine ersten einschneidenden Erfahrungen; als Erwachsener ist das zugeschüttet worden, jetzt gehe ich durch die Welt, versuche mich als Jugendlichen wiederzufinden, und diese Annäherung, dieser Annäherungsprozeß ist ganz schmerzlich, weil mir meine Ursprünglichkeit auch ausgetrieben worden ist. – Also, das sind jetzt ganz banale Erklärungen für diesen Text, die ich aber insofern nicht banal finde, weil diese Tiefenstruktur mir erst mal wichtig ist, als Inhalt. Die muß ich mir erstmal auch selbst wiedererklären. Das macht aber den Text natürlich überhaupt nicht überflüssig, sondern im Gegenteil, der Text ist nötig, um an dieses Bild, diese Thematik heranzukommen. Also ich finde beides sehr notwendig. Ich finde es aber zusätzlich notwendig bei so einem Text wie *Die Nacht aus Blei*, weil sie sich eben für meine Lesart auch als eine Metapher für die Homosexualität darstellt. Ich finde gerade diese Rück-Übersetzung wichtig, weil ich denke, daß diese Darstellung von Sexualität auch eine tabuisierte ist. Die Verschlüsselung, die Du gesehen hast als eine Verschlüsselung, um die Klischees aufzubrechen, um wegzukommen von gängigen Mitteilungen, um eine größere Differenziertheit zu erreichen: das ist die eine Seite. Die andere ist aber dabei auch, denke ich, daß die Verschlüsselung ganz notwendig stattfindet, weil so was direkter auszudrücken tabuisiert war.

Erhard Mindermann

Du kommst mehr von der Identifikation her, von Problemen von Dir, aus der jetzigen Realität heraus, und liest Jahnn *so*; mir geht es um die Funktionsweise dessen, womit ich mich identifizieren kann dabei. Mich interessiert dieses Thema und wie das funktioniert. Ich will mich nicht wiedererkennen darin. Es gibt Identifikationen, aber mich interessiert, wie das genau und konkret im Text funktioniert, welche Formen der Wahrnehmung auch produziert werden, mit denen ich etwas anfangen kann und die mich erweitern. Denn das ist ja auch ein Moment von Identifikation: die Erweiterung.

* Ich kann nicht anders, als mit meiner Geschichte an einen Text rangehen. Ich gehe mit einer bestimmten Erwartungshaltung an einen Text heran, z.B.: was sagt der Text über Homosexualität. Und bei Dir höre ich heraus, Du mußt Dich eigentlich so weit öffnen, daß Du alles in Dich hereinläßt, was in diesem Text drin ist. Vorher kannst Du das nicht machen mit Deiner Intensität. Du willst herauskriegen, wie der Text funktioniert, also Dich ganz auf den Text einlassen – vollkommen. Da mußt Du praktisch erstmal alle Deine Erwartungshaltungen, die Deine Lesart einschränken, abbauen, ja? Irgendwie so verstehe ich den Unterschied.

Erhard Mindermann

Also, den Widerspruch gibt es sicher auch. Bei Peter Weiss gibt es den Anspruch ja auch, diese Räume zu öffnen und auch diese Widersprüche zwischen Traum und Wirklichkeit zum Verschwinden zu bringen und das Verdrängte nach Außen zu bringen. Das ist bei Peter Weiss drin, aber, wenn man genau liest, wenn man es auch "gegen" Jahnn liest, dann kommt schon wieder eine ganz andere Dimension herein: daß Peter Weiss eigentlich die Intention hat, daß er dieses Nicht-wissen-Wollen, dieses namenlose Sühnen, das praktisch nur das Unwissen von Gregor ist, dann wieder zudeckt, indem er am Schluß hervorhebt: Wir müssen aufklärerisch tätig sein, Klarheit gewinnen über die Wirklichkeit, und das auch Menschen mitteilen. Das gibt es bei Peter Weiss immer. 1952 ist ja *Das Duell* geschrieben, *Die Nacht aus Blei* 1956, also ungefähr im gleichen Zeitraum. Wenn man die Texte "gegenliest", dann kriegt man schon eine unterschiedliche Wahrnehmungsweise heraus zwischen mehr Intensität bei Jahnn und Erhabenheit, die Geste des Erhabenen bei Peter Weiss. Bei Weiss ist es Ertragen, Beobachten. Jahnn beobachtet nicht, Matthieu beobachtet nicht.

Helmut Peitsch

Hans Henny Jahnn in den gesamtdeutschen PEN-Zentren *Deutschland* und *Ost und West*

In der offiziellen Geschichte des PEN der Bundesrepublik Deutschland firmiert dieses 1951 durch Abspaltung entstandene westdeutsche als der eigentliche Nachfolger des 1948 gegründeten PEN-Zentrums *Deutschland*. Der üblichen Ansicht zur Spaltung Deutschlands entspricht es, wenn Martin Gregor-Dellin das erst später so benannte PEN-Zentrum *Ost und West* wie eine östliche Gegen- und Neugründung erscheinen läßt.(1) Stärker an die Tatsachen hält sich Werner Bertholds Katalog *Der deutsche PEN-Club im Exil: 1933 – 1948*, wenn es dort über den zeitweiligen Präsidenten Hermann Friedmann heißt: "In Göttingen hatte Hermann Friedmann als "unsere Politik" die Nichtexistenz einer Ost-West-Spannung im deutschen Schrifttum proklamiert. Er wurde eines Schlechteren belehrt, 1951 gehörte er erneut zu den Gründern eines deutschen PEN-Clubs." (2)

Wenn schon speziell dem PEN geltende Untersuchungen sich so um den heißen Brei herumdrücken, daß von westdeutschen und Exilschriftstellern das deutsche Zentrum im Einvernehmen mit der Bundesregierung gespalten wurde, dann überrascht es nicht, daß in der Literatur zu Hans Henny Jahnn die von den Freunden ausgehenden Legenden nur wiederholt werden. Sogar Bernd Goldmanns Katalog suggeriert, Jahnn sei sehr schnell aus dem gesamtdeutschen Zentrum ausgetreten. (3) Nur so scheint Jahnn vor den Vorwürfen zu retten, die am massivsten Rolf Italiaander im *Buch der Freunde* erhoben hat: Jahnn sei politisch "gefährlich naiv" (4), seine Angst vor einem Atomkrieg sei "Verfolgungswahn" gewesen. (5) Diese Festschrift

1 Martin Gregor-Delin (Hrsg.): *PEN Bundesrepublik Deutschland. Seine Mitglieder, seine Geschichte, seine Aufgaben*. München 1978. S. 17
2 Werner Berthold u.a.: *Der deutsche PEN-Club im Exil: 1933 – 1948*. Frankfurt 1980. S. 400
3 Bernd Goldmann: *Hans Henny Jahnn. Schriftsteller, Orgelbauer. 1894 – 1959. Eine Ausstellung*. Wiesbaden 1973. S. 130
4 Hans Henny Jahnn: *Buch der Freunde*. Hamburg 1960. S. 60
5 Ebd. S. 64, 65, 73

belegt insbesondere in den entlarvenden Anekdoten, die Martin Beheim-Schwarzbach und Günther Weisenborn über den PEN erzählen, wie einhellig Jahnns Verhalten im PEN-Zentrum *Deutschland*, seine Nichtteilnahme an der Abspaltung des westdeutschen Zentrums Bundesrepublik und sein Verbleiben im gesamtdeutschen Zentrum *Ost und West* den Erwartungen der scheinbar so vielfältigen Hamburger Literaturkreise widersprach. Von diesen unterscheidet sich Hans Mayers Einschätzung kaum, der, obgleich er gemeinsam mit Jahnn im gesamtdeutschen PEN war, diesen nicht beim Namen nennt, sondern die "Tagungen und Sitzungen" der 50er Jahre zu der "Fülle der verzettelnden Kontingenzen" rechnet, die dem Schreibenden auferlegt war. (6)

Hans Henny Jahnn fand sich schon auf den ersten Listen, die zwischen dem Münchener Kreis um Johannes Tralow, Rudolf Schneider-Schelde, Ernst Penzoldt und Erich Kästner einerseits und einem "Dilettantenzirkel" (7), der Ricarda Huch und Günther Weisenborn umfaßte, am Rande des 1. Deutschen Schriftstellerkongresses diskutiert wurden, um eine Wiedereinrichtung des Zentrums *Deutschland* international betreiben zu können. Das Internationale Exekutivkommitee des PEN wählte zehn Gründer aus. Elisabeth Langgässer, Rudolf Schneider-Schelde, Ernst Penzoldt, Ernst Wiechert, Johannes R. Becher, Hans Henny Jahnn, Hans Leip, Erich Kästner und Johannes Tralow. Als der Londoner Exil-PEN Wiechert und Becher zum 19. Internationalen PEN-Kongreß nach Zürich einladen ließ, wurde deutlich, welche Gruppen der deutschen Autoren im neuen PEN zusammengeführt werden sollten: Innere Emigration und Exil, nicht- und antifaschistische Schriftsteller, die in Deutschland geblieben, wie solche, die ins Ausland hatten fliehen müssen. Becher beschrieb mit großer Wirkung auf die Zuhörer in Zürich die antifaschistische Gemeinsamkeit.

Wenn man dieses Kriterium auf die zwanzig Autoren anwendet, die schließlich dem nächsten Internationalen PEN-Kongreß 1948 in Kopenhagen vorgeschlagen wurden, zeigen sich doch auch gravierende politische Unterschiede: Neben den vier aus dem westlichen oder östlichen Exil heimgekehrten Kommunisten Becher, Renn, Seghers und Wolf stehen mit Axel

---

6 Vgl. den Neudruck des Nachworts zur Werkausgabe: Hans Mayer: *Versuch über Hans Henny Jahnn*. Aachen 1984. S. 67
7 Johannes Tralow: *Der Beginn*. Berlin 1958. S. 69

Eggebrecht, Günther Weisenborn und Kästner melancholische Linke ohne Parteibuch, die in Deutschland untergetaucht oder im Widerstand aktiv gewesen waren, mit Plievier ein Autor, der gerade mit seiner im sowjetischen Exil verbrachten Vergangenheit brach. Die christliche Innere Emigration vertraten Elisabeth Langgässer und Reinhold Schneider. Die bürgerlich-humanistischen Emigranten, deren politische Ansichten eher national als sozialliberal waren, die jedoch zur politischen Zusammenarbeit mit der Linken bereit waren, repräsentieren Herbert Eulenberg, Penzoldt, Tralow und Paul Wiegler. Parteipolitisch eher festgelegte konservative, liberale oder sozialdemokratische Autoren waren Schneider-Schelde, Sternberger und Günther Birkenfeld.

Wie stark die Prüfung der "Haltung" (8) im Faschismus durch die Kommission des Internationalen PEN das Selbstverständnis der späteren Mitglieder prägte, zeigt die *Bibliographie der Mitglieder des deutschen PEN-Zentrums der Bundesrepublik* von 1959, wo literarische Veröffentlichungen zwischen 1933 und 1945 fast durchgängig verschwiegen bzw. durch die Angabe von einzelnen Verfolgungsmaßnahmen ersetzt werden. In den Angaben wird auf diese Weise das tatsächliche Verhalten unerkennbar, wenn es z.B. über Birkenfeld heißt: "1933 Name geächtet, zwei Bücher vernichtet" (9), über Kästner: "1933 – 1945 Publikationsverbot" (10), über Kasack: "1933 – 1945 Verbot für Mitarbeit am Rundfunk" (11). Von dieser Form der Selbststilisierung sprach Jahnn seine Zwischenstellung zwischen Exil und Innerer Emigration frei. Unbefangen schrieb er am 20. März 1946 an Werner Helwig: "Daß ich gegen Hitler eingestellt war; aber ich war und bin doch kein Gegner Deutschlands, sondern selbst ein Deutscher. (...) Hitlers Militärmacht konnte (...) nur durch stärkere Militärmächte zum Sturz gebracht werden. Du kannst also verstehen, daß ich aus innerer Überzeugung nichts aber auch nichts tun konnte, um mich nach der einen oder anderen Seite anzubiedern." (12) Nicht nur die im "Vorbereitenden Ausschuß" vertretenen

8 Vgl. Peter de Mendelssohns Ausführungen, zit. in: *Wieder deutscher PEN-Club*. In: *Die Welt*. 28.06.1948
9 *Bibliographie der Mitglieder des deutschen PEN-Zentrums der Bundesrepublik*. Darmstadt 1959. S. 24
10 Ebd.. S. 66
11 Ebd. S. 67
12 Hans Henny Jahnn: *Über den Anlaß und andere Essays*. Frankfurt 1964. S. 54

ausländischen Zentren, sondern auch das Londoner Exil-Zentrum, das sich im Interesse der Wiedergründung in *PEN-Club Deutscher Autoren im Ausland* umbenannt hatte, prüfte die Kandidaten und stellte schließlich fest, "dass der PEN in Deutschland auf dem Wege ist, sich wieder zu einer repräsentativen Gruppe zu entwickeln". (13)

Weil sich der PEN-Club durch Kooptation erweiterte, war die Wahl der ersten Mitglieder von großer Bedeutung. Das anfängliche Prinzip der Einstimmigkeit bei den Zuwahlen erklärt, weshalb der spätere Generalsekretär Ernst Penzoldt z.B. Elisabeth Langgässer so eindringlich zur Göttinger Tagung 1948 einlud: "Von jedem der erwählten Gründungsmitglieder wird es abhängen, welches Gepräge die deutsche PEN-Gruppe haben wird." (14) Ganz ähnlich wurde dieselbe Autorin vom Repräsentanten einer anderen Strömung, Johannes Tralow, angeschrieben, nachdem er ihr hinsichtlich seiner im Nazireich erschienenen historischen Romane versichert hatte: "Der Generalsekretär Herman Ould, die Deutsche Gruppe in London und der Generalsekretär des französ. Pen. haben sich für die Meinung entschieden, daß die Angelegenheit nicht von der Art sei, eine Aufforderung aus der Gründerschaft auszuscheiden, zu rechtfertigen." (15) Sehr schnell sollte sich die Selbsteinschätzung der Gruppe allerdings verändern: schon auf der Münchener Tagung von 1949 wurde erklärt, daß die Gründer "aus sehr zufälligen kontingentalen Umständen als die satzungsmäßig vorgeschriebenen 20 Gründungsmitglieder hervorgegangen seien". (16) Gegen welche Gruppe der Gründer sich diese Tendenz richtete, war allerdings bereits 1948 absehbar geworden, als die erste Welle von Presseartikeln gegen die Vertretung kommunistischer bzw. in der SBZ, später DDR lebender Autoren im PEN einsetzte. Die erste Kampagne, die von Zeitungen und Zeitschriften der westlichen Besatzungsmächte getragen wurde, richtete sich gegen Johannes R. Becher und Anna Seghers. Die zweite weitete den

---

13 *Mitteilungsblatt des PEN-Clubs Deutscher Autoren im Ausland* (1949). Nr.3. S. 3
14 Brief Ernst Penzoldts an Elisabeth Langgässer vom 28.10.1948. DLA 70.4187
15 Brief Johannes Tralows an Elisabeth Langgässer vom 4.11.1948. DLA 70.4191/2. Vgl. hingegen die Meinung Irmgard Keuns über ihren ehemaligen Ehemann: *Wenn wir alle gut wären.* Hrsg. v. Wilhelm Unger. Köln 1983. S. 188
16 Auszug aus dem Sitzungsprotokoll. S. 1

Angriff auf alle in der SBZ lebenden Autoren aus. Die dritte Welle konzentrierte sich scheinbar wieder auf Becher, tatsächlich galt sie allen "Wortführern eines Systems der kulturellen Unfreiheit und Unterdrückung", die "beständig und öffentlich im schroffen Widerspruch zu der von ihnen unterschriebenen PEN-Charta" handeln. (17) Bechers Rede auf dem Schriftstellerkongreß von 1950 wurde zum Anlaß eines Offenen Briefes von zwei Gründungsmitgliedern und einem zugewählten PEN-Mitglied. Rudolf Pechel, Theodor Plievier und Günther Birkenfeld wiesen Bechers Einschätzung des 1950 von der CIA zumindest mitveranstalteten Kongresses für kulturelle Freiheit als Treffen von "Kriegsschriftstellern" und Schreibern "antibolschewistischer Kreuzzugliteratur" (18) zurück, um stattdessen ultimativ vom PEN die "Trennung von der Gruppe Becher" (19) zu fordern.

Hans Henny Jahnn nahm an der entscheidenden Sitzung im Dezember 1950 in Wiesbaden teil. Der Wille der überwältigenden Mehrheit, mit den kommunistischen Autoren und denen aus der DDR in einer Organisation zu bleiben, dokumentierte sich in zwei Beschlüssen: zum einen in der Wiederwahl Bechers zu einem der drei Präsidenten, zum anderen in einer Resolution, die – mitten im Korea-Krieg – die Verständigung zwischen den beiden deutschen Staaten forderte. Für die Gegner einer Verständigung wurde in den frühen 50er Jahren die Gefahr aus dem Osten besonders drängend, weil die kommunistischen Schriftsteller im Osten wie im Westen sich in einer Friedensbewegung betätigten, die seit dem Breslauer Weltkongreß der Intellektuellen für den Frieden 1948 an Einfluß gewonnen hatte, deren Kongresse in New York, Paris, Prag und Warschau die Unterstützung auch prominenter bürgerlich-humanistischer Autoren besaßen. Geradezu aufgeschreckt wurde die westdeutsche Öffentlichkeit, als der Stockholmer Appell zur Ächtung der Atomwaffen 1950 von Thomas Mann, Hermann Hesse und Reinhold Schneider unterstützt wurde.

17 *Die Freiheit fordert klare Entscheidungen. Johannes R. Becher und der PEN-Club.* Hrsg. v. Bundesministerium für Gesamtdeutsche Fragen. Bonn 1951. S. 10
18 *Der Standort des deutschen Geistes oder: Friede fordert Entscheidung.* Hrsg. v. Kulturbund zur demokratischen Erneuerung Deutschlands. Berlin 1951. S. 33
19 *Die Freiheit fordert klare Entscheidungen.* S. 10

Als es im Gefolge der Wiesbadener Tagung des PEN zu einer breiteren Bewegung "Deutsche an einen Tisch" (20) unter den Schriftstellern kam, war für das Bundesministerium für Gesamtdeutsche Fragen der Zeitpunkt zum Eingreifen gekommen. Zu den Initiativen, die mittelbar die Wiesbadener Tagung ausgelöst hatte, gehörten u.a. der Offene Brief Bertolt Brechts, der die Freiheit des Wortes an die Achtung des Krieges band, die offenen Briefe Seghers', Zweigs und Bechers, die den Austausch von Literatur zwischen Ost und West im Interesse des Friedens vorschlugen, und die Antworten z.B. Ernst Rowohlts und Alfred Döblins, der insbesondere den "Austausch zwischen den Akademien" (21) begrüßte. Zu den durch Wiesbaden eingeleiteten gesamtdeutschen Initiativen zählten auch die Starnberger Gespräche im März 1951, an denen Hans Henny Jahnn teilnahm.

Waren vor den verschiedenen Formen eines "Deutschen Gesprächs" die offiziösen, aber in der Öffentlichkeit als unabhängig geltenden Blätter der Besatzungsmächte die Träger der Spaltungskampagne gewesen, so gab der Bundesminister Jakob Kaiser im Mai 1951 eine offizielle Broschüre heraus, die den westdeutschen Schriftstellern die Entscheidung für einen Beitrag zum Kalten Krieg abverlangte. "Die Freiheit fordert klare Entscheidungen" formulierte das bis heute in der Bundesrepublik herrschende Dogma von der Untrennbarkeit von Frieden und Freiheit.
Zur Unterstützung dieser Kampagne schrieb auf "Anregung" (22), wahrscheinlich des Kongresses für kulturelle Freiheit, der Westberliner Rundfunkkommentator Karl Friedrich Borée eine Denkschrift zur Lage der Geistesfreiheit in der DDR, die Standpunkt und Interesse der um die Darmstädter Akademie gescharten Inneren Emigranten im PEN-Konflikt deutlich formulierte, indem sie durchweg die Situation im Faschismus positiv von der im Sozialismus abhob: "Die deutschen Zustände im kulturellen, insbesondere literarischen Bereiche waren im Jahre 1933, ja selbst in den späteren Jahren bis zum Untergang des Nationalsozialismus, jedoch nicht entfernt mit dem heute im deutschen Sowjetgebiet herrschenden zu vergleichen. Es war (...) bis in die letzte Zeit möglich, Neutrales, ja sogar innerlich

20 Vgl. hierzu den gleichnamigen Abschnitt in Hans Mayer: *Ein Deutscher auf Widerruf*. Bd. 2. Frankfurt 1984. S. 54-71
21 Brief Alfred Döblins an Wilhelm Lehmann vom 6.03.1951. DLA 68.3358/10
22 Brief Karl Friedrich Borées an Wilhelm Lehmann vom 2.10.1951. DLA 68.3069/5

Widersprechendes zu publizieren, sofern der Widerspruch nicht handgreiflich wurde. Die Reglementierung des Geistes im Sowjetgebiet aber ist total." (23)

Während diese Kampagne immer mehr Autoren einschüchterte, bestärkte sie Jahnn darin, seine Beiträge zu den in Starnberg beschlossenen Gemeinschaftsprojekten zu liefern. Jahnns Aufsatz in der in Starnberg vereinbarten gesamtdeutschen Anthologie unterstreicht, wie groß die Kontinuität seiner literaturprogrammatischen Konzeption war. Er bearbeitete einen 1932 erstmals publizierten Text. (24) Auf diese Weise unterstrich er die neue politische Situation und die Identität seiner Position, wie er schon 1947/48 verschiedene Aufsätze aus den frühen 30er Jahren in Heinrich Christian Meiers Reihe *Das Neue. Auswahl zeitgemäßer Stimmen* wiederveröffentlichte und 1955 Werner Riegels *Blättern gegen die Zeit. Zwischen den Kriegen* den alten Aufsatz *Vergessen und freuen* unter dem neuen Titel *Angriff von allen Seiten* überließ.

Jahnns literaturprogrammatische Äußerungen aus der späten Weimarer Republik nehmen in einigen Punkten die dominierende literarische Ideologie der Nachkriegsjahre vorweg. Sie entwerfen ein Konzept der Geistesführerschaft, das den Schriftstellern in einer durch Arbeitsteilung und spezialisiertes Wissen bestimmten, damit sowohl bürokratisch als auch rationalistisch verarmten Wirklichkeit die Aufgabe stellt, als Spezialisten fürs Allgemeine Orientierung ins Chaos zu bringen. Gerade mit der Favorisierung von Synthese und Harmonie nimmt Jahnn Nachkriegsprogramme vorweg: Zusammenfassung des Zerfallenen, nach dem – so schon Jahnns Erfahrung des Ersten Weltkriegs – Scheitern aller ideologischen Systeme, Orientierung auf das Ganze und in die Tiefe sind im Kontext der Diskussionen über eine neue Literatur nach 1945 geläufige Bestimmungen. Spezifisch für Hans Henny Jahnn sind die daraus für die künstlerische Methode abgeleiteten Forderungen: genau hinzusehen und Verantwortung zu übernehmen. Jahnns Kritik der durch Technik und Bürokratie, Markt und Staat bestimmten Gesellschaft der Moderne hat ihren Zielpunkt in der Gefühls- und Verantwortungslosigkeit des

23 Zitiert nach Günther Birkenfeld: *PEN zwischen Freiheit und "Einheit".* In: *Aussprache 3* (1951/52). S. 120
24 Vgl. Hans Henny Jahnn: *Die Aufgabe der Literatur.* In: ders.: *Werke und Tagebücher. Bd. 7.* Hamburg 1974. S. 258/259 und ebd. S. 21–30: *Aufgabe des Dichters in dieser Zeit.*

Spezialisten, der "nur seine Pflicht" tut, den Jahnn für den Durchschnittsmenschen hält, auch wenn er in Auschwitz oder über Hiroshima "Dienst"
habe. Der hier epochal sichtbar werdende Mangel an "Empfindungsfähigkeit"
(25) wie an "eigener Vernunft" (26) beweist Jahnn die Unentbehrlichkeit der
Kunst, in der "Sinnes- und Sinnlichkeitserlebnisse" (27) noch möglich seien.
Im Begriff des Mitleids faßt Jahnn Fühlen und Denken für sein Literaturprogramm gültig zusammen, womit er auch seinen ausdrücklich
"humanistisch" (28) genannten Traditionsbezug unterstreicht: Aufklärung
schließt ihm beides, Vernunft und Gefühl, ein.

Die vorherrschenden Reaktionen auf die Kriegsgefahr in den 50er Jahren
unterstreichen für Jahnn, daß sich die schon früh wahrgenommene Gleich-
gültigkeit des Durchschnittsmenschen auch gegen diesen selbst richtet: Gerade das Einverständnis mit der eigenen Vernichtung läßt Jahnn vom
"Auslöschen des Individuums" (29) sprechen.

Obgleich er diesen Prozeß in "den Reichen des Ostens und des Westens"
(30) voranschreiten sieht, muß berücksichtigt werden, daß er schon in den
30er Jahren den Kommunismus auf beiden Seiten des ganz traditionell auf-
gefaßten Gegensatzes von Macht und Geist ansiedelt, einerseits als bürokra-
tische und technische Macht, andererseits als "geistige Großmacht" (31), mit
der er sich auf einen guten Fuß stellen wolle. Diese Einschätzung unterscheidet Jahnn auch 1945 von der dominierenden literarischen Ideologie, wie
sein Zensur-Begriff demonstriert.

Gegen die "Herren der Macht", von denen Jahnn schon 1932 schreibt, daß
sie "abgewirtschaftet" haben, die "Wirtschaftler, Staatsmänner, Parteifunk-
tionäre, Bankiers, Großindustrielle, diplomatische Sektierer" (32), deren
"lebensverneinendes, geistiges Prinzip" (33) er in der Figur des "Beamten"
(34) verkörpert, setzt er die "Geistigen", die "die Umthronung vorbereiten

25 *Das Hans Henny Jahnn Lesebuch.* Hrsg. v. Uwe Schweikert. Hamburg
1984. S. 78
26 Ebd. S. 74
27 Ebd. S. 83
28 Ebd. S. 62
29 Ebd. S. 71
30 Ebd.
31 Ebd. S. 62
32 Ebd. S. 27
33 Ebd. S. 25
34 Ebd. S. 37

müssen" (35). Deren Bedingung erblickt Jahnn in der Geistesfreiheit, in "selbständigen Geistestaten", die er von der "Zensur" bedroht sieht. (36) Jahnns Zensur-Begriff kann vielleicht den Vorwurf entkräften, er habe durch sein Engagement in der Friedensbewegung sein Schweigen über die Unterdrückung der Homosexuellen kompensiert. (37) Zur Freiheit des Denkens zählt Jahnn stets ausdrücklich die des Empfindens, er diskutiert nicht nur einmal das Beispiel des Homosexuellen Leonardo. (38) Während in der westdeutschen Öffentlichkeit geistige Freiheit und kapitalistischer Markt, Zensur und sozialistischer Staat gleichgesetzt wurden, von Inneren Emigranten wie von liberalen Exilschriftstellern oder Autoren der Jungen Generation, erinnerte Jahnn hartnäckig an die Zensur, die auch auf dem "freien" literarischen Markt ausgeübt werde. Gerade die Einschränkung des Bekenntnisses – so seine Umschreibung – zur "eingeborenen Konstitution" (39) galt ihm als das Modell von Zensur.

Während von den meisten bundesrepublikanischen Autoren freie Marktwirtschaft, Individualismus und Nonkonformität identifiziert wurden, benutzte zwar auch Jahnn die Begriffe des Nonkonformismus oder der Individualität zur Explikation seines Selbstverständnisses als Schriftsteller, aber er band erstens beide an die humanistische Tradition, die Verpflichtung zum Mitleid mit den Leidenden, weshalb er immer wieder auf die Opfer des Zweiten Weltkrieges, insbesondere die in der Bundesrepublik verschwiegenen Opfer der Völker der Sowjetunion und der Volksrepublik Polen zu sprechen kam (40); zweitens setzte Jahnn Nonkonformität und Inividualismus nicht nur gegen den Staat, sondern auch gegen den Markt als Träger von Zensur. Deshalb behandelte er den Begriff der Freiheit, zumal in der Verbindung mit Frieden, durchweg als einen ideologischen. (41)

35 Ebd. S. 27
36 Ebd. S. 28
37 Vgl. Friedhelm Krey: *Doppelleben.* In: Wolfgang Popp (Hrsg.): *Die Suche nach dem rechten Mann. Männerfreundschaft im literarischen Werk Hans Henny Jahnns.* Berlin 1984 (= Literatur im historischen Prozeß. N.F. 13. Argument-Sonderband. AS.128.). S. 93
38 *Lesebuch.* S. 55, 263
39 Ebd. S. 81
40 Ebd. S. 67, 68, 102
41 Ebd. S. 99, 285

In Starnberg war 1951 beschlossen worden, gemeinsam ein *Deutsches Tagebuch* zu schreiben. Eine Reihe von Autoren sollte an denselben Tagen des Jahres 1951, in der ersten Juli-Woche den Alltag in Ost und West notieren. Die Zeitschrift des Kulturbundes der DDR, *Aufbau*, druckte im Herbst Tagebuchaufzeichnungen Stephan Hermlins, Jahnns, Georg Schwarz`, Bodo Uhses, Peter Martin Lampels, Rudolf Leonhards, Irma Loos`, Heinrich Christian Meiers, Gotthard Glogers und Paul Wiens`, so die Reihenfolge des Abdrucks. Jahnn vertraut seinem Tagebuch insbesondere Erfahrungen mit Verlegern und staatlichen Instanzen der Bundesrepublik an. Er verallgemeinerte sein niederschmetterndes Bild von der Lage des gegen den Krieg engagierten Schriftstellers in der bundesrepublikanischen Gesellschaft der Ära Adenauer.: "Wir können nicht unserem Beruf angemessen existieren, wir werden von Sorgen zermürbt, vom Wohnungselend erfaßt, uns wird mit freundlichen Worten der Maulkorb angelegt, weil wir das Schicksal hatten, als Deutsche geboren zu werden und deutsch zu schreiben. Wir gehören zu jenem Teil der Nation, der überflüssig geworden ist. Zusammenbrechenden Filmgesellschaften schenkt man die Groschen, die sie nötig haben, um Kitsch zu fabrizieren oder genehme Propaganda zu treiben." (42) Am 3. Juli reflektiert er den merkwürdigen Trost, den sein Verleger Willi Weismann ihm spendete. Weismann sah die "persönlich natürlich außerordentlich unangenehmen" 'Anfeindungen' wegen Jahnns bedingungslosem Eintreten für den Frieden zwischen Ost und West ausgeglichen durch das dadurch "wach" gehaltene Interesse an dem von ihm verlegten Autor: "(...) die Tatsache, daß eine Reihe Zeitschriften Sie jetzt durchaus ordentlich und mit breiter Würdigung besprechen, beruhigt mich." (43) Jahnn liest die Rezensionen jedoch genauer als Weismann; er stellt fest, wie zielbewußt auch positive Besprechungen, z.B. durch *Das literarische Deutschland*, das Organ der Darmstädter Akademie, ihn von seinen in der DDR lebenden Kollegen zu trennen versuchen.

Jahnns dem *Aufbau* übergebenes Tagebuch überzeugt als Versuch, zur Verständigung zwischen Ost und West beizutragen, weil er weder auf eine Formulierung kritischer Position zur DDR und zum realen Sozialismus verzich-

---

42 *Deutsches Tagebuch in Ost und West. Hans Henny Jahnn.* In: *Aufbau 7* (1951). S. 848
43 Ebd.. S. 847

tet, noch den vielfach für privat gehaltenen Problemen der Sexualität ausweicht. Im Unterschied zum Text Peter Martin Lampels, der sich anzubiedern scheint, markiert Jahnn seine individuelle Position, indem er über gesellschaftliche Verantwortung reflektiert und Mitgefühl mit den möglichen Opfern äußert.

Als Jahnns Tagebuchnotizen erschienen, im Oktober 1951, fand in Düsseldorf diejenige Tagung des PEN-Zentrums *Deutschland* statt, auf der sich schließlich die westdeutsche Gruppe abspaltete. Jahnn wurde hier zum Generalsekretär des gesamtdeutschen PEN-Zentrums *Deutschland* gewählt. Wenige Tage später verfaßte er ein Rundschreiben, in dem er den Düsseldorfer Konflikt als ein "klärende(s) Gewitter" deutete. (44) Hiermit konnte er sich nicht durchsetzen, weil seine Auffassung von "echte(r) Toleranz" und von "den wahren geistigen Aufgaben der deutschen Schriftsteller" 45 von der Mehrheit seiner westdeutschen Kollegen nicht geteilt wurde. Die von Bernd Goldmann sowohl in seinem Ausstellungskatalog wie in der Ausgabe des Briefwechsels zwischen Peter Huchel und Hans Henny Jahnn gegebene Erklärung, die "in geringer Anzahl (...) erschienenen westdeutschen Schriftsteller" hätten sich "von ihren ostdeutschen Kollegen (...) majorisiert" (46) geglaubt, überzeugt nur, wenn man die Zahlen verschweigt: Fünfzehn in der BRD lebenden standen acht in der DDR lebende Autoren gegenüber. Die Zeitschrift des Demokratischen Kulturbundes Deutschlands kommentierte Jahnns Rundschreiben wohl richtiger als Bereitschaft, mit Kommunisten in einer Organisation zusammenzuarbeiten und der Literatur eine wichtige Rolle bei der Verständigung zwischen beiden deutschen Staaten im Interesse des Friedens zuzusprechen.

Eine Tagung des Internationalen Exekutivkommitees bekräftigte im März 1952 den gesamtdeutschen Charakter des Zentrums *Deutschland*, von dessen 60 Mitgliedern 25 im Westen lebten. Neuaufnahmen im Westen galten u.a. Karl Jakob Hirsch, Rüdiger Syberberg und Herbert Burgmüller. Die Pariser Tagung lehnte den Antrag ab, "ihnen ein Mandat zur Neuerrichtung eines deutschen PEN-Klubs (zu) übertragen". (47) Günther Weisenborn, Hans Erich

44 Zitiert nach: *Heute und Morgen 1* (1951). S. 598
45 Ebd.. S. 598/599
46 Bernd Goldmann (Hrsg.): *Hans Henny Jahnn. Peter Huchel. Ein Briefwechsel 1951-1959.*Mainz 1974. S. 128
47 *Heute und Morgen 2* (1952). S. 372

Nossack und Axel Eggebrecht waren allerdings aus dem gesamtdeutschen Zentrum ausgetreten, im Unterschied zu Jahnn. In welcher Weise in der Folgezeit die öffentlichen Verleumdungskampagne geführt wurde, kann man sich heute kaum noch vorstellen.

Jahnns Funktion als Generalsekretär des Zentrums *Deutschland* hinderte z.B. Rudolf Pechel, den damaligen Präsidenten der Darmstädter Akademie und Initiator der Spaltung des PEN, nicht daran, von einer rein ostdeutschen Zusammensetzung des Vorstandes (48) zu sprechen, während ein anderer prominenter Autor, Hermann Kesten, im gesamtdeutschen Zentrum nur zwischen "mehr oder minder kommunistischen" und "sympathisierende(n)" (49) Autoren zu differenzieren vermochte. Die *Neue Zeitung* meldete zwar am 13.5.1953, eine "Generalversammlung des sowjetzonalen PEN-Zentrums *Deutschland* habe Brecht zum Vorsitzenden und Tralow zum Geschäftsführer sowie Burgmüller und Hermlin zu Generalsekretären gewählt, aber sie verschwieg, daß Vorschläge zur "Wiedervereinigung der beiden deutschen PEN-Zentren" beschlossen wurden, weil diese fünfte Generalversammlung die "Arbeit des PEN-Clubs auf die Wahrung der Unteilbarkeit unserer nationalen Literatur, auf Verständigung und Zusammenarbeit der deutschen Schriftsteller gerichtet" (50) wissen wollte.

Nachdem der Internationale PEN-Kongreß in Dublin 1953 dem gesamtdeutschen Zentrum den Namen *Ost und West* verliehen hatte, behauptete die *Neue Zeitung* am 14.8.1953, Johannes Tralow "repräsentiert keineswegs, wie harmlose Gemüter annehmen müssen, die deutschen Schriftsteller in Ost und West, sondern ganz eindeutig den PEN-Zweig, in dem sich jene Literaten vereinigt haben, die mit der kulturpolitischen Linie der SED einverstanden sind". Gegen den Dubliner Beschluß führte die *Neue Zeitung* die ersten Brecht-Boykotte als beispielhaft ins Feld: "Die Distanzierung der beiden Bühnen in Wuppertal und Mannheim ist ein Bekenntnis zu verantwortungsbewußter Freiheit, die man an anderen deutschen Theatern ebenso wie in Dublin vermißt hat."

---

48 Vgl. überhaupt den Stil der Polemik in *Das literarische Deutschland/Neue literarische Welt.*
49 *Die Neue Zeitung.* 28./29.06.1952
50 Zitiert nach: *Heute und Morgen 3* (1953). S. 467

Die Nichtteilnahme des bundesrepublikanischen PEN am Internationalen PEN-
Kongreß 1954 in Amsterdam wurde mit niederländischen und britischen Publikationen zum Gedenktag der Befreiung vom Faschismus begründet. Diesen zu feiern, bedeutete dem abgespaltenen westdeutschen PEN eine
"antideutsche" Provokation. (51) Die Teilnahme des gesamtdeutschen PEN am
Kongreß konnte sich Hermann Kesten – ein Vorreiter des Kalten Krieges, wie
überhaupt einige andere liberale Exilschriftsteller, die heute zu Unrecht als
während der 50er Jahre vergessen gelten: Walter Mehring, Ludwig Marcuse
und Wilhelm Speyer – nicht mit einer anderen Einstellung zur Frage: Zusammenbruch oder Befreiung? erklären, sondern er schrieb: "Die ostdeutschen Dichter, Mitglieder des PEN-Zentrums *Ost und West*, dagegen, die so
leicht nicht zu kränken sind und nur empfindlich werden, wenn ihre Regierung es anweist, erschienen in großer Anzahl, so berühmte Autoren darunter wie Johannes Tralow oder ähnlich bekannte und schätzenswerte Autoren
wie Stephan Leder, Günther Hofe, Eugen Hugel, Hans Schwalm, Erwin Stritt-
matter und der berühmte Mayer, (...) neben anderen namhaften Autoren wie
dem Lyriker Peter Huchel, Herausgeber von *Sinn und Form* (...)." (52) Neben
Kesten war der Österreicher Hans Weigel einer der heftigsten Gegner des
gesamtdeutschen PEN, dessen Autoren er als "Humanisten in Anführungszei-
chen" (53) bezeichnete. Besonders polemisierte Weigel gegen die "verschämt-
unverschämt(e)" (54) Ost-West-Benennung, weil sie das grundsätzlich von
den um die Zeitschriften des Kongresses für kulturelle Freiheit – *Monat* und
Forum – gescharten Autoren bekämpfte Prinzip der Koexistenz von kapitalistischen und sozialistischen Staaten in einer internationalen Organisation
modellhaft repräsentierte: "(...) besser verankert denn je, sind also Expo-
nenten und Mitläufer des Bolschewismus mit mehr oder weniger prominenten
westlichen Autoren zu einer internationalen Organisation von eigenem Ansehen vereinigt (...). Nach wie vor sehen sie den Weg hierzu im posthumen
Kampf gegen die Geister des Nationalsozialismus und dem stillschweigenden
Tolerieren seines lebendigen östlichen Zwillingsbruders. Diese "unpolitische"

51 Vgl. zu den Begründungen der Nichtteilnahme der Westdeutschen die
Rundbriefe Edschmids und Kästners: *STRENG VERTRAULICH. Auf keinen Fall
für die Presse und Rundfunk bestimmt.* Pfingsten und August 1954. DLA.
68.5176/19. 68.5176/22
52 *Süddeutsche Zeitung.* 3./4.07.1954
53 *Rheinischer Merkur.* 20.01.1956
54 Ebd.

Haltung wäre auch ohne die kämpferische Einstellung gegen die echte oder vermeintliche nationalsozialistische Gefahr eminent politisch, und zwar Politik übelster Sorte." (55) Auf dem Internationalen PEN-Kongreß in Wien scheiterte 1955 allerdings der Generalsekretär Charles Morgan mit dem Versuch einer Übertragung der deutschen Spaltung auf den Internationalen PEN. "Auch die Toleranz muß Grenzen haben", erklärte Morgan die westlichen Parolen des Kalten Krieges: "Wenn unsere Heimat überfallen, unser Haus bedroht und unsere Freiheit gefährdet ist, und wenn sich dann in unseren Mauern ein Mann findet, der mit dem Feind zusammenarbeitet, so werden wir ihn nicht für seine Toleranz preisen, sondern ihn als Verräter und Feigling ansehen." (56)

Kennzeichnend für die Gegenseite, die Befürworter der Einheit des PEN in Deutschland und von "Beziehungen unter Schriftstellern der ganzen Welt" "ohne Rücksicht auf den Unterschied der Systeme", (57) war der Rekurs auf den unpolitischen Charakter des Verbands. Der westdeutsche Kulturbund sah die Spaltungstendenzen im PEN in einem das Rote Kreuz wie das Olympische Komitee umgreifenden Kontext, um die Gretchenfrage so zu stellen: "Entweder bleibt der Club ein Weltbund oder er wird zu einem Geschwader politisierter Soldschreiber." (58) "Kein Mensch kann bestreiten, daß sich sehr starke Kräfte mit allen Mitteln bemühen, unpolitische internationale Verbände zu politisieren und dadurch in Kriegsparteien zu verwandeln."(59)

Wie in Hamburg die Kampagne gegen alle gesprächsbereiten Autoren geführt wurde, zeigen Berichte über Diskussionen im Schutzverband Deutscher Autoren Nordwest. Die Mehrheit lehnte einen Antrag Heinrich Christian Meiers ab, die an Ost-West-Gesprächen beteiligten Kollegen gegen die Angriffe der *Zeit* und des *NWDR* in Schutz zu nehmen. (60)
Welche ideologischen Muster die Kampagne benutzte, demonstrierte der Fall Hermlin. Jahnns Nachfolger als Generalsekretär des gesamtdeutschen PEN

55 Ebd.
56 Charles Morgan: *Das Dilemma des PEN-Clubs*. In: *Forum 2* (1955) H. 19/20. S. 265
57 *Heute und Morgen 3* (1953). S. 618
58 Ebd.. S. 617
59 Ebd.. S. 618
60 *Der Schriftsteller 4* (1951). Nr. 6. S. 50

wurde Stephan Hermlin. Er zählte schon damals zu den im Friedenskampf besonders aktiven DDR-Autoren. Seine publizistischen Beiträge zur Diskussion einer gesamtdeutschen Rolle der Literatur nannten immer wieder den Namen Hans Henny Jahnns. (61)

Die Aufgeschlossenheit und Differenziertheit, mit der Hermlin die Werke von Schriftstellern kommentierte, die sich für den Frieden und die Einheit engagierten, standen in einem starken Kontrast zu pauschalen Denunziationen aller anderen literarischen Strömungen als "amerikanische(r) Neofaschismus" (62) oder mit "literarischer Kalligraphie gepolsterte Kriegshetze". (63) Hermlin identifizierte nicht als einziger literarische und politische Kriterien unmittelbar, indem er zwischen dem schlechten Stil der NS-Vergangenheit, der Spionagerolle, dem Karrierismus und der Käuflichkeit ein Gleichheitszeichen setzte. Diese Methode der gegenseitigen Herabsetzung und Bedrohung war durchaus auf beiden Seiten üblich: insbesondere die Denunziation als Parteimitglied, der Vorwurf der Bestechung und die Entlarvung als Agent begegnen an der westlichen Front des Kalten Krieges ebenso wie an der östlichen. Während Hermlin Hans Henny Jahnn als beispielhaften Autor neben Reinhold Schneider und Irma Loos, aber auch Ernst Penzoldt, Walter von Molo und Alfred Döblin in den Publikationen der DDR pries, entwarfen die westlichen Medien an ihm das Schreckensbild des typischen Kommunisten. Auf welche Vorstellungen das Bild Hermlins als eines "ideologische(n) Agenten (...) einer fremden Macht" (64) bzw. eines "Agenten geistfeindlicher Doktrinen" (65) gegründet wurde, zeigt der Artikel Heinz Winfried Sabais, des damaligen Sekretärs der Darmstädter Akademie: "Deutsches Gespräch über die Klassiker: Oder Stephan Hermlin lind und leise". Neben der Totalitarismusdoktrin, die in der dargestellten Weise stets den Faschismus entlastete, indem sie den Faschismus als nicht nur schon vergangen, sondern auch den Sozialismus als die schlimmere Unterdrückung ausgab, bildet der Nationalsozialsimus, vor allem bezogen auf die polnische Westgrenze, einen Bezugspunkt. Sabais behauptet, ein statistischer Vergleich zwischen den Auflagen der Klassiker in der Bundesrepublik und in der DDR werde "nicht

---

61 Stephan Hermlin: *Die Sache des Friedens*. Berlin 1954. S. 221, 334
62 Ebd.. S. 221
63 Ebd.. S. 203
64 *Das literarische Deutschland 3* (1952). Nr. 10. S. 10
65 *Das literarische Deutschland 3* (1952). Nr. 24. S. 2

zu unseren Ungunsten (...) schließen, falls Leder-Hermlin nicht etwa eine Massenauflage von Goethes "Edel sei der Mensch, hilfreich und gut..." (als Wandschmuck für die Unterkünfte des SS-Dienstes und der NKWD) aufzuzählen vergessen haben sollte. Dann nämlich kämen wir ins Hintertreffen. Denn bei uns gibt es solche Großabnehmer nicht. Interessant wäre es", fährt er jetzt vom Antitotalitarismus zum Nationalismus wechselnd fort, "von Leder-Hermlin zu erfahren, ob Herder, Hamann, Opitz, Angelus Silesius, Eichendorff usw. noch in der Literaturgeschichte der DDR figurieren oder ob man sie inzwischen an die polnische Bruderliteratur abgetreten hat. (...) Spielt Gustav Freytags *Soll und Haben*, der erste Roman der Arbeit, neuerdings ins Wroclaw? Sprechen Gerhart Hauptmanns *Weber*, falls man sie in der DDR aufführt, polnisch?" (66)

Auf Verleumdungen dieser Art öffentlich wirksam zu antworten, sah Jahnn sich nicht in der Lage. Sie betrafen ihn insbesondere, seitdem er in Düsseldorf gegen die Spaltung des PEN Stellung genommen hatte. Hilflos gerieten allerdings auch die privaten Rechtfertigungen Jahnns, deren Notwendigkeit in dem Maße wuchs, wie auch näherstehende Kollegen und seine persönlichen Freunde gegen sein Festhalten an der Einheit des PEN Front machten oder dem starken Druck nachgaben: hilflos waren Jahnns Erklärungen, weil sie in den Augen seiner Adressaten ihn um so stärker belasteten, je heftiger er sich zu verteidigen suchte. Seine Prämisse, ein Gespräch mit Kommunisten, Frieden mit einem von allen anderen als totalitär und deshalb aggressiv und expansionistisch angesehenen System sei möglich, machte ihn nur noch verdächtiger. "Ich kann und muß von mir aus erklären: ich bin kein Kommunist, ich bin der Ostzone nicht verpflichtet. Wenn man mich in die Gefolgschaft von Johannes R. Becher einreiht, so kann ich das nur mit dem Willen zu einem Kalten Krieg erklären. Wahr ist vielmehr: ich bin für Verständigung, ich bin für Frieden. Ich bin der Ansicht, daß, wenn der Wille zur Verständigung selbst unter Schriftstellern in Trümmer geht, Katastrophen nicht zu vermeiden sind. Wenn die sittlich unanfechtbarste Haltung eines Menschen genügt, um ihn in ein Lager zu verweisen, in dem er sich nicht befindet, nie befunden hat, dann ist es die Methode, mit der man einen ehrlichen Menschen zu einem Heuchler stempelt." (67)

66 *Das literarische Deutschland* 3 (1952). Nr. 10. S. 10
67 Goldmann: *Jahnn*. S. 129

Während ein Kollege wie Hans Erich Nossack, der sich durchaus als Nonkonformist verstand, dem Druck wich und aus dem gesamtdeutschen PEN austrat, blieb Jahnn bei seiner Entscheidung. Nossacks Begründung des Austritts, "er wolle sich weder mit dem Osten noch mit dem Westen identifizieren", (68) zeigt die Schwäche dieses nur formalen Nonkonformismus: Indem er sich für den westdeutschen PEN entschied, gab er den Versuch auf, sich mit keiner Seite zu identifizieren. Jahnns Nonkonformismus hingegen basierte auf der Kritik des kapitalistischen Marktes und des sozialistischen Staates, schloß aber die Erkenntnis der Notwendigkeit friedlicher Koexistenz beider Systeme ein. Deshalb konnte er auch zeitweise mit dem Gedanken einer "Dreiteilung des PEN in Deutschland, wie sie bis 1933 bestand" (69), spielen, die Nord-, Ost- und Süddeutschland gleichberechtigt nebeneinander gestellt hätte. Während der dritte PEN-Club in Nossacks, Weisenborns und Eggebrechts Vorstellungen einen dritten Weg meinte, beschrieb Jahnn mit der Dreiheit ein friedliches Nebeneinander, das Verständigung ermöglichen sollte.

Das PEN-Zentrum der Bundesrepublik entfaltete eine integrative Wirkung, indem es mögliche Anhänger eines deutsch-deutschen Gesprächs durch Kooptation auf die Seite des Kalten Krieges zu ziehen suchte, z.B. Hans Werner Richter. Dessen Zeitschrift *Die Literatur*, die über die Gruppe 47 hinausreichte, indem sie die von der Heimkehrergeneration begründete "beginnende Kontinuität einer neuen literarischen Entwicklung" (70) zu fördern suchte, unterstützte anfangs den Versuch Nossacks, Weisenborns und Eggebrechts, ein drittes Zentrum zu gründen. Sie warf beiden Seiten vor, "Geistesfragen wie reine Machtfragen" (71) zu erledigen.

Die humanistischen Inhalte des Jahnnschen Nonkonformismus erwiesen sich auch in seinem Versuch, Brechts Offenen Brief – den er allerdings öffentlich nicht beantwortete – im privaten Schreiben an Huchel auf das Problem einer Veröffentlichung der *Niederschrift des Gustav Anias Horn* in der DDR zu beziehen. Anders als die meisten westdeutschen Autoren, die Brecht polemisch antworteten, weil ihnen die Einschränkung der "Geistesfreiheiten" an sich ein Greuel schien, stimmte Jahnn dem Kriterium der Beschränkung von Pu-

68 Ebd.
69 Ebd.
70 Hans Werner Richter: *Courage*. In: *Die Literatur 1* (1952). Nr. 1. S. 1
71 *Kommt ein dritter PEN-Club?* In: *Die Literatur 1* (1952). Nr. 1. S. 1

blikationsmöglichkeiten zu: "(...) den Krieg habe ich seit jeher abgelehnt, und daß mein Ziel die Verständigung ist, folgt als Selbstverständlichkeit daraus." (72) Das Nichterscheinen seines Romans ließ so sein Gefühl deutlicher werden, "daß ich mitten zwischen den Fronten stehe". (73) Im Unterschied zu den formalen Nonkonformisten, die inhaltlich den Kalten Krieg des Westens führten, stand er mit diesem Betonen der Verständigungsbereitschaft eher auf der östlichen Seite.

Wie materiell Druck auf die Autoren ausgeübt wurde, sich vom gesamtdeutschen Zentrum zu trennen, mögen zwei Beispiele zeigen. Ein Brief Rudolf Pechels vom 31.1.1951 band eine Besprechung von Wilhelm Lehmanns neuestem Gedichtband in der *Deutschen Rundschau* unmittelbar an die Trennung vom gesamtdeutschen Zentrum. (74) Als Rüdiger Syberberg aus dem PEN-Zentrum *Deutschland* wieder austrat, erklärte dessen Präsident unwidersprochen, daß "der Chefredakteur der *NZ*, Herr Hans Wallenberg, ihm (Syberberg) ein festes Mitarbeiter-Verhältnis von 1.800,- DM monatlich und eine einmalige Zahlung von 4.000,- DM "à fond perdu" angeboten habe", wenn er aus dem gesamtdeutschen PEN austrete." (75)

Solche Korruptionsversuche konnten Jahnn nicht treffen. Jahnn gehörte bekanntlich nicht der stramm auf Regierungslinie liegenden *Darmstädter Akademie* an, die als eine späte Gründung keine Linken und kaum Exilschriftsteller aufgenommen hatte. Während die *Darmstädter Akademie* sich programmatisch entweder von der Bundesregierung oder von einzelnen Konzernen ökonomisch abhängig zu machen keine Probleme hatte, sah Jahnn als einer der Gründer und Präsident der *Freien Akademie der Künste Hamburg* in dieser Institution ein "vorurteilsfreies Bindeglied" (76) zwischen der Kunst und der Gesellschaft, das den Gefahren der Abhängigkeit vom Staat wie vom Markt entgegenwirken könne. Die "Hoffnung auf den Staat als Mäzen" nannte er "verhängnisvoll", insofern sie die Kunst "einer unbegrenzten, unberechenbaren und zweckbestimmten Zensur direkter und indirekter Art"

---

72 Huchel/Jahnn: *Briefwechsel*. S. 42
73 Ebd.
74 DLA 68.3179/6
75 Zitiert nach: *Heute und Morgen* 2 (1952). S. 1124
76 *Fünf Fenster. Jahrbuch der Freien Akademie der Künste Hamburg* (1952). S. 9

aussetze (77); das "Marktschreien" habe die Kunst nicht gelernt, so daß sie täglich, vor allem in Hamburg, ihre "wirtschaftliche (...) Bedeutungslosigkeit" erfahre (78). Der Gegensatz gegen Staat und Markt wurde von Jahnn in seiner Bestimmung der Literatur als Kunst aufgenommen, wenn er zum Geleit des zweiten Jahrbuchs *Begegnungen* 1953 schrieb: "Wir müssen eine Urschwäche der Kunst eingestehen: sie ist wider die Natur, wider die Wirklichkeit – wie wir sie sehen; – denn ihr Wesen ist das Humane." (79) Auf die von Günther Weisenborn Hamburger Autoren gestellte Frage, ob es ein modernes deutsches Drama gebe, antwortete Jahnn mit einer grundsätzlichen Einschätzung der Lage der Literatur, die er durch eine Anekdote belegte. Infolge "Knebelung und Aushungerung", die er durch die beiden Formen der Zensur, die er schon in den 20er Jahren attackiert hatte, bewirkt sah, durch den Staat und durch den Markt, bedeute es, eine "Verfluchung" zu schreiben. (80) Er berichtet von einer Düsseldorfer Generalprobe, wo er auf den Dienstbotenweg zu Gustaf Gründgens verwiesen wurde. "Später sah ich auf dem Hofe seinen Cadillac und begriff mit aller Deutlichkeit, daß ein Autor keinen Zutritt zu den Himmeln des Theaters hat. Dichter sind von den Subventionen ausgeschlossen; daraus folgt, daß sie eine tiefere Klasse von Menschen sind." (81)

Jahnn fehlte erstens die zweifelhafte Naivität, mit der sich die Mitglieder des abgespaltenen westdeutschen PEN einerseits für politisch unabhängig und geistig frei hielten, andererseits gleich drei politische Repräsentanten der Bundesrepublik auf der konstituierenden Sitzung als neue Mitglieder des Zentrums aufnehmen konnten: Theodor Heuss, Ludwig Bergsträsser und Karl Geiler. (82) Der damalige Sekretär der Akademie, Oskar Janke, meinte sogar: "Hat sich nicht mit der Wahl eines Schriftstellers zum Staatsoberhaupt erwiesen, daß das Bündnis von Staat und Literatur seine Vorteile hat

77 Ebd.
78 Ebd.. S. 8
79 *Begegnungen. Jahrbuch der Freien Akademie der Künste Hamburg* (1953). S. 7
80 *Heute und Morgen* 2 (1952). S. 263
81 Ebd.
82 *Das literarische Deutschland* 2 (1951). Nr. 23. S. 1

– und die größten für den Staat?" (83) Hermann Kesten war von seiner geistigen Freiheit so überzeugt, daß er Johannes Tralows Anspielung auf Theodor Heuss` neue Mitgliedschaft in der Versicherung, Wilhelm Pieck werde nicht in das Zentrum *Ost und West* aufgenommen werden, nur für komisch hielt. (84) Demgegenüber machte Jahnn nach seiner exponierten Stellungnahme auf der Wiesbadener Tagung immer deutlicher die Erfahrung: "Für alle Schriftsteller und Schaffende schlechthin, die den Kurs der Bonner Regierung nicht bejahen, wird das Dasein in ökonomischer Beziehung hier im Westen immer schwieriger." (85)

Jahnn fehlte zweitens auch das gläubige Vertrauen in das private Verlagskapital als Basis literarischer Freiheit. Seine eigenen leidvollen Erfahrungen mit Willi Weismann sprachen dagegen. Welche Naivität sich mit der Währungsreform durchsetzte, mag ein Zitat des als links geltenden Alfred Andersch belegen: "(...) die öffentliche Meinungsbildung und das gesamte kulturelle Schaffen einer Nation kann nicht in die Verantwortung weniger Männer und Frauen gegeben werden, sondern jeder (...) muß schreiben, herausgeben, drucken können. Es ist seine Sache, wie er es macht, und ob er Papier auftreibt." (86) Nicht jeder war genauso naiv. Hans Werner Richter z.B. griff wenige Jahre später unter dem Titel *Das Handgeld* das Problem auf. "Zwei in Westdeutschland nicht unbekannte Schriftsteller spielten in einem Streitgespräch im Jahre 1950 als sozusagen letzten Trumpf folgende Argumente gegeneinander aus: "Du, du wirst doch von den Amerikanern bezahlt!" Darauf der andere: "Und du? Du wirst doch von den Russen bezahlt!"(87) Richter wies damit östliche Polemiken gegen die Abhängigkeit seiner Zeitschrift von der *Deutschen Verlagsanstalt* zurück, indem er deren weiteres Erscheinen ankündigte; wenige Wochen später trennte sich die *DVA* von Richter. Ökonomische Abhängigkeiten sah er einzig "im Osten" (88) gegeben. Richter war zur gleichen Zeit noch mit anderen Apologien be-

83 Oskar Jancke: *Schriftsteller, Staat und Akademie*. In: *Das literarische Deutschland 3* (1952). Nr. 9. S. 1
84 Hermann Kesten: *Der 24. Kongreß des Internationalen PEN-Club*. In: *Das literarische Deutschland 2* (1952). Nr. 13. S. 2
85 Huchel/Jahnn: *Briefwechsel*. S. 40
86 Alfred Andersch: *Ungeregeltes über ein geregeltes System*. In: *Volk und Zeit 3* (1948). S. 175
87 Hans Werner Richter: *Das Handgeld*. In: *Die Literatur 1* (1952). Nr. 14. S. 3
88 Ebd.

faßt: er hatte für sein im Verlag Kurt Desch erschienenes Buch *Sie fielen aus Gottes Hand* den von Desch gestifteten, aber von Kesten und anderen Exilautoren vergebenen René-Schickele-Preis erhalten ... (89).

Die ökonomische Abhängigkeit der Autoren von Verlegern spielte aufgrund der schlechten finanziellen Situation sehr vieler Schriftsteller zu Beginn der 50er Jahre, die gerade im Kontrast zum Aufschwung des "Wirtschaftswunders" wahrgenommen wurde, eine große Rolle in Verbandsdiskussionen.

Jahnn wurde, zusammen mit Walter von Molo, von der *Mainzer Akademie der Wissenschaften und Literatur*, zu deren ersten zehn Mitgliedern er gehörte, beauftragt, sich mit der Notlage der deutschen Schriftsteller zu befassen. Während Walter von Molo einen offenen Brief an den Bundespräsidenten adressierte, den er als einen Geistigen zum eigenen Stand rechnete, publizierte Jahnn die Ergebnisse seines Nachdenkens in Döblins Almanach *Minotaurus. Dichtung unter den Hufen von Staat und Industrie.*

Jahnn konfrontiert den Eindruck geistiger Vielfalt und Freiheit, den die weihnachtlichen Schaufenster Hamburger Buchhandlungen durch die "Farbströme der bunten Schutzumschläge der gedruckten Ware" vermitteln, mit der von ihm im einzelnen nachgewiesenen "Bevormundung durch geschmacksbildende, gleichrichtende Instanzen weltanschaulicher, politischer und besatzungspolitischer Art": Die Herrschaft von "Schmarren" voll "falscher romantischer Töne", "Heldischem oder Bodenständigem", von "Erinnerungsbücher(n)" an die "gute alte Zeit" erklärt er aus der Scheu der Verleger, "als fortschrittlich, aufrührerisch, avantgardistisch bemißtraut oder gar wirtschaftlich geschädigt zu werden", und dem Klima, das "am Rand einer neuen Kriegskatastrophe" ausgezeichnet sei "für sogenannte romantische Empfindungen". (90) Der Anpassung des Schriftstellers an den Markt und die Politik der Regierung setzt Jahnn – sein Literaturprogramm zusammenfassend – den "inwendig(en)" (91) Auftrag des Dichters am Vorbild des Propheten Jeremias entgegen: Die formale Geistesführerschaft gewinnt ihren Inhalt aus der Opposition zu den ideologischen Tendenzen der freien

---

89 Vgl. *Die Literatur 1* (1952). Nr. 2. S. 3
90 Hans Henny Jahnn: *Vereinsamung der Dichtung.* In: ders.: *Werke und Tagebücher. Bd. 7.* Hamburg 1974. S. 51
91 Ebd.. S. 58

Marktwirtschaft. "Die Feuerfackel der Auflehnung, der Revolution, der Sucht, naturwidrige Barmherzigkeit und gleichzeitig ein natürliches Dasein zu lehren." (92) Im Unterschied zu Molos Appell an Heuss, das staatliche Mäzenentum auszuweiten, stellt Jahnn am Schluß seiner Expertise kategorisch fest: "Der Staat (...) ist offenbar untauglich, die wichtige Rolle des Ernährers der Schaffenden zu übernehmen." (93) Die "Vereinsamung" der Dichtung folgt für Jahnn aus deren "avantgardistische(r), revolutionäre(r)" (94) Funktion: Der Versuch, ästhetischen und politischen Fortschritt so eng zusammenzuschließen, kennzeichnet aber eher Jahnns Vereinsamung in den 50er Jahren, denn außer ihm gab es nur den einen Alfred Döblin, der dieses versuchte und dessen Abschied aus der BRD Jahnn dann auch als ebenso symbolisch nahm wie den Nossacks aus Hamburg, das, für Jahnn, "bezogen auf die Kunst die Endstation der Menschheit abbildet": "Er ging in die Einsamkeit – nicht zu seinem Vorteil – weil er unterlag. Wirtschaftlich, geistig." (95)

Jahnns gesamtdeutsches, nationalliterarisches Engagement führte – trotz dieser Einsicht – nicht zu einer organisatorischen Form. Im Unterschied zu seinen Hamburger Kollegen Peter Martin Lampel und Heinrich Christian Meier wurde Jahnn nie Mitglied des *Demokratischen Kulturbunds Deutschlands*. Zu der von diesem im wesentlichen getragenen deutschen Kulturtagung in Bayreuth vom 24. bis 26. Oktober 1952 eingeladen, er schickte eine Absage, die von den Veranstaltern dann als Unterstützung des "dringend notwendigen Kulturgesprächs" (96) publizistisch ausgewertet wurde. Diese polizeilich verhinderte Tagung konnte immerhin die bedingte Billigung Deschs, Suhrkamps, Gertrud von le Forts und Döblins vorweisen. Die Zeitschrift des Kulturbundes *Heute und Morgen* rezensierte auch *Das Holzschiff* 1951 in enthusiastischer Weise, natürlich fehlt diese Rezension in heutigen Bibliographien. Jahnn teilte nie die euphorischen Fehleinschätzungen, die unter den kommunistischen Autoren und ihren Freunden nach der Wiesbadener und der Düsseldorfer Tagung des PEN zirkulierten. Peter Martin Lampels

92 Ebd.
93 Ebd. S. 62
94 Ebd. S. 63
95 *Buch der Freunde.* S. 48
96 *Von der Verantwortung des deutschen Geistes. Die deutsche Kulturtagung in Bayreuth vom 24. bis 26. Oktober 1952.* O.O.u.J. S. 68

"Trompetenstöße" aus "Siegerlaune" veranlaßten Jahnn zur Mahnung an Huchel: "Bitte raten Sie Ihren Freunden zur Mäßigung – zur Mäßigung in der Beurteilung der Lage. Und bremsen Sie die kleinen Schreier unserer Gefilde!" (97)

Jahnns Engagement für eine gesamtdeutsche Rolle der Literatur führte allerdings dazu, daß die von der Deutschen Akademie der Künste herausgegebene Zeitschrift *Sinn und Form* Beiträge Jahnns druckte. Der Jahrgang 1951 brachte nicht nur die Offenen Briefe Brechts und Eislers, sondern auch Arbeiten Jahnns, u.a. einen Ausschnitt aus der *Niederschrift des Gustav Anias Horn*, so daß Jahnn neben Wolfgang Bächler und Irma Loos hier die westdeutschen Autoren repräsentierte, die für das "Deutsche Gespräch" eintraten. Jahnns erster Kontakt mit dem Chefredakteur von *Sinn und Form* Peter Huchel datierte von den Starnberger Gesprächen. Im Juni 1951 erhielt er einen Brief Huchels, der die Versuche Kasimir Edschmids durchkreuzen sollte, die Beschlüsse der Wiesbadener Tagung aufzuheben. Im Widerspruch zur Satzung des PEN, aber im Einvernehmen mit Erich Kästner, bemühte sich Edschmid, durch ein schriftliches Wahlverfahren Becher zu stürzen. Jahnn teilte Huchel, der statt der Wahl eine Mitgliederversammlung in Ost- und Westberlin vorgeschlagen hatte, zunächst mit, was er Edschmid geantwortet hatte: "(...) ich gebe meine Stimme den drei in Wiesbaden gewählten Persönlichkeiten und meine dazu, daß ein Ausbooten des östlichen Herrn einer Auflösung des deutschen PEN-Zentrums gleichkommen würde." (98) Dann ergänzte Jahnn sein an sich schon deutliches Eintreten für die Einheit um eine weitere Abgrenzung von allen Spaltungsabsichten: "Inzwischen hat sich das Bundesministerium für Gesamtdeutsche Fragen eingemischt, indem es eine Schrift hat drucken lassen. Damit scheint eine neue Situation gegeben zu sein. Ich habe mich besonnen, daß ja eine brieflich abgegebene Wahl nicht geheim ist und daß der PEN-Club plötzlich unter den Einfluß der Bonner Regierung rückt." (99)

Peter Huchel wirkte auf Jahnns Verleger Willi Weismann ein, die *Spur des dunklen Engels* zu drucken, und ließ die Honorare in Westmark zahlen.

97 Jahnn/Huchel: *Briefwechsel.* S. 22/23
98 Ebd. S. 13
99 Ebd. S. 14

Jahnn vermutete, daß Weismann "mancherlei Vergünstigungen durch seine Haltung hier im Westen von Kreisen, die Ihnen nahestehen, erhält" (100), bis ihn die Einsicht, "dieser Verleger behandelt mich aus Not oder Unverantwortlichkeit (...) schäbig" (101), einen anderen suchen ließ. Eine in Aussicht gestellte Wahl in die Deutsche Akademie der Künste lehnte Jahnn zunächst ab, ebenso verschob er den Termin eines Aufenthalts im Schriftstellerheim Wiepersdorf, wohin Huchel ihn eingeladen hatte. Im November 1951, im Anschluß an seine Wahl zum Generalsekretär des Zentrums *Deutschland*, verlor Jahnn jedoch sein 450,- DM betragendes Arbeitsstipendium der *Mainzer Akademie*. Mit drei Gedankenstrichen versah er den Satz: "Die Hintergründe für diese Wendung überschaue ich nicht. ---" (102). Der Sekretär der Klasse der Literatur, Hans Ulbricht, bedrängte Jahnn aber auch mit dessen im Auftrag der Akademie mit der Ständigen Konferenz der Kultusminister geführten Verhandlungen über ein neues Urheberrecht. "Meine Kollegen beklagen sich und mich, daß ich das wichtigste Urhebergesetz durch meinen Nichtaustritt aus dem PEN sabotierte, mich selbst maßlos schädigte." (103) Seine Verantwortung als Akademiker für die Kollegen und das persönliche Interesse, die Furcht vor einem "Boykott" (104), verbanden sich, als er Huchel am 26./27.10.1951 über die *Freie Akademie der Künste Hamburg* schrieb: "Wahrscheinlich werde ich auch gezwungen, hier in Hamburg meinen Präsidentenposten abzutreten. (...) Ich werde kalt gestellt, ohne daß ich oder jemand sonst einen Gewinn davon hätte." (105)

Im Widerspruch zu der von Henri Plard kolportierten Behauptung, die von Bernd Goldmann mehrfach zitiert wird, Jahnn sei aus dem PEN schließlich ausgetreten, blieb er im gesamtdeutschen Zentrum. Dies hatte auch in den späteren 50er Jahren Folgen.

Als Jahnn 1956 auf einer Moskauer Heine-Gedenkfeier in Anwesenheit Walter Ulbrichts eine Rede hielt, nahm der Hamburger Senat dies "Vorkommnis" zum Anlaß, die geplante Verleihung des Lessing-Preises an Jahnn für

---

100 Ebd. S. 37
101 Ebd. S. 59
102 Ebd. S. 21
103 Ebd.
104 Goldmann: *Jahnn*. S. 130
105 Jahnn/Huchel: *Briefwechsel*. S. 21

"selbstverständlich ausgeschlossen" zu erklären. (106) Einige Monate nach dem Skandal erhielt Jahnn den Preis, zugleich aber mahnende Worte des Kultursenators Hans Hermann Biermann-Ratjen zu hören, die Jahnn und die Literatur überhaupt auf folgenlose Innerlichkeit festlegen wollten: "Sie wissen, daß diese Verleihung kein Wunder wirken kann, keine bleibende Versöhnung zu stiften vermag zwischen dem einsamen Geist und seinen Widersachern, – der dumpfen Menge, dem fühllosen Staat, der zwielichtigen Politik. Dieser Preis wird Sie nicht entlassen von Ihrer Mühsal, denn Sie werden fortfahren gegen den Widersinn der Zustände, gegen das Mißverhältnis zwischen innerem Rang und äußerer Macht zu protestieren und dieser schlechtesten aller Welten vorzuhalten, wie leicht es ihr sei, durch einen einzigen radikalen Entschluß zur besten aller denkbaren zu werden." (107) Jahnn verallgemeinerte seine Erfahrungen mit Markt und Staat der Bundesrepublik, um Einladungen zu möglichen Delegationsverfahren in die Volksrepublik Polen oder China von vornherein abzulehnen: "Es gibt eine Grenze dafür, wie hoch man die Suche nach der Wahrheit bezahlen kann." (108) Eine andere Regel meinte Jahnn formulieren zu können, als er sich immer stärker gegen die drohende atomare Bewaffnung der BRD zu engagieren begann: "(...) die schwachen Erfolgsaussichten, die wir hier haben, (können) durch Unterstützung aus der DDR zunichte gemacht werden (...)." (109) Wenn er auch politische Artikel lieber in der *Neuen Gesellschaft* als in *Sinn und Form* sah, so blieb er doch bei der aus den Zeiten der Spaltungskämpfe um das PEN-Zentrum *Deutschland* herrührenden Praxis: "Belassen wir`s also beim Literarischen." (110)

106 Ebd. S. 77
107 *Buch der Freunde.* S. 10
108 Jahnn/Huchel: *Briefwechsel.* S. 77
109 Ebd. S. 89, ähnlich S. 91
110 Ebd. S. 91

DISKUSSION

·Wie lange ist Jahnn Mitglied des Zentrums gewesen?

Helmut Peitsch

Ich habe bisher nur auf der Basis von gedruckten Quellen gearbeitet und in Marbach einige Briefe – soweit beide Briefpartner verstorben sind – lesen können. Bisher gibt es in der Jahnn-Literatur nur den Hinweis, den Goldmann auch macht, daß Jahnn irgendwann aus dem Zentrum ausgetreten sei. Aber Goldmann stützt sich seinerseits nur auf eine nicht belegte Angabe von Henri Plard aus dem ersten *Text und Kritik*-Heft zu Jahnn. Ich habe in den gedruckten Quellen keinen Hinweis auf einen Austritt Jahnns gefunden. Für mich ist diese Eilfertigkeit unüberlegt. Goldmann erweckt eigentlich den Eindruck, als sei Jahnn sofort, also noch spätestens im Frühjahr `52 ausgetreten. Das spricht für mich dafür, daß man Jahnn entlasten will. Ich vermute, daß Jahnn bis zu seinem Tod drin geblieben ist, denn er hat mit Huchel zum Beispiel über alle weiteren Tagungen des gesamtdeutschen Zentrums *Ost und West* korrespondiert und begründet, weshalb er zu dem und dem Zeitpunkt zum Beispiel nicht in Berlin ist. Und auch was mir Richard Anders erzählt hat über so halb illegale Treffen von westdeutschen und DDR-Schriftstellern in den 50er Jahren in Hamburg, an denen Jahnn stets beteiligt war, scheint mir dafür zu sprechen, daß er den Kontakt nicht hat abreißen lassen.

· Wie lange hat es denn diese gesamtdeutsche Organisation gegeben?

Helmut Peitsch

Bis `67. Sie ist praktisch aufgelöst worden im Zusammenhang mit der sich ankündigenden Entspannungspolitik, wo dann das Zentrum *Ost und West* zum Zentrum *DDR* wurde. Diejenigen, die bis zum Schluß, Heinrich Christian Meier z.B., im Zentrum *Ost und West* gewesen waren, sind dann in das westdeutsche Zentrum eingetreten – das auch den Namen änderte. Es ist ja ganz interessant, daß das ganz emphatisch nur als Zentrum *BR* gegründet wurde, ohne "Deutschland", während man heute das ja gar nicht zitieren darf, ohne "Deutschland" dazu zu sagen. Da hat sich die Perspektive sehr geändert. Auch die Abkürzung BRD, auf die war man früher sehr stolz, und heute gilt sie als ungesetzlich.

Hamburg und die Szene um Jahnn hat eine große Rolle gespielt bei diesen Kontakten, die es in der Zeit der Wende vom Kalten Krieg zur Entspannungspolitik zunehmend gegeben hat. Das erste Miteinander-Reden zwischen den beiden gespaltenen Zentren wurde 1961 von der Redaktion der *Zeit* organisiert. Daran konnte Jahnn natürlich nicht mehr teilnehmen, aber es gab Leute, die für Jahnn in den späten 50er Jahren wichtig waren, z.B. Rühmkorf, aber auch *konkret*, die politische Aufsätze herausgegeben hat. Wobei er oft auf alte Texte zurückgriff, muß man dazusagen – da ist der Text von 1932 *Vergessen und Freuen* auch wieder gedruckt worden unter dem Titel *Angriff von allen Seiten*. Die Position von Jahnn auf der literaturprogrammatischen Ebene enthielt große Kontinuität. Also diese Kontakte zwischen den beiden PEN-Zentren führten dazu, daß im Rahmen der Entspannungspolitik auch die formelle Trennung von DDR und BRD möglich wurde.

* Es scheint ja paradox: die Entspannung führt zur Trennung!

Helmut Peitsch

Man kann schon sagen, der PEN-Klub wäre nicht gegründet worden, wenn nicht Becher dabeigewesen wäre und andere sozialistisch-kommunistische Autoren. Während auf der westdeutschen Ebene mit dieser *Darmstädter Akademie* schon eine dezidiert auf der Linie der Bundesregierung operierende kulturelle Repräsentanz gefunden war, die sich zur Untrennbarkeit von Frieden und Freiheit mit der ersten Resolution bekannte. Die *Mainzer Akademie* hat mit Döblin eben jemand gehabt, der auf alle Gesprächsangebote zumindestens privat positiv geantwortet hat, wenn er auch – es ging ihm ja finanziell noch schlechter als Jahnn – aufgrund seiner Abhängigkeit gezwungen war, als Akademiepräsident vorsichtig zu operieren. Und er hat dann eher gesagt: wir vereinbaren privat einen Bücheraustausch, aber die Akademie halten wir da raus.

* Ich würde ganz gerne noch was zu dem Tagebuch wissen, das veröffentlicht worden ist. Das ist dann auch "drüben" gedruckt worden, also Kritik an der DDR ?

Helmut Peitsch

Ganz grundsätzlich, ja, das ist gedruckt worden. Es unterscheidet auch Jahnn eben von Peter Martin Lampel, auch von dem Text, den Heinrich

Christian Meier geschrieben hat. Ich finde das ganz spannend zu vergleichen, die Reaktion auch von Westdeutschen, die in so ein Gespräch einbezogen wurden.

* Das zweite: Es sei auch so ganz Persönliches, also sogar hin bis zur Sexualität, angesprochen und sogar gedruckt worden? Können Sie da irgendetwas dazu sagen?

Helmut Peitsch

Ja, er schildert z.B. die Krankenpflege für seinen Stiefsohn und wird da auch ganz persönlich. Er sieht keine Schwierigkeit darin, das zu veröffentlichen, auch in der DDR. Ich glaube, er hat das auch schon bewußt gemacht, denn er hat ja in dem Briefwechsel mit Huchel die Schwierigkeiten gemerkt – das wurde ja auch hier von Friedhelm Krey angesprochen – mit dem "Dekadenzbegriff", den er hatte, die *Niederschrift* zu veröffentlichen. Denn er hatte sich natürlich auch von den Kontakten über Huchel zu *Sinn und Form* einerseits versprochen, daß auch die *Niederschrift* vielleicht in der DDR erscheinen würde. Ausgeschlossen war so etwas ja nicht, denn z.B. Döblins *Hamlet oder Die lange Nacht nimmt kein Ende*, wofür Döblin in den Westzonen, also dann in der BRD, keinen Verleger fand, ist ja 1956 in der DDR erschienen. Auch im wesentlichen über solche gesamtdeutschen Kontakte vermittelt. Huchel hatte da die zentrale Rolle gespielt. Döblin hatte sogar einen zweiten, optimistischen Schluß geschrieben für den Roman, damit er in der DDR erscheinen konnte.

* Gibt es da offizielle Stellungnahmen, warum *Fluß ohne Ufer* nicht gedruckt werden kann in der DDR?

Helmut Peitsch

Nein. Er nimmt zu dem Offenen Brief von Brecht Stellung in dem Briefwechsel mit Huchel. Denn er fragt Huchel, weshalb nach den Kriterien, die Brecht definiert hat in dem Offenen Brief, die *Niederschrift* nicht erscheinen könne. Und da hat er natürlich recht, den Brechtschen Kriterien, also Antimilitarismus, genügt die *Niederschrift* auf jeden Fall. Es gibt da andere Einschränkungen, die sich aus den herrschenden literarischen, aber nicht nur literarischen Normen ergeben.

* Gibt es Antworten von Huchel?

Helmut Peitsch

Der Briefwechsel ist nicht vollständig, leider gerade auf diese Ausführungen von Jahnn gibt es keine Antwort von Huchel. In der Ausgabe, die Goldmann gemacht hat – ich weiß nicht, ob es da drin ist.

* Dieser Briefwechsel ist ja sehr spannend, aber es folgen eben oft private Treffen, wo dann Probleme im Brief angesprochen werden. Darüber gibt es natürlich keine Aufzeichnungen. Dadurch gehen viele interessante Sachen verloren, die im Brief angekündigt werden, angerissen werden und überhaupt nicht wieder auftauchen.

Helmut Peitsch

Wahrscheinlich wird über solche Fragen eben Huchel auch eher mit Jahnn geredet haben, denn der Briefverkehr zwischen beiden deutschen Staaten ist nicht ganz unproblematisch bei solchen Fragen.

* Ist die Quelle zu diesen Fragen veröffentlicht?

Helmut Peitsch

Ja, das ist im *Aufbau 7*, 1951. Das ist aber auch in der Werkausgabe drin, bloß fällt es da nicht auf, weil leider kein Hinweis auf diesen Kontext gegeben ist. Das ist schade. Genauso wie der Hinweis fehlt auf *Die Aufgabe der Literatur in unserer Zeit* im Text von 1952, auf den ich hier eingegangen bin, der im Zusammenhang mit den Starnberger Gesprächen steht. Da fehlt der Hinweis, daß Jahnn nicht der einzige ist, der sich da äußert. Aber es ist halt das Problem von Werkausgaben, daß man nicht rauskriegen kann, in welchem Zusammenhang die Texte stehen.

* Jahnn ist doch sehr oft auch in die DDR gefahren. Auch bis 1956 hin. Gab es denn da auch Kontakte? Hans Mayer hat in seinem Vortrag in Hamburg beispielsweise erwähnt, daß er, als er in Ost-Berlin zur Renovierung der Orgel war, Jahnn getroffen hat. Das deutet ja eigentlich auch darauf hin, daß Jahnn weiterhin im gesamtdeutschen PEN vertreten war.

Helmut Peitsch

Genau. Ich kann es auch nicht anders interpretieren, diese Bereitschaft Jahnns in die DDR zu fahren. Er ist ja auch nach Moskau gefahren, was zu dem Skandal führte, zumindest zeitweise die Verleihung des Lessing–Preises problematisch zu machen. Jahnn geht zunächst davon aus, Biermann–Ratjen, der Kultursenator, hat es ihm auch gleich gesagt, daß nach dem skandalösen Auftreten, zusammen mit Ulbricht in Moskau in einer Heine–Ehrung, natürlich der Lessing–Preis für ihn nicht mehr drin sei. Das hat sich dann verändert in den – ich glaube – sieben Monaten Verschiebung der Preisverleihung. Ich habe bei der ersten Bekanntschaft mit diesem Material über die PEN–Spaltung auch an aktuelle Vorgänge gedacht, weil manches sich zu wiederholen scheint, wenn man die Argumentationsstrukturen in der VS–Auseinandersetzung des letzten Jahres beachtet. Die Frage, wer mit wem zusammen in einer Organisation sein kann, was Gesprächsbereitschaft heißt. Der beliebte Unterschied zwischen Funktionären und Menschen: Hanna Schwengel ist z.B. ein Mensch, während Bernt Engelmann ein Funktionär ist. Solche Unterschiede sind auch in den frühen 50er Jahren schon voll ausgebildet gewesen – einfach von den ideologischen Erfordernissen des Kalten Krieges. Aber andererseits gibt es sehr viele Unterschiede, die an die Situation der 50er Jahre gebunden sind, durch die Problematik des Gesamtdeutschen, die damals doch noch anders stand. Der Punkt, der mir bei Jahn eben doch sehr früh in den politischen Äußerungen aufgefallen ist, ist der – ohne daß er den Begriff hat –, von einer langfristigen Zeit der friedlichen Koexistenz der Systeme auszugehen, und aus dieser Situation auch die Notwendigkeit von Verständigung abzuleiten. Während für die Mehrheit der westdeutschen Autoren, die in der PEN–Spaltung auf die andere Seite gegangen sind, der kurzfristige An-schluß der DDR an die BRD die Perspektive war; daß binnen kürzester Zeit ein System der Unfreiheit zusammenbreche – oder wie immer man sich das im Einzelnen gedacht hat –, die DDR eben an die BRD angeschlossen werde. Dieser Ton dominiert eigentlich alle Äußerungen.

* Siehst Du auch Hinweise dafür, daß es in der DDR dann auch eine Ent-wicklung gegeben hat, weg von der Kooperation, weg von der Ge-sprächsbereitschaft hin zum parteilichen Bekenntnis zur DDR und explizit zum sozialistischen Schreiben? Mir scheint die Entwicklung ein bißchen an-

gedeutet dadurch, daß sich zum einen Anna Seghers – wie Meier mir erzählte – auch für Jahnn eingesetzt hat, also explizit auch diesen *Sinn und
Form*-Aufsatz protegiert hat, der sonst keineswegs zustande gekommen wäre.
Denn Meier war eher ein unsicherer Kandidat, aber dadurch, daß die Seghers sich eingesetzt hatte, ging es dann doch, weil sie Jahnn zu Dank verpflichtet gewesen sei aufgrund der Verleihung des Kleist-Preises, was ja
damals eine sehr fortschrittliche Handlung war. Das könnte ich mir z.B.
auch als Hintergrund dessen vorstellen, daß Jahnn bis zum Schluß im Ost-
West-PEN war. Ich könnte mir denken – das muß man natürlich jetzt
belegen –, daß sich die Seghers als damals ja schon wichtige Figur nicht
für Jahnn in der Weise hätte stark machen können, wenn er explizit oder
vielleicht sogar ostentativ ausgetreten wäre. Dann, in diesem DDR-Lexikon
von 1967 heißt der Schlußsatz: "Jahnn fand nicht zu progressiven
gesellschaftlichen Lösungen". Das weist darauf hin, daß auch eine
Verhärtung in dieser Zeit innerhalb der DDR stattfand.

Helmut Peitsch

Wenn man sich etwa die Artikel von Hermlin anguckt, über die Literatur der
westdeutschen Kollegen, dann fällt auf, daß er einerseits immer Jahnn sehr,
sehr positiv heraushebt, daß er Jahnn und andere, die in derselben Weise
politisch aktiv sind, eben wegen ihrer politischen Aktivität positiv heraushebt, daß er aber bei allen anderen Autoren ein Gleichheitszeichen macht
zwischen ihrem – sagen wir literarischen Journalismus, der als dekadent
aufgefaßt wird zwischen ihrer politischen Position und ihrer weltanschali-
chen Position. Da, wo Existenzialismus, Neofaschismus, US-Imperialismus eine
Reihe ist, wo keinerlei Möglichkeiten der Differenzierung mehr geboten werden. Und dieser Wertschätzung Jahnns auf der einen Seite steht eine Verurteilung entgegen, in der politische und ästhetische Kriterien vermengt
werden, indem sie unmittelbar miteinander identifiziert werden, was eine
richtige Einschätzung der literarischen Qualitäten auch verhinderte. Und in
dem Maße, wie der von mir beschriebene Prozeß der politischen Umakzentu-
ierung in der Frage Deutschland und deutsche Staaten einsetzt, also die Fixierung auf DDR als sozialistischer Staat, mit einer langen historischen Perspektive, setzt zugleich eine literarisch-ästhetische Differenzierung ein, die
dann auch das Erscheinen von Büchern in der DDR ermöglicht, die früher

eben diesem Verdikt: Modernismus – Neofaschismus – Existenzialismus – US–
Imperialismus einfach zum Opfer gefallen wäre.

* Es besteht von sozialistischer Seite aus die Differenzierung: es gibt also
Autoren, die sind klar sozialistisch orientiert, was sich dann auch politisch
ausdrückt, indem sie Mitglieder der KP sind, und auf der anderen Seite, wie
man so schön sagt, bürgerliche Demokraten, wo sich ein humanistisches Anliegen in der Literatur auch ausdrückt. Das sind dann oft auch welche, die
politisch zusammenarbeiten können mit Leuten, die explizit Kommunisten
sind. Und so gibt es eigentlich immer abstufende Beurteilungen: wer nicht
sozialistisch ist, kann trotzdem noch ganz gut demokratisch sein, ist aber
schon von Mängeln durchsetzt; wenn man ganz konsequent wäre, dann
müßte man eigentlich Kommunist sein. So ist – glaube ich – das Denkschema.
Also es gibt schon immer in der DDR ganz normale bürgerliche Autoren,
das klassische bürgerliche Erbe ist immer schon gedruckt worden, aber begrenzt eben und mit Kommentaren versehen. Es gibt eben so eine Entwicklung in der DDR-Diskussion, wen man noch akzeptieren kann und wen man
nicht mehr akzeptieren kann. Das ist der jeweiligen aktuellen Politik unterworfen, denke ich.

Helmut Peitsch
Wobei ich eine Tendenz sehen würde, diese Bindung an die aktuelle Politik
etwas zu lockern. Daß sich mit der Anerkennung relativ selbständiger Pro-
duktionen der Moderne eine andere Haltung allmählich ausbildet, die nicht
mehr darauf angewiesen ist, daß jemand, der – abgekürzt – modern erzählt,
zugleich sich für den Frieden engagiert. Unter den Bedingungen, daß Jahnn
sich für den Frieden engagiert, war er in den frühen 50er Jahren im
Widerspruch zum ästhetisch-literarischen Normensystem bedingt
integrierbar, so daß er zumindest in Zeitschriften gedruckt werden konnte.
Aber er konnte eben nicht als Autor mit einem Buch, also der *Niederschrift*
etwa, auf dem Markt vertreten sein, weil generell zwischen Modernismus und
Neofaschismus und US-Imperialismus ein Gleichheitszeichen gesetzt wurde.

* Weißt Du, wann diese Veröffentlichungen in *Sinn und Form* waren von
Jahnn?

Helmut Peitsch

Die ganzen 50er Jahre hindurch, ziemlich regelmäßig. In den 60er Jahren noch der Aufsatz von Meier, auch Kapitel aus der *Niederschrift* – mehrere. Und politische Aufsätze sowieso. Jahnn schließt einen Brief an Huchel damit: "politische Aufsätze gebe ich Ihnen lieber nicht". Die hätte Huchel auch gedruckt. Die veröffentlicht er lieber in der *Neuen Gesellschaft*, weil eine Unterstützung seiner politischen Äußerungen durch die DDR ihm eher schädlich erschien. Auf diese Weise werden literarische Aufsätze in *Sinn und Form* durchaus gedruckt, Ausschnitte aus Werken. Ich habe in Marbach zufällig auch einige Rundschreiben von der Sozialdemokratischen Partei gefunden, in denen Jahnn über die Antiatomkampagne zur Anlaufstelle wird.

* Das war ja auch eine finanzielle Stütze, in *Sinn und Form* zu veröffentlichen. Aus diesem Briefwechsel mit Huchel geht ja ganz klar hervor, daß er einfach auch auf das Geld ganz schön angewiesen ist.

Helmut Peitsch

Ja, genau. Wobei die Bewußtheit Jahnns über diese Abhängigkeiten verhinderte, daß er das idealisierte, wie ich es versucht habe zu zeigen an dem "normalen" Bewußtsein der westdeutschen Schriftsteller, die sich ihrer Unabhängigkeit umso mehr versichern, je abhängiger sie sind.

* Ich kann vielleicht in dem Zusammenhang noch sagen, daß Thomas Böhme aus Leipzig uns auch zu diesem Kolloquium geschrieben hat und da erwähnt hat, daß es im Aufbau-Verlag Bestrebungen – zumindest von einigen Autoren – gibt, Jahnn nun endlich in der DDR zu verlegen. Ich kann allerdings noch nicht abschätzen, inwieweit das privates Wunschdenken ist, oder ob da wirklich konkrete Pläne hinterstecken.

Gerhard Härle

Männerliebe – Männlichkeitshaß
Überlegungen zum Sinn der Homosexualität bei Klaus Mann

(für meinen Freund Willi)

Thema

Der Begriff Homosexualität benennt bei Klaus Mann ein Problem, das über die sexuelle Attraktion zwischen zwei Männern hinausweist. Er beschreibt die in sich problematische Hoffnung auf eine Partnerschaft und Beziehungswirklichkeit, in der die eigene Männlichkeit ebenso wie die des Partners aufgehoben ist – ohne sich selbst dabei als *Männ*lichkeit aufzuheben. Es liegt darin die für Klaus Manns Zeit durchaus charakteristische Frage nach der körperlichen Konstituierung eines Mann–Seins, das darin zu sich selber kommt, daß es jene Potenzen in sich integriert, die herkömmlicherweise als *nicht*-männlich – als "Passivität", Effeminisierung, Objektbewußtsein etc. – verstanden werden. Die Beziehungen homosexueller Männer bei Klaus Mann scheitern an der Unfähigkeit dieser Männer, sich gegenseitig als *Männer* annehmen zu können, obwohl ihre homosexuelle Begegnung geradezu unter dieser Prämisse entstanden ist.

Durchführung

Wenn wir aufbrechen und uns auf die Reise begeben zu den Kultstätten der Vermischung unserer Körpersäfte, dann spielt es eine untergeordnete Rolle, ob wir uns auf den Weg machen ins paradiesische, gleichwohl gefährliche New York oder bloß in den öd–heimeligen Park schräg gegenüber. Wichtiger ist: daß wir auf–brechen, um zu reisen und – um aufzureißen. Oder, je nach Temperament, um aufgerissen zu werden. Ein Aufbruch unserer Körper an den Ort des je neuen coming out. Je neu, weil es mit dem *einen* Mal sich nicht erfüllt. Weil es immer wieder die Einladung zu sprechen gilt: come in.

Wer nicht nur seine Augen auf Reisen schickt, sondern seinen ganzen Körper, der läuft Gefahr. Oder er läuft Amok. Es teilt sich die Welt, die kleine

Welt der Schwulen, in Aufreißer und Aufgerissene. (Nicht zu vergessen die gewiß große Gruppe derer, die aus ihrem Loch gar niemals herauskommen.) Was die Natur uns Männern vorenthalten zu haben scheint, macht unsere Un-Natur uns doch möglich: daß der Unterleib des Mannes empfänglich wird. Empfänglich für Angriffe auf seine Herrlichkeit und seine Einfalt. Im Empfangen wird *zwiefältig* die Potenz, und so entsteht der Zwang zur Entscheidung. Oder die Not des unüberbrückbaren Zwiespalts. Wir empfangen eine Utopie ein Danaergeschenk.

So beschränkt der Jargon der Aufreißer auch sein mag, so ist er doch beileibe nicht beschränkt auf den homosexuellen Verkehr. Beschränkt ist er in seiner Beschränkung auf die herrschaftliche Sicht der Dinge. Er bildet Gesellschaftliches ab, aber er entwirft kein Gegenmodell. Keine Phantasie, wie es aussprechbar *wäre*. Er zieht sich als Riß nicht nur durch die kleine schwule Welt; er zieht sich als Riß, und schmerzhaft dort spürbar, auch durchs individuelle Bewußtsein. Er stellt die Frage nach Identität. Aber er stellt sie nicht freundlich, als wäre die Frage tatsächlich noch offen, als stünden Antwortmöglichkeiten, die es zu entwerfen gilt, aus. Im Riß des Jargons entwirft sich das Urteil des richtigen und falschen Lebens.

Daß man ihm mehrmals den Bauch aufgeschlitzt hat, ist eines der stärksten Erlebnisse des jungen Klaus Mann gewesen: "Es gab einen 'Durchbruch' in meinem Inneren, irgendeine furchtbare interne Explosion, an der man eigentlich stirbt. (...) Mein Eingeweide brannte, tobte, revoltierte, schien im Begriff zu bersten. (...) wie ich geschrien habe in meinem Schmerz (...) Mein Bauch mußte der Länge nach geöffnet werden, damit Hofrat Krecke Gelegenheit hatte, das völlig in Unordnung geratene Gekröse auf einem kleinen Rost zu entwirren und neu zu sortieren." (1) Haut platzt, Körpergrenzen brechen auf, im Unterleib explodiert, brennt, tobt, revoltiert, birst ein nicht näher zu beschreibendes "Etwas" – und eigentlich stirbt man daran. Ja: MAN stirbt daran. Oder stirbt vielleicht der eine Mann daran, während ein anderer dadurch zum Leben kommt? Sich selbst noch einmal, unter den ordnenden Händen des Arztes, neu gebiert?

1 Klaus Mann: *Der Wendepunkt.* Ein Lebensbericht (1952). München 1981. S. 63 (zit. als *WP*)

Ein Sinnbild des coming out: Klaus Manns Bericht von den fünf Eingriffen wegen seiner Blinddarmentzündung schließt sich in der Autobiographie *Der Wendepunkt* unmittelbar an die "süßen und schmerzhaften" Gedanken an die den Zehnjährigen vor dem Einschlafen bewegt haben wollen. Genauer: die vehemente Explosion des "aufgerissenen" (2) und todbedrohten Knabenleibes erscheint geradezu als Konsequenz der kindlichen Einschlafphantasien, in denen Schläge eine Rolle spielen, Prügel, die Klassenkameraden des kleinen Klaus – nie er selbst – auf den Hintern verabreicht bekommen, Schläge, deren erotische Dimension sich eröffnet, wenn der Delinquent "sich krümmt und stöhnt", während "der Herr Lehrer sein Folterinstrument noch durch die Luft schnellen ließ, als wolle er die Geschmeidigkeit des schlanken Rohres prüfen" (*WP*,60). "Wie gerne", betont der Autor im Rückblick, "wie gerne" hätte er die Strafe auf den eigenen Hintern, den eigenen Leib gelenkt, statt ihrer nur als Voyeur ansichtig zu werden.

Eine andere Chance, sich in der Versehrung ganz als Körper erfahren zu können, erblickt der einschlafende Junge, als ihn seine Phantasien aus dem warmen Bett an die kalte deutsche Front im Ersten Weltkrieg tragen. Sein "Eifer, an den blutigen Ereignissen teilzunehmen", erfüllt ihn mit "bittersüße(r) Wonne". Koste es, was es wolle: er wird dabei sein! Ja, es *soll* etwas kosten, schlanke Rohre – Lehrerprügel oder Franzosengewehre – *sollen* verletzen, denn Gemeinschaft muß spürbar sein, damit sie hält. Und er braucht Gemeinschaft, er kennt "keine demütigende, keine traurigere Rolle als die des Außenseiters" (*WP*,62).

I`m coming out – come in ...

Kinderphantasien. Aber wir müssen uns klarmachen, daß diese Sätze nicht die tatsächlichen Phantasien des zehnjährigen Schuljungen darstellen, sondern die Reflexe des vierzigjährigen Autobiographen abbilden, der den Zusammenhang zwischen Einsamkeit und Körperlichkeit auf seine Kindheit projiziert. (Die frühere Lebenserzählung, *Kind dieser Zeit*, kennt diesen Zusammenhang noch nicht; in ihr wird vielmehr die pazifistische Absicht des Kindes unterstrichen, "niemals an die Front (zu) gehen", egal wie lange der Krieg noch dauere: *KdZ*,67). Die Optik des Erwachsenen hat sich verändert, der Blick aus dem größeren Abstand ist angereichert mit Sedimenten eines

2 Klaus Mann: *Kind dieser Zeit* (1932), München 1965, S. 53 (= *KdZ*)

trostarmen Lebens, mit Elementen also, die mehr sich selber als das kindliche Erleben zu Wort bringen wollen. Der aufgerissene Knabenleib, die schwingende Rute des Lehrers und die bittersüße Blutkameradschaft der Männer: die Bruchstücke lassen sich zum Mosaik einer sexuellen Hoffnung zusammensetzen, durch die sich der Riß des "Aufreißens" zieht, die zerissen ist, ohne ihres Zerissenseins innezuwerden.

Klaus Manns homosexuelles Begehren ist geprägt von diesem Zwiespalt: vom Abscheu gegen die Gewalt und von der Hoffnung auf sie. Von der Hoffnung auf den Mann, der ihn "nimmt" (und nicht nur gebraucht), und von dem Entsetzen über die Gewalt, die nötig ist, ihm selbst den Leib zu öffnen. In einer Notiz zum Tschaikowsky-Roman *Symphonie Pathetique* klingt es an: "Was ist jemals ganz geöffnet, völlig hingegeben?" fragen da Tschaikowsky und Klaus Mann. "Es stand immer etwas zwischen mir und dem Anderen – der Liebe oder der Musik – : immer etwas zwischen mir und Gott." Und dann ist wie ein Aufschrei hinzugefügt: "Ich habe immer versagt". (3)

Im Hintergrund, wenn wir ihn kurz ausleuchten, zeigt sich der Schemen des Vaters. In dessen Augen schimmert die Begehrlichkeit nach dem SohnesKörper, die Lust am Knaben, doch nicht die Freude *über* ihn. Es ist ein Vater-Blick, der sich an der "vormännlichen" Gestalt seines Sohnes entzündet, ohne zu wärmen. (4) Von diesem Blick umfangen, aber nicht geborgen, lernt das Kind sich selber als Objekt kennen statt als Gegenüber. Und es lernt, Objekt-Sein mit Geliebtwerden zu verwechseln. *Ich habe immer versagt*: das heißt, ich habe mich *dir* versagt – und ich bin deshalb selber schuld an meiner Einsamkeit.

I`m coming out – Ich reiße mich auf. Um nicht zu versagen, reiße ich mich auf bis zum Geht-nicht-mehr. Oder, wie Klaus Mann es den schwulen Richard Darmstädter im Roman *Treffpunkt im Unendlichen* sagen läßt, im Augenblick, da er sich das Leben nimmt: "*Die Liebe* der einzig wesentliche Versuch, das tragische Phänomen der Isolierung zu überwinden. Wie jeder andere Versuch zum Scheitern verurteilt (Einsamkeit unser Teil); aber das einzige Surrogat, das wenigstens auf Minuten über die sonst unerträgliche

3 Klaus Mann: *Von der Unzulänglichkeit des Gefühls* (Notizblatt), Klaus-Mann-Archiv, München
4 Thomas Mann: *Tagebücher 1918 – 1921*, Frankfurt/M. 1979, Eintragung vom 17.10.1920 u.a.

Wahrheit hinwegtäuscht. Und Tom will nicht einmal mit mir schlafen – – –"
Und dann, ein wenig später: "Ich schenke ihm (Tom) meinen Tod". (5)

So wendet sich der aggressive Impuls des Aufreißens vom Spiel- und Expe-
rimentierfeld der sexuellen Begegnung ab und kehrt sich als Destruktion
gegen das eigene körperliche Ich.

Nur ein Gott scheint diesem Teufelskreis gebieten zu können, ein Gott, der
auf die Bereitschaft zur Hingabe nicht mit Ver-Gewaltigung antworten
würde, sondern mit Kraft. Der in seiner Kraft die Hingabe annimmt und
birgt. Einem solchen "Gott" glaubt Klaus Mann zu begegnen, als er Hans
Henny Jahnns Roman *Perrudja* liest und mit wacher Begeisterung als sein
"stärkstes Erlebnis, das (ihm) aus der deutschen Literatur in letzter Zeit
gekommen ist" rezensiert (6). Einen "Helden des Hinnehmens" (7) sieht Mann
in Perrudja, dem aus seiner Fähigkeit zum Hinnehmen die Kraft zur Utopie
erwächst. Und in dieser Utopie wird Gott Mensch. Nein, nicht einfach
Mensch: er wird Fleisch. Er wird die Inkarnation dessen, was Klaus Mann
als das "einzige Erlebnis" versteht, das seine Generation als Gemeinschaft
verbindet, das ihn selber einbindet in die Generation, die den Faschismus
wesentlich getragen hat, und das diese Generation "*als* Generation charakterisiert": Gott wird zum erotischen und religiösen "Geheimnis" des Körpers.
(8)

Indem so Klaus Mann den Christus-Mythos vom fleischgewordenen Gottes-
sohn mit neuen Valenzen neu mythologisiert, unterlegt er seiner Lektüre-
Begegnung mit Hans Henny Jahnn die Erlebnisqualität seines eigenen Bewußtseins. Er stellt dem fernen hierarchischen, befehlenden und gewalttätigen "Gott" einen fleischlichen und leidensfähigen, aber in seiner Leidensfä-
higkeit zutiefst integren, "kraftvollen" Gott gegenüber, dem es nun zu
"gehorchen" gilt. Die Moral des "Sohnes", eine Moral der Hingabe, wird auf-
gerichtet gegen die Macht des Vaters. Nicht mehr Mittler *zwischen* zwei po-
laren Gegensätzen ist hier der leibgewordene Gott, sondern Garant der Ab-

5 Klaus Mann: *Treffpunkt im Unendlichen*. Roman (1932), Reinbek 1981, S.
172 u. 178
6 Klaus Mann: *"Perrudja"* (Rezension, 1930), in: ders., · *Prüfungen, Schriften
zur Literatur*, München 1968, S. 162 – 167
7 a.a.O., S. 163
8 Klaus Mann: *Heute und morgen. Zur Situation des jungen geistigen Euro-
pas* (Essay), Hamburg 1927, S. 16. – Nicht enthalten in der Aufsatzsammlung
gleichen Titels von 1969

lösung. Abgelöst werden soll das väterliche Prinzip aus seiner determinie-
renden Herrschaft. Ab-gelöst werden sollen mit ihm die Männerkörper von
den gesellschaftlichen Stativen, die ihnen Halt geben, ihnen zu ihrer
"Erektion", ihrer gewalttätigen Einfalt verhelfen. Im Sohnesgott findet die
Hoffnung ihren gestalthaften Ausdruck, es könne der zwiefältige, der aufgerissene, der zerstochene Leib sich tatsächlich als der integre, der lebendige, der triumphierende Leib erweisen.

In diesem "Gott, der da lebt, sich offenbart in den Körpern und jeglicher
Kreatur" (9) wird die Potenz des Aufgerissen-Werdens als *in sich heile* Möglichkeit entworfen. Der Triumph der Wunde verleiht ihr einen Sinn, der hö-
her ist denn alle Vernunft: daß es nämlich ein Mann-Sein geben könnte
auch in der Versehrtheit des Leibes; nicht nur *trotzdem*, sondern *gerade* im
Aufgerissen-Sein.

So etwa hat Klaus Mann *Perrudja* gelesen. Pathetisch, schwerblütig und
projizierend. Als Spiegel der eigenen Zerissenheit, aus der ein Aufschrei zu
Gott hin gellt. Seine eigene Pose, das bisweilen unfreiwillig komische Spiel
ist ihm dabei nicht bewußt geworden. Ein anderer hat, mit der kichernden
Bosheit des heimlichen Insiders, den Spiegel zum Zerrspiegel gemacht, in
dem die schwere Frage nach der schwulen Identität zur transvestitischen
Posse – "Männlein oder Weiblein"? – zusammenschnurrt. Jahnns Freund Werner Helwig merkt anläßlich der Ehe von Klaus Manns Schwester Erika mit
dem schwulen "Mephisto" Gustaf Gründgens 1965 im Rückblick an: diese Ehe
habe ja mißglücken *müssen*, schon allein aus dem Grund, daß eigentlich
ihre, Erika Manns, "wahre Frau eben doch Klaus war ..." (10).

Ich denke, daß Klaus Manns eigene Identifikation mit Jahnn nur an der
Oberfläche funktioniert. Blickt man genauer auf dieses Verhältnis, so erscheint es eher als komplementär, nicht als identisch. Ihre Entwürfe von
Männerbeziehungen verhalten sich zueinander wie Subjekt und Objekt. Während Jahnn – wie es die Studie von Dietrich Molitor und Wolfgang Popp an-

9 Klaus Mann: *"Perrudja"*, a.a.O., S. 167
10 Werner Helwig: *Das Martyrium des Mephisto*, in: *Kölnische Rundschau*,
22.11.1965

hand der "Regel vom Loch" eindringlich aufzeigt (11) – während Jahnn also
die Obsession des Eindringens, des Aufreißens mit brüsker Vehemenz gestaltet, lamentiert Klaus Mann über die "Unzulänglichkeit des (eigenen) Gefühls", über die Begrenzung der Hingabe, die ihren Ausdruck findet in der
nur gewaltsam überschreitbaren Körpergrenze.

Für Mann stellen sich die Grenzen des Körpers – und mit ihnen die Grenzen
jedes Sich-Öffnens, jedes coming out – nicht dar als mögliche Bedeckungen
offener Flanken. Nicht Schutz bietet ihm die Haut, keine Hülle, unter der
wachsen und reifen könnte, was im gar nicht so warmen Wind der kleinen
schwulen Welt von Vernichtung bedroht ist. Der nicht hergebbare Rest, den
der eigene Körper nicht freigibt zur restlosen Hingabe, wird verantwortlich
gemacht für die Schalheit des sexuellen Augenblicks, für die Vergeblichkeit
der je neuen Einladung zum come in. Diese innerste Zurückhaltung, die den
Menschen sogar im Moment äußerster körperlicher Hingabe bei sich selbst
noch bleiben läßt, gilt Klaus Mann nicht als Garant der unverzichtbaren
Autonomie in der Partnerschaft, sondern nur als das schmachvolle Versagen
des mißtrauischen Vorbehalts.

Identität wird ersehnt und verworfen. Sie wird nicht darin erlebt, *daß* sie
ersehnt und verworfen wird. Nicht die Kontinuität des Zwiespalts gibt sich
als identitätsspendende Kontinuität zu erkennen, zu erfühlen. Und die Utopie von der sich *restlos* offenbarenden, sich ohne jeden Rest hingebenden
Gottheit taucht da nicht auf als Trost, mit dem im Herzen der unheilbare
Zwiespalt erträglich oder gar sinnvoll wird, sondern sie dräut am Horizont
als die unfreundlich gestellte und letztlich längst beantwortete Frage nach
der in sich geschlossenen Identität, als das transzendente Urteil über das
richtige und falsche Leben. Ein Urteil, vor dem das Vorläufige und im Prozeß Befindliche sich selbst als *Versagen* verurteilen muß.

Kein Ort für Männerfreundschaft ist da eingerichtet. Wo die Individuen am
eigenen Riß zu zerreißen drohen, müssen auch die Beziehungen untereinan-
der zerbrechen. Viele literarische Figuren Klaus Manns sind homosexuelle
Männer. Aber befreundet sind sie miteinander nicht. Sehnsüchtig tasten ihre

---

11 Dietrich Molitor und Wolfgang Popp: *Vom Freundschaftsmythos zum
Sexualtabu*, in: Wolfgang Popp (Hrsg.), *Die Suche nach dem rechten Mann.
Männerfreundschaft im literarischen Werk Hans Henny Jahnns*, Berlin 1984,
S. 18 – 44

Hände nach dem eigenen Leib und nach dem des andern, sehnsüchtig danach, hingerissen zu werden zum großen, alles tröstenden Augenblick. Doch hinter ihrer Sehnsucht lauert ein Haß, der sich als umso stärker erweist, je undurchdringlicher er sich mit der Maske des Selbsthasses bedeckt hält. Dieser Haß läßt sich verstehen als Haß gegen die Notwendigkeit, sich gemein machen zu müssen mit den Gemeinen; ja, tatsächlich etwas gemein zu haben sogar mit den Gemeinsten der Gemeinen, den Faschisten. Denn "das Homosexuelle", so erkennt Klaus Mann 1933 in dem unveröffentlichten Roman-Essay *Horst Wessel*, "das Homosexuelle gehört zu den Grundlagen ihrer Bewegung – so kompromittierend für die Homosexualität das klingen mag". Das ist nicht akademisch gemeint, sondern körperlich. Gemein hat der Homosexuelle mit den Nazis jene Strichjungen, von denen er, ihrer schmucken SA-Uniform zum Trotz, noch immer weiß, daß ihr Preis einst "auf der Tauenzienstraße fünf Mark war, und wenn es köstlich gewesen ist, bekam er zehn" (12).

Der atavistische Impuls des Hassens bringt unausweichlich zu Bewußtsein, daß die sich aus purer Gegnerschaft zu gewalttätiger ("barbarischer") Männlichkeit herleitende Identität in sich brüchig ist; daß die vereinfachende Gleichung "Moral contra Macht" nicht aufgeht, jedenfalls nicht für den Mann. In der gemeinsamen Lust wird offenbar, daß Aggressivität und Gewalt, ohne die eine Ich-starke Männlichkeit nicht denkbar zu sein scheint, sich ihren Raum schaffen, sich nicht austilgen lassen. Im Knabenkörper, der erst dem humanen, dann dem barbarischen Mann "gehört", treffen sich die Konsumenten. Die edle Lust begegnet ihrer gemeinen Fratze. Das führt zu einer schockartigen Demaskierung. Die vereinigende Gemeinsamkeit zeigt sich als vereinnahmende Gemeinheit. Die Maske des Selbsthasses, mit der die edle Lust sich keusch bedeckt, läßt den Haß hindurchschimmern, der auf den Schock reagiert: auf das Erschrecken, womöglich verschlungen zu werden von der Determination des Mannseins als einer einfältigen und gewalttätigen, einer letztlich faschistischen Potenz; eingesperrt zu sein in das Schicksal der Festlegung eines Geschlechts, daß, da es nicht zerrissen ist, sondern zerreißt, immer schon schuldig ist – und sich schuldig bleibt. In der Angst vor dem Aufplatzen dieses Hasses, in der Angst vor der notwendigen Ge-

12 Klaus Mann: *Horst Wessel*. Roman-Essay (1933, unveröffentlicht), Klaus-Mann-Archiv, München. Zitiert aus dem Manuskript

walttat bleiben die schwulen Männer in den Büchern Klaus Manns – und vielleicht nicht nur dort – gefangen. Wo tatsächlich einmal *Freundschaft* zaghaft keimt, da kleidet sich der eine männliche Part, den stets der Autor mit einigen seiner biographischen Erlebnisse selber spielt, in die weibliche Rolle (wie z.b. im Verhältnis Johanna/Ragnar (13) oder Tilly/Ernst (14)), um aus dieser entlasteten Perspektive einen freundlicheren Blick auf die Männlichkeit des Partner werfen zu können.

Coda

Ich kann kein Fazit ziehen, nicht abrechnen mit einem Mann, der auf der Strecke geblieben ist, die wir alle individuell neu abzuschreiten haben. Als Bruchstücke will ich noch einmal ins Licht halten, was als geschlossenes Bild auszugeben dem zersplitterten "Objekt" unangemessen wäre.

Die Homosexualität hat bei Klaus Mann, soweit wir sie aus seinen Texten und seinem Leben erkennen können, eine Aufgabe zu erfüllen. Als schwules Begehren wendet sie sich vom Mann an den Mann. Nur im Männerkörper scheint die Potenz zu liegen, eindringen zu können in den sich hingebenden Leib. Dieses schwule Begehren entwirft ein Bild von vollkommener, restloser Ergänzung, die sich sowohl *zwischen* den Partnern als auch jeweils *in* ihnen herstellen soll. Doch unvollkommen bleiben Hingabe wie Annahme. Die Männlichkeit, die sich gesellschaftlich stets als einfältig determiniert erweist, versagt an der ihr gestellten Aufgabe. Mit ihr versagt der Mann, sofern er als Mann sich noch verstehen will. Er versagt, indem er sich versagt. Selbstdestruktives Pathos und Anklage gegen ein Mannsein, das nur als Männlichkeit funktioniert, sind Kehrseiten *einer* Medaille. Es gilt, dem Imperativ zu gehorchen: Schluß mit einem Mannsein, das sich versagt, indem es nie "versagt"; das männlich und potent sich nur erlebt, wenn es einfältig verharrt in der Rolle des Aufreißers; und das bloß aufreißt, um des Risses im eigenen Bewußtsein nicht innewerden zu müssen. Schluß sei mit der Einfalt eines Geschlechts, das mit seiner Einfalt Opfer schafft.

13 Klaus Mann: *Flucht in den Norden.* Roman (1934), Reinbek 1981, bes. S. 106 – 109
14 Klaus Mann: *Der Vulkan.* Roman (1939), Reinbek 1981, bes. S. 206 – 218

Komplementäre Beziehungen, in denen eine *gegenseitige* Ergänzung der Partner nach dem Muster "aktiv – passiv" denkbar wäre, zerbrechen am Riß, der die Individuen innerlich spaltet. Diesen Spalt nicht verklammern zu können, ist das "Versagen" des Mannes. Ihn verklammern zu müssen, ihn als Zwiefalt, als Begegnung, als Prozeß nicht ertragen zu können, ist der tragische Ballast, unter dem das homosexuelle Begehren zusammenbricht. Übrig bleibt der Wunsch nach Ruhe. Er führt einige homosexuelle Männer im Werk Klaus Manns – und schließlich ihn selber – in den Selbstmord.

Noch eines: Die Homosexualität, jenes "menschliche Fühlen", das Klaus Mann sogar der "Bestie" Ernst Röhm zugute rechnet (15) und durch das nach dem Krieg Hans Henny Jahnn einen während der nationalsozialistischen Herrschaft recht aktiven "Mitläufer" für ausreichend entschuldigt hält (16), diese Homosexualität hat einen Sinn: den Riß zu kitten zwischen den Aufrei-ßern und den Aufgerissenen, zwischen der Lust am Aufreißen und der Sehnsucht nach dem Aufgerissenwerden – und sie soll ihn *mit Liebe* kitten. Unerträglich ist dem Autor Klaus Mann nicht, daß Beziehungen, schwule Be-ziehungen, seine schwulen Beziehungen enden. Unerträglich ist ihm, daß sie scheitern.

DISKUSSION

* Ich weiß nicht, ob ich Sie. richtig verstanden habe. Sehen Sie zwischen dem durch Tagebücher hier enthüllten Verhältnis von Thomas Mann zu Klaus Mann, diese wenigen Seiten dazu, – also ich drücke es jetzt mal in der Sprache der Psychopathologie aus – masochistische Tendenzen, Beziehungen? Könnten Sie das noch deutlicher machen?

Gerhard Härle

Die Festlegung auf masochistische oder auf den psychopathologischen Term des Masochismus finde ich schwierig für Klaus Mann. Was mir im Laufe mei-

15 Klaus Mann: *Homosexualität und Fascismus* (1934), in: ders., Heute und morgen. Schriften zur Zeit, München 1969, S. 133
16 Hans Henny Jahnn: *Brief an Erika Mann* vom 19.6.1958 (unveröffentlicht), Klaus-Mann-Archiv, München

ner Arbeit zu diesem Verhältnis bewußt oder klar geworden ist, ist, daß
diese Mischung aus Hingezogensein und Abwehr, mit der Klaus Mann durch
seinen Vater konfrontiert ist, sicher als prägender Ballast für ihn immer
bestanden hat. Also nicht nur, daß der Vater der bedeutendere Autor war,
sondern wirklich diese Mischung aus sexuellem Hingezogensein zum Kind,
das wir ja vom Vater dokumentiert wissen, und gleichzeitig diese absolut
kühle Atmosphäre, in der ja nun keine wirkliche Freundlichkeit oder Herz-
lichkeit Platz hatte. Und was ich ausdrücken wollte, war meine Phantasie
oder mein Verständnis dieses Verhältnisses als ein Verhältnis, in dem sich
der Sohn nicht als Gegenüber, als Person spiegeln kann, sondern als Objekt
seines Vaters, als das er in eine Rolle kommt, die ich kenne aus Thematisie-
rungen von Frauenpositionen: die Frau als Objekt, auch in dem Bewußtsein
erzogen, Objekt zu sein von Phantasien anderer, aber nicht eigentlich als
Gegenüber. Dafür spricht auch, daß Klaus Mann seine schwulen Beziehungen
häufig nach diesem Muster gestaltet hat. Es gibt diese Klatschtante Curt
Riess, auf die ist natürlich wenig Verlaß, aber Riess berichtet von Verhältnissen, in denen Klaus Mann geprügelt wurde und blauäugig morgens aus
dem Schlafzimmer kam. Wie weit das stimmt, weiß ich nicht, aber aus seinen
eigenen Aufzeichnungen weiß ich, daß er ein großes Talent darin hatte, sich
Beziehungen zu suchen, in denen er eigentlich unterging oder unterzugehen
drohte. Und dann seine ganz vehement geäußerte Sehnsucht danach, sich
endlich einmal so öffnen zu können, daß der andere ganz in ihn hinein
kann. Sie nennen es masochistisch – ich nenne das Objektbewußtsein. Also
sich selbst als Objekt zu konstituieren, nicht als handelndes Subjekt. Ob es
alleine darauf ruht, weiß ich nicht, ich wollte das nur andeuten.

* Kannst Du den Unterschied zwischen Klaus Mann und Hans Henny Jahnn
vielleicht nochmal kurz fassen? Gerade der Schlußsatz, daß Klaus Mann das
Scheitern der Beziehung nicht ertragen konnte – würdest Du da einen Gegensatz sehen zu Jahnn oder ist da nicht eher auch eine Entsprechung?

Gerhard Härle
Ich habe eigentlich keine Unterschiede aufgezeigt. Was mir, gerade anhand
Eures Buches sehr bewußt geworden ist, ist, daß die Rezension, die Klaus
Mann geschrieben hat zu *Perrudja*, viel mehr von ihm selbst handelt als
von Jahnn, und daß diese Tendenz, die Klaus Mann hat, zur Selbsthingabe,

und die Identifikation dieser Tendenz mit Gott, eigentlich im Kontrast zu dem steht, wie aggressiv und vehement Hans Henny Jahnn mit diesen Phantasien umgeht: der Vermischung von Körpern und der Öffnung von Leibern. Daß ich da den Eindruck hatte, es ist ein komplementäres Verhältnis, was man eben so schlagwortartig die Komplementarität zwischen Subjekt und Objekt nennen könnte. Also daß Hans Henny Jahnn sich als Autor präsentiert, der das Eindringen, den Akt des Eindringens, die Handlung literarisch ausgestaltet, obsessiv besetzt, während Klaus Mann auf der anderen Seite steht und so das Gegenüber dazu abbildet und darauf hofft: nun soll doch mal einer so in mich eindringen. Und darüber klagt, daß ihm dieses Verhältnis nicht gelingt. Also, daß er sich selbst den Mann wünscht, der ihn so aufbricht wie Hans Henny Jahnn sich von seiner Perspektive aus selbst oder seine Figuren zeichnet. Ist das eine Antwort auf das, was Du meinst?

* Ja, ich sehe eigentlich die Entsprechung auch da. Wenn ich an *Die Nacht aus Blei* denke, da ist ja auch dieses Begehren des Anders genau das, was Du von Klaus Mann beschrieben hast. Der hat eben die offene Wunde, und er wünscht sich, daß Matthieu in ihn eindringt. Nicht direkt in Form von Sexualität, sondern in dieser metaphorischen Weise, in der das spielt. Aber ich denke doch, auch als eine ziemlich durchsichtige Metapher für die Möglichkeit oder das Begehren von Sexualität. Und wenn man dann weitergeht und sich die Geschichte von Jahnn ansieht, daß er selber – wie wir ja auch gestern häufig genug gehört haben – in der Pubertät die Krönung des Menschseins erblickt, auch gerade seines eigenen. Ist also dieser Anders auch eine Wunschfigur von ihm, so, wie er selbst nicht gewesen ist als junger Mensch, aber vielleicht gerne gewesen wäre? Sodaß jetzt das, was Du über Klaus Mann gesagt hast, also der Wunsch, daß jemand in ihn eindringt, und zwar ein männliches Wesen, damit die "Wunde Homosexualität" – setze ich jetzt mal in Klammern dazu – durch diesen Akt schließt. Das kommt mir erstaunlich entsprechend vor. Ganz frappierend ist auch das, was Du am Anfang über die Blinddarmoperation beschrieben hast – ich dachte erst, das ist ein Text von Jahnn. Insofern habe ich da die Ähnlichkeit gesehen.

* Was für eine Verbindung siehst Du zwischen der Gesellschaft, in der Klaus Mann lebte und diesen Wünschen, diesem Begehren, das Du eben geschildert hast? Ich meine, sind das alles nur ganz persönliche Sachen, oder kann man schon irgendeine Verbindung sehen zwischen dieser Liebe und seiner Zeit?

Gerhard Härle
Wir sind ja gestern auf den Begriff "erotische Opposition" gestoßen. Und in diesem Kontext sehe ich auch Klaus Manns Versuch. Erst einmal ist klar: von seiner Lebensgeschichte her ist er auch sehr stark von der Jugendbewegung beeinflußt, er hat sich ganz stark dieser großen Auseinandersetzung mit der Körperlichkeit, die er als Zeitgeist erlebt hat, gestellt. Klaus Mann hat sich selber so verstanden, sich damit immer wieder auseinandergesetzt und darüber auch Essays geschrieben und Rezensionen, er war immer ganz glücklich, wenn er auf eine verwandte Seele gestoßen ist, wie eben bei Jahnn, wo er den Gott und die Verleibung Gottes, die Vergottung des Leibes zitiert. Also diese Elemente aus dem intellektuellen Umfeld seiner Zeit scheint er natürlich auch aufgenommen und zu bearbeiten versucht haben – auf seine Weise. Was ihn besonders beschäftigt und geprägt hat, vielleicht mehr als manch andere. Also Klaus Mann ist angetreten unter dem inneren Gesetz – in seiner Sprache gesagt – : Ich will *das* Lied meiner Generation singen, *den* Ton treffen, *die* große Aussage machen können. Das ist ihm natürlich nicht gelungen, ist ja klar. Aber er hat sich selber nicht als Einzelgänger verstanden, sondern im Gegenteil immer als jemand, der Sprachrohr ist für viel mehr als er tatsächlich war. Er glaubte immer, ein großer Repräsentant seiner Generation zu sein. Und ich denke, daß wir auch in diesem Zusammenhang wieder an den Punkt stoßen: was ist in dieser Zeit mit der großen Auseinandersetzung mit der männlichen Identität? Also mit der Frage, wie kann der Mann sich in dieser Gesellschaft als Mann konstituieren, ohne sich ständig selbst – um seine eigene Fähigkeit, auch anders zu sein als ein wilhelminischer Mann – zu betrügen, und wo bleibt er dann? Wird er dann zur Frau oder muß er androgyner Knabe werden? Wie macht man das, das ist seine Frage. Und die erotische Opposition wäre eben eine Möglichkeit – die androgyne Opposition – des androgynen Knaben. Bei Klaus Mann ist es die Opposition des sich

hingebenden Gottes, also auch in dieser Mythisierung, die sich dann der gesellschaftlichen Realität entzieht.

* Hatte er Kontakte zu anderen homosexuellen Figuren seiner Zeit? Zu homosexuellen Organisationen?

Gerhard Härle

Er hatte zwar Bekannte, z.B. Kurt Hiller, der zum Umkreis von Hirschfeld gehörte; er hat sich mit Hirschfeld ein bißchen beschäftigt, aber nicht sehr, hatte eine Veröffentlichung im *Eigenen*, der Zeitung, die Adolf Brand herausgegeben hat. Ansonsten hat er sich eigentlich sehr bürgerlich individualistisch verhalten und gefühlt und sich nicht verstanden in der Auseinandersetzung mit der Schwulenbewegung seiner Zeit. Da war er schon Einzelgänger.

* Ich frage mich, warum er das macht. Denn Du hast eben gesagt – das meine ich auch –, daß er sich gerade *nicht* als Einzelgänger verstanden hat, aber in diesem einen Punkt war er es doch: in seinem Schwulsein. Dort ist er immer noch Einzelgänger geblieben. Ich meine, daran ist er gescheitert.

* Ja, wenn ich das richtig erinnere, dann hat Gert Mattenklott ja in dem Aufsatz über Klaus Mann – Du mußt mich korrigieren – das Scheitern, wenn man das überhaupt so nennen kann, oder die Problematik von Klaus Mann so gesehen, daß er sich seine aggressiven, gewalttätigen Wünsche nicht gestattet hat. Die hat er eben einseitig bei den Faschisten gesehen, und weil er die aus politischen Gründen abgelehnt hat, hat er sie bei sich selber nicht zugelassen. Daraus wurde dann vielleicht diese Einseitigkeit des Hingebens, die Du auch beschrieben hast, und nicht die des auch Aggressivsein-Müssens als Mann, der in dieser Gesellschaft lebt und geprägt ist, auch als männliches Individuum. Also diese Ausklammerung der Gewalt, die Jahnn – da wären wir vielleicht bei einem Unterschied – ganz explizit und ganz exzessiv gestattet hat, in seiner Literatur zumindest.

* Wenn Klaus Mann von seinem Vater in seiner Biographie spricht, dann spricht er von dem Zauberer. Mich würde interessieren, inwieweit er auch erotisch von seinem Vater fasziniert war. Das habe ich nie richtig begriffen. Ich bin da nicht drauf gestoßen in seiner Autobiographie *Der Wendepunkt*.

Gerhard Härle

Ja, erotisch fasziniert. Wie weit kann man als Kind von seinem Vater ero-
tisch fasziniert sein? Eine Frage, die sich auch jeder selbst stellen kann.
Es gibt einen Aufsatz, der heißt *Bildnis des Vaters* von Klaus Mann über
seinen Vater. Und da ist so eine Stelle drin, in der es heißt, sinngemäß:
Vater, das ist die kitzelnde Berührung eines Schnurrbartes, der Duft nach
Zigarren und Eau des Cologne. Also eine sehr sinnliche Wahrnehmung von
Vater. Es liegt an der Deutung, ob Du nun sagen willst: da drückt sich eine
erotische Neigung aus. Wenn man so will, also diese körperliche und
sinnenhafte Nähe ist natürlich auch erotisch. Ansonsten wüßte ich aus dem
Stehgreif nichts darüber zu sagen, daß Klaus Mann nun besonders erotisch
angetan gewesen wäre von seinem Vater. Er hat ihn sicher weit mehr
innerlich bekämpft als das irgendwo zum Zuge kommt in seinen Texten.

* Ich glaube, daß man die andere Seite unter einem psychologischen Aspekt
auch bedenken müßte, also die Angezogenheit Thomas Manns durch Klaus
Mann. Die ist ja belegt und ganz eindeutig. Ich denke also durchaus, daß
ein Kind oder auch Jugendlicher sowas spürt, wie verklemmt auch immer es
sich abspielt. Daß also zum Beispiel eine völlig heterosexuell empfindende
Neutralität einem Sohn gegenüber eine andere Haltung ist, als eine, die ihn
eigentlich mit lüsternen Augen anschaut. Das, denke ich, ist absolut zu spüren, so daß insofern schon ein homoerotisches Verhältnis im weiteren Sinne
vorlag.

Gerhard Härle

Es ist mehr als ein homoerotisches Verhältnis, es ist ein sexuell aufgeheiztes
Verhältnis. Das ist mir aufgefallen an einer Stelle, da bin ich auch ganz
stolz auf diesen Fund. Da schreibt Thomas Mann in seinem Tagebuch:
"Gestern betrat ich das Kinderzimmer, sah Klaus nackt vor dem Bett Golos –
Erschütterung". Er schreibt am nächsten Tag einen Brief an den schwulen
Verleger Stegemann: "Beim Lesen dieser Gedichte war ich erschüttert. Und
dieses Gefühl habe ich immer, wenn sich Unzucht und Wollust in ihren Ab-
gründen auftuen". In diesem Zusammenhang über das Wort "Erschütterung"
gibt er nochmal zu erkennen, was es tatsächlich für ihn heißt. Und dieses
Gefühl der Erschütterung hatte er angesichts seines 12- oder 14jährigen
nackten Sohnes Klaus an dem Tag auch gehabt. Wenn man diese Texte zu-

sammen liest, kann man immer nur sagen, es ist ein wirklich zum Teil sexuell aufgeheiztes Verhältnis gewesen. Und daß ein Kind davon auch bedroht
wird, und sich nicht daran erlaben kann, das ist mir deutlich.

* Vor allem, wenn ein solches Verhältnis völlig unausgelegt bleibt und es
keine Entsprechung findet in Form von Zärtlichkeit.

Gerhard Härle
Vor allem keine Entsprechung von Freude an diesem Kind.

* Da wurde genannt ein "Riß im Bewußtsein" und "der Riß im Körper", das
interessiert mich wegen des Körperbildes. Also der Riß, das Aufreißen ist ja
mehr innen – und außen der Riß im Bewußtsein, die Zerrissenheit: das sehe
ich eher als Gespaltenheit. Also das Körperbild das Sich-Öffnen, und das
andere, das irgendwie der Riß im Bewußtsein ist. Wäre da ein Zusammenhang
zu sehen?

Gerhard Härle
Ich sehe den Zusammenhang so: Es ist erstmal wichtig, daß es ein Männerkörper ist, der aufgerissen ist. Das Wort "aufreißen" ist ja ein ganz stark
sexuelles Wort. Der Mann, der Frauen "aufreißen" geht. In dem Sinnbild des
aufgerissenen Körpers sehe ich weniger die Erfahrung des Innen und
Außen oder des sich von Innen-nach-außen-Öffnens, als eher, daß der Mann
an sich selber erfährt und es leibhaft ausdrückt, daß sein Körper empfänglich ist für Außeneindrücke. Während die klassische und gesellschaftlich
festgelegte Erfahrung von Mannsein ja ist, daß er von außen nach innen
geht und nicht, daß an ihm etwas geschieht. So entspricht mir dieses Bild
des Aufreißens des Körpers als Bild des möglicherweise Passiv-Werdens,
aber das In-sich-geschehen-Lassen entspricht mir dem Riß im Bewußtsein.
Was heißt dann eigentlich noch Mannsein angesichts dieser zweifältigen
Potenz. Wo konstituiert sich da noch Mannsein auf diesem Riß oder über
diesen Riß hinweg.

* Also nicht eine Zerrissenheit, wo ich einer und gleichzeitig ein anderer
bin, sondern eher ein Riß von der Identität zur Ungewißheit?

Gerhard Härle

Daß meine Lust meine Identität in Frage stellen könnte, könnte man vielleicht auch sagen. Und daß beides aber *ich* bin und meine Suche nach
Identität auch *ich* bin. Das kann man die Frage nach der Schwulenidentität
nennen.

* Die Bilder, die da genannt wurden, von der Haut, die sind mir von Jahnn
her auch sehr vertraut. Also die Durchlässigkeit einerseits und Durchsich-
tigkeit, dann aber auch ganz stark dagegen: das Einmauern, das Sich-
schützen-Wollen, auch die Einsamkeit. Ich bin da bei diesen Bildern immer
sehr ungewiß und möchte es auch bleiben, d.h. ich glaube, daß die immer
doppelt zu sehen sind, also auch das, was als Aggressivität jetzt offenbar
bei Jahnn aktiver sein soll, ist immer auch die große Angst davor. Deshalb
ist es nicht in dem Sinne ein Widerspruch, das Sich-Öffnen und das Sich-
Einmauern.

* Ich weiß nicht woran es liegt, aber ich habe den Eindruck, wir waren
schon mal mehr bei uns selbst. Wenn ich Klaus Mann sehe und beipielsweise
seine Besessenheit wegen der drohenden Gefahr des Faschismus. Das, was
mir dann einfach auf den Nägeln brennt, ist unsere politische Situation.
Denn im Prinzip stehen wir mehr oder weniger unmittelbar vor einer Barbarei, die die des Faschismus noch um ein Vielfaches übertrifft. Wobei dann
das zu fürchtende Tier in einem Menschen in jeder Hinsicht herauskommt.
Das ist doch eigentlich das Problem, was Jahnn ebenso wie Mann beschäftigt
hat, und ich finde, wir sollten da etwas aktueller werden.

* Ich fand eigentlich gerade die Art und Weise, wie Du geredet hast und
worüber Du geredet hast – das war der Gegenstand "Aufreißen" und "Eindringen" –, gut. Da ist nicht zu Wort gekommen, vor welchem Hintergrund
jemand, der über eine Sache so formuliert, sich selbst darstellt,– so habe
ich es gehört. Du stellst Dich selber eigentlich dar, indem Du darstellst, was
Dich bei Klaus Mann beschäftigt. Der Hintergrund ist für mich hörbar, wenn
ich über meine eigene Sexualität oder über mein Selbstbild nachdenke,
unter so einem Gesichtspunkt von Wünschen des Eindringens oder des
Mich-zerreißen-Lassens. Und da ist für mich immer der politische
Hintergrund der Zerstörung dieser Welt gegenwärtig. Ich meine, das hat

unmittelbar mit meinen Ängsten, mit meinem Fleisch, mit meiner Leiblichkeit zu tun. Es hat einen Zusammenhang, wenn ich Angst kriege vor so einer Formulierung, der ich zustimme: die Barbarei, die auf mich zukommt ist, ja unvergleichlich viel schlimmer als die Barbarei des Faschismus. Ich glaube, daß das wirklich nur getroffen werden kann, wenn man darüber redet, mit der Betroffenheit, mit der Du darüber geredet hast in Deinem Vortrag.

* Ich glaube schon, daß das irgendetwas mit dem Vater zu tun hat, denn ich hatte in dem Vortrag zwei Ebenen gesehen. Die erste war die über Klaus Mann und die zweite war der Versuch, Klaus Mann so weiterzudenken, also so zu radikalisieren praktisch, daß auch so etwas wie die Subjektivität des Mannes herauskommt. Und da ist mir ein Satz aufgestoßen. Ich glaube, das hängt damit zusammen, mit der Berücksichtigung des politischen Hintergrundes der Zerstörung, mit dem Verhältnis von Aufklärung und Barbarei – da kann man auch auf Adorno kommen –, trotz des Redens von Humanismus immer noch Barbarei, trotz Aufklärung. Und ich zitiere mal den Satz, den Du gesagt hast: "Übrig bleibt der Wunsch nach Ruhe." Also mir ist das ein bißchen komisch vorgekommen, denn mit einem Konzept der Ruhe, ob man da das Negative denken kann, ob man da auch die Bedrohung durch das Negative, die vom System ausgeht, aufheben kann, das ist mir doch sehr bedenkenswert.

* Heißt nicht der Wunsch nach Ruhe auch Wunsch nach Leben?

* Ja sicher, aber mich hat das so gewürgt, daß da ein Fluchtgrund in etwa so konstruiert wird: das Sich-Abwenden vom Schrecken der Wirklichkeit. Das ist mir doch nicht dialektisch genug gedacht.

Gerhard Härle

Ich fühle mich jetzt auf eine ganz komische Weise mißverstanden in dem Punkt. Ich habe ja wirklich auch versucht, vielleicht stärker als das klar geworden ist, Klaus Mann darzustellen. Und daß für Klaus Mann – auch in den Textstellen, die ich zitiert habe, mit dem schwulen Selbstmörder z.B. – daß für Klaus Mann es immer wieder ein Versuch war, den ich auch, glaube ich, weiterdenken kann: aufzubrechen – angeregt durch die Kriegskonstellation, angeregt durch die Suche nach der Identität – wenn wir es mal so stehen lassen wollen. Daß aber aus der Last des unerträglichen Hasses, aus der Last der unerträglichen Gewalt, daß darunter diese Suche immer wieder zusammenbricht – und dann Ruhe nur noch, nur das Bedürfnis nach Ruhe übrig bleibt. Und ich z.B. auch seinen Selbstmord oder den Selbstmord vieler seiner Figuren so verstehe, daß sie scheitern in ihrer Aufgabe, Antrieb zum Leben zu sein, daß sie scheitern in ihrer Aufgabe, eine Männeridentität zu konstituieren, die lebbar ist, und daß dann, wenn dieses Scheitern eingesetzt hat, das Ruhebedürfnis kommt. Auch dieser Rückzug oder dieses Bedürfnis nach dem individuellen Weg oder der Selbstmord oder der Rückzug in Drogen, mit dem Klaus Mann ja sehr stark sich selber beruhigt und zu beruhigen versucht hat. Nicht, wie Du es jetzt versucht hast, noch ins Positive zu wenden, als der Versuch zu leben, sondern das ist noch stärker bei Klaus Mann gewesen, als ich es vielleicht deutlich gemacht habe. So erkläre ich mir unser Mißverständnis.

Karl Werner Böhm

Die Darstellung der Homosexualität in Thomas Manns *Der Zauberberg*

Zunächst zu meiner sogenannten "Kompetenz". Vergangenes Jahr wurde ein Aufsatz von mir veröffentlicht, über die, so der Titel, *homosexuellen Elemente in Thomas Manns "Der Zauberberg"*, — es ist wahrscheinlich die tausendsoundsovielte Arbeit über den *Zauberberg*, aber, wie ich meine, die erste, die sich konsequent darum bemüht, den schwulen Hintergrund dieses Romans aufzudecken.

Mein Referat ist im wesentlichen eine thesenartige Zusammenfassung dieses Aufsatzes. Es ist gedacht als Textanalyse, mit dem allgemeinen Ziel, etwas über die verschiedenen Masken, die verschiedenen erzähltechnischen Taktiken in Erfahrung zu bringen, mit denen, in diesem Falle, Thomas Mann seine Homosexualität vor seinen Lesern verborgen hat und verbergen konnte. Der Aufbau ist folgender: Ich werde zuerst meine Thesen vorstellen, diese dann durch Belege, Hinweise begründen, soweit das in zwanzig Minuten möglich ist; im dritten Teil will ich versuchen, den Bogen zu schlagen von Thomas Mann zu Hans Henny Jahnn.

Thesen

1. Der Protagonist des *Zauberbergs*, der junge Patriziersohn Hans Castorp, ist homosexuell.
2. Castorps Homosexualität, seine unvermindert starke Liebe zu Pribislav Hippe, wird unter dem Mantel einer heterosexuellen Beziehung verborgen.
3. Die Mystik um Madame Chauchat, insbesondere ihre Verknüpfung mit Motiven der Todessehnsucht, ist ein Beleg für den homosexuellen Kern dieser Beziehung.
4. Bis zu Chauchats Abreise, bis zum Ende des fünften Kapitels, läßt sich die Mystifizierung ihrer Person als eine Projektion der Castorpschen Verdrängungen und Widerstände begreifen: als die notwendige, aber zu überwindende Phase eines Prozesses, in dessen Verlauf sich Castorp von seiner Angst und der durch sie hervorgerufenen 'Krankheit' befreit.

5. Nach Chauchats Abreise bricht dieser Prozeß unvermittelt ab. Physisch erscheint Castorp 'geheilt' – allerdings: mit dem Verdrängungsdruck beginnt das Verdrängte selbst zu verblassen. Castorp darf sich seiner Homosexualität nicht bewußt werden.

6. Die zweite Hälfte des Romans versetzt Castorp in eine neue sexuelle Situation, eine Situation, die ihn in einen Bisexuellen umbenennen möchte.

Begründung

Begründen lassen sich diese Thesen auf zwei Wegen. Man kann einmal systematisch vorgehen und die verschiedenen Aspekte der Chauchat–Mystik, isoliert vom Handlungsgang, untersuchen. Man kann zum andern dem Handlungsgang folgen und beobachten, wie sich Castorps "Krankheit" zunehmend verschlechtert – bis zu dem Punkt, da er seine Angst, seine Widerstände überwindet und Pribislav seine Liebe erklärt. Ich möchte hier beide Begründungswege kurz vorstellen.

Für die systematische Analyse der verschiedenen Aspekte der Chauchat–Mystik ist es notwendig, zunächst auf einen Aufsatz einzugehen, den Thomas Mann 1925, also kurz nach dem *Zauberberg*, veröffentlichte und in dem er sich vor allem mit der Institution der Ehe, aber fast ebenso ausführlich mit der Homoerotik auseinandersetzt. Typisch schon hier, daß Mann der eigentlichen Erörterung der Homoerotik, quasi um ihr die Spitze zu nehmen, kurze Hinweise auf den 'Zeitgeist', die neue sexuelle Freiheit, die "Androgynität der Jugend", vor allem Freud und seine "Entdeckung der ursprünglichen und natürlichen Bisexualität des Menschen" (*Über die Ehe*, S. 195) vorwegschickt. Erst dann kommt er auf das "homoerotische Phänomen" (S. 196) zu sprechen. Sittlich – vom Standpunkt der Sozialität, der Nützlichkeit, der Fruchtbarkeit aus gesehen –, sittlich, so Mann, ist Homoerotik von vornherein als unfruchtbar, unmoralisch, todverbunden verurteilt. Ästhetisch dagegen "ist überhaupt nichts gegen dies Gefühlswesen zu erinnern"; denn das Ästhetische ist ein "außermoralischer, von Ethik, von Lebensbefehl nichts wissender, von der Idee der Nützlichkeit und Fruchtbarkeit ganz unberührter Gesichtspunkt" (S. 196). Diese Bestimmungen des Ästhetischen – als außermoralisch, unnützlich, todverbunden – läßt Mann im folgenden mit denen der Homoerotik zusammenfallen: "Es ist kein Segen bei ihr, als der der Schönheit, und das ist ein

Todessegen. Ihr fehlt der Segen der Natur und des Lebens – das möge ihr Stolz sein, ein allerschwermütigster Stolz, aber sie ist gerichtet damit, verworfen, gezeichnet mit dem Zeichen der Hoffnungslosigkeit und des Widersinns." (S. 197) –

Ehe und Knabenliebe, Hetero- und Homoerotik verkörpern hier zwei diametral entgegengesetzte Welten. Auf der einen Seite: die helle geordnete bürgerliche Welt der Ehe: Sittlichkeit und Sozialität, Familienbildung und Treue, Tugend und Lebenszucht. Auf der anderen Seite: das mystische Dunkel des "erotischen Ästhetizismus", eine pessimistisch-orgiastische, todessehnsüchtige Homoerotik: 'Auflösung der sittlichen Lebensform', Unfruchtbarkeit, Untreue, unmoralisches l`art pour l`art.

Diese Bestimmungen sind für die Analyse der verschiedenen Aspekte der Chauchat-Mystik deshalb so bedeutungsvoll, weil sich mit ihrer Hilfe die Beziehung Castorps zu Chauchat als eine nur äußerlich heterosexuelle, in Wahrheit homosexuell determinierte Beziehung entschlüsseln läßt. Versucht man nämlich die Antithetik des Ehe-Aufsatzes auf die Figuren-Konstellationen des Romans zu übertragen, so stößt man dabei sehr rasch auf gewisse Ungereimtheiten. Während alle kleineren heteroerotischen Paarungen, wie erwartet, dem Schema des Essays entsprechen, erscheint die zentrale Geschichte der Liebe Hans Castorps zu Clawdia Chauchat in hohem Grade mystifiziert. Warum? Handelt es sich hier denn nicht um eine, wie es im Essay heißt, "naturgebotene, ehelich mögliche, zeugende Liebe" (S.198), eine Mann/Frau-Beziehung also, die den Ansprüchen der bürgerlichen Flachlandgesellschaft genügen könnte? Was unterscheidet Clawdia Chauchat von den anderen Frauen des Romans, daß die Liebe zu ihr Castorp unvernünftig, unnatürlich, verboten erscheint?
Das Besondere an ihr, ihre Mystifizierung, fast schon Dämonisierung, läßt sich in vier Aspekten fassen. Auf zwei möchte ich hier kurz eingehen. Der erste ist Chauchats leitmotivische Verknüpfung mit Pribislav Hippe. Ihre Ähnlichkeit mit Hippe bringt Castorps Bewußtwerdungsprozeß in Gang. "Wie merkwürdig ähnlich er ihr sah, dieser hier oben! Darum also interessierte ich mich so für sie? Oder vielleicht auch: habe ich mich darum so für *ihn* interessiert? Unsinn!" (*Zbg*, S. 131) – Castorps Fragen werden auch vom Erzähler nicht beantwortet. Vordergründig bleibt die Richtung seiner Liebe,

seines 'Interesses' unklar. Hippe und Chauchat verschmelzen auf der Leit-
motivebene zu einem scheinbaren hermaphroditischen Wesen mit männlichen
und weiblichen Determinanten. Sieht man sich diesen leitmotivischen Zwitter
allerdings genauer an, dann fällt zweierlei auf. Erstens: schon körperlich ist
Chauchat eine eher knabenhafte Frau, mit einer, so der Erzähler, kleinen
mädchenhaften Brust, "nicht breiten" Hüften (S. 227) und breiten, kurzfing-
rigen Händen, "Schulmädchenhänden" (S. 82). Zweitens: die Veränderungen,
die Chauchat in Castorps Bewußtsein erfährt, lassen ihre weiblichen Komponenten fast vergessen. Der erinnerte Mann/Knabe rückt in den Vordergrund. Chauchat ist die Schmaläugige, die mit den Kirgisen- und Pribislav-
Augen, den breiten Backenknochen und der heiseren Stimme: "alles war
ganz wie bei Pribislav" (S. 155). Diese Motive finden sich weitaus häufiger
als die weiblich determinierten und geben auf diesem Weg nun doch eine
Antwort auf jene offen gelassene Frage, ob Castorp sich vor allem für *sie*
oder für *ihn* interessiert. Der leitmotivische Zwitter Chauchat/Hippe hat
einen deutlichen Überhang zum Männlichen, auch wenn er auf der Personal-
ebene weiterhin Frau genannt werden muß.

In gleicher Weise homosexuell determiniert ist auch der zweite Aspekt der
Chauchat-Mystik. Gemeint sind Settembrinis Warnungen. Warum warnt
Settembrini Castorp vor Chauchat? Tut er es nur deshalb, weil es das
Schema der "Betrachtungen eines Unpolitischen" nun einmal verlangt, daß
der Zivilisationsliterat (Settembrini) alles Asiatische (Chauchat) verabscheut?
Auch die, so Thomas Mann "quasi-erotische" (*Tagebücher*, S. 378) Eifersucht
des Pädagogen Settembrini erklärt nicht, warum er Castorp gleich am ersten
Tag wieder nach Hause schicken möchte. "'Sie meinen, ich sollte abreisen?'
fragte Hans Castorp ... 'Wo ich gerade erst angekommen bin? Aber nein, wie
will ich denn urteilen nach dem ersten Tag!' Zufällig blickte er ins Neben-
zimmer bei diesen Worten und sah dort Frau Chauchat von vorn, ihre
schmalen Augen und breiten Backenknochen. Woran, dachte er, woran und
an wen in aller Welt erinnert sie mich nur..." (*Zbg*, S. 92/93). Castorp
spricht "auf einmal sehr eindringlich". Ihm fehlen die Gegenargumente, um
Settembrinis Vorschlag ein klares Nein entgegenzusetzen. Stattdessen flüchtet er vor ihm in den Rausch, soweit hat ihn der 'zufällige' Blick ins Ne-
benzimmer gegen die 'Vernunft' immunisiert. Als Settembrini ihn zum zweiten Mal auffordert abzureisen, kann Castorp zwar auf seine "frischen Stel-

len" und deren nötige Behandlung verweisen, den Ausschlag für sein diesmal entschiedenes Nein gibt jedoch etwas anderes. "Hans Castorp hatte sich
nun gestrafft. Er hielt die Absätze geschlossen und sah Herrn Settembrini
ebenfalls gerade an. Diesmal war es ein Gefecht. Hans Castorp stand seinen
Mann. Einflüsse aus der Nähe 'stärkten' ihn. Da war ein Pädagog, und dort
draußen war eine schmaläugige Frau." (S.263)

Aus diesen Textstellen geht sehr klar hervor, daß es nicht die Frau ist, die
Castorp Settembrinis Warnungen Widerstand leisten läßt. Es ist konkret
Chauchats Gesichtsphysiognomie, ihre Ähnlichkeit mit Hippe. Das, was
Castorp letztlich an die Zauberbergwelt fesselt – jene "dunklen Gewalten",
"Mächte der Widervernunft" und der "Fleischessünde" (S.377f.) – ist seine
verdrängte, nun wieder akut werdende Homosexualität. Sie ist das eigentli-
che Ziel von Settembrinis Warnungen.

Die gesamte Chauchat-Mystik, von der ich hier zwei Aspekte skizziert habe,
gründet in den Hippe-Elementen. Erst hieraus erklärt sich der Widerspruch
zwischen dem Roman und der Antithetik des Ehe-Essays. Die Tendenz des
Romans, die zentrale heteroerotische Beziehung seines Protagonisten zu verschleiern und mythisch zu überhöhen, widerspricht der im Aufsatz vertretenen These, derzufolge die Liebe zwischen Mann und Frau eine dem Leben,
der Sittlichkeit und Tugend verbundene, fruchtbare und naturgebotene Angelegenheit ist. Die mit Clawdia Chauchat verknüpften Themen der Todessehnsucht, der Auflösung von Lebenszucht und Ordnung, des Unvernünfti-
gen, Verbotenen und Unfruchtbaren sind im Essay Kennzeichen der Homoerotik. – Soviel zum ersten Begründungsweg.

Der zweite ist vielleicht etwas anschaulicher darzustellen, weil er im wesentlichen dem Gang der Handlung folgt. Hier geht es darum, Castorps Homosexualität aus seiner eigenen Perspektive bzw. aus der Perspektive seiner
sogenannten 'Krankheit' zu betrachten. – Die Deutung der Krankheitssymptome, die Castorp seit seiner Ankunft und besonders seit seiner Begegnung
mit Chauchat an sich feststellt, als physische Wiederkehr seiner
verdrängten Liebe zu Pribislav Hippe,– diese Deutung wird schon durch die
Kapitelanordnung nahegelegt. Auf den Hippe-Traum folgt konsequent das
'Analyse'-Kapitel, – hier wird die Psychoanalyse, trotz ihrer Ironisierung
(wie etwa in der Gestalt des Dr. Krokowski), zum integralen Moment der

Handlung. Was geschieht weiter? Castorp hat sich nun zwar an die vergessen geglaubte Episode erinnert, nichtsdestoweniger hält er sie für vergangen und abgetan: "Nun, so leb` wohl und hab` Dank!" (S. 131) – er verabschiedet sich von Hippe, kaum daß er ihn wiedergefunden hat. Es gelingt ihm, sich auf diese Weise über die Aktualität und unverminderte Stärke seiner Liebe zu Hippe hinwegzutäuschen. Die Bewußtwerdung, die nach der Logik der Psychoanalyse ein Abklingen der Krankheitssymptome hätte nach sich ziehen müssen, findet nicht statt. Im Gegenteil. Erst jetzt kommt die bis dahin "still vorhandene Krankheit zum Ausbruch" (S. 199). Castorp gerät in einen Zwiespalt. Einerseits möchte er sich seinen Empfindungen hingeben. Andererseits setzen ihnen seine Vernunft und sein Gewissen immer wieder "störende Widerstände" (S. 144) entgegen, machen ihn glauben, es sei unvernünftig, eine 'kranke' Frau zu lieben; dabei ist Chauchat gar nicht "so ernstlich krank" (S. 145), wie Castorps Tischgenossin Fräulein Engelhart weiß. Chauchats angebliche 'Krankheit' ist ihre Ähnlichkeit mit Hippe. Aber: je heftiger das Verbotene Castorp ins Bewußtsein drängt, um so mehr Energie muß er aufwenden, es daran zu hindern, um so extremer und hektischer gestaltet sich seine 'Krankheit'. Erst in der Faschingsnacht überwindet er seine Widerstände und – spricht mit Chauchat. Was es ihn für Anstrengungen kostet, zeigen folgende Beschreibungen: er ist "verzweifelt", er "phantasiert" (S. 361); mit bleichem Gesicht, zuckenden Lippen, klappernden Zähnen, "am ganzen Körper zitternd", redet er auf Chauchat ein. In einer wahren Redewut, ekstatisch, rauschhaft, zwanghaft, bricht das Aufgestaute aus ihm hervor:"'ja, wahrhaftig, ich habe dich schon seit jeher gekannt, dich und deine wundervoll schräggeschnittenen Augen und deinen Mund und deine Stimme, mit der du jetzt zu mir sprichst – damals, als ich noch ein kleiner Gymnasiast war, da wollte ich schon mal deinen Bleistift von dir haben, um endlich deine Bekanntschaft in der Welt zu machen, weil ich dich wahnsinnig liebte, und von dieser alten, langen Liebe zu dir sind mir si-cherlich die Spuren geblieben, die Behrens in meinem Körper ans Licht ge-holt hat und die darauf hindeuten, daß ich auch damals krank war ...' (...) 'Ich liebe dich', lallte er, 'ich habe dich schon seit je geliebt, denn du bist das DU meines Lebens, mein Traum, mein Schicksal, mein ganzes Verlangen, meine ewige Sehnsucht...'" (S. 361 bzw. 765) Psychisch und

physisch aufs höchste erregt erklärt er Pribislav seine Liebe. Die
"Vernarbung" (S. 192) bricht auf. Die alte Liebe wird ausgesprochen.
Castorp ist von seinem Schicksal eingeholt.

Was im weiteren Verlauf des Romans geschieht, habe ich bereits in These
fünf und sechs angedeutet. Mit der Faschingsnacht und Chauchats Abreise
bricht Castorps Bewußtwerdungsprozeß unvermittelt ab. Physisch erscheint
er 'geheilt'. Allerdings: mit dem Verdrängungsdruck beginnt das
Verdrängte selbst zu verblassen. Castorp darf sich auch weiterhin seiner
Homosexualität nicht bewußt werden. Das Hippe–Element wird zunehmend
neutralisiert, gleichzeitig gewinnen androgyne und zwittrige Gebilde
zahlenmäßig und inhaltlich an Bedeutung, begleitet von der
Problematisierung der Castorpschen Männlichkeit. Die zweite Romanhälfte
versetzt Castorp in eine neue sexuelle Situation, eine Situation, die ihn in
einen Bisexuellen umbenennen möchte. – Soviel zum zweiten
Begründungsweg. Wer sich von Ihnen/Euch für die genaue, detaillierte
Begründung dieser Thesen interessiert, den verweise ich auf meinen
Aufsatz.

Thomas Mann/Hans Henny Jahnn
Was ich hier vor allem zeigen wollte – und damit läßt sich vielleicht der Bogen schlagen von Thomas Mann zu Hans Henny Jahnn – , das sind die typischen Rechtfertigungs– und Selbststilisierungsversuche, vor allem die erzähltechnischen Verschleierungstaktiken. Rechtfertigungsversuche finden
sich bei Mann wie bei Jahnn. Bei Mann – ich spreche ausschließlich von der
Zauberberg–Zeit – ist es zum einen der Verweis auf die "ursprüngliche und
natürliche Bisexualität des Menschen", zum andern versucht er die bekannte
ästhetische Rechtfertigung, zitiert, wie Gide in *Corydon*, die Leistungen be-
rühmter homosexueller Künstler, verweist auf Michelangelo, Platen, Tschaikowsky. Bei Jahnn scheint mir der Wille, seine Homosexualität zu legitimie-
ren, von Anfang an sehr viel ausgeprägter, drängender, – wie er überhaupt, verglichen mit Mann, der temperamentvollere, sehr viel expressivere
Mensch gewesen ist. Seine Hormonforschungen dienten u.a. dem Zweck, die

'Naturgegebenheit' der Homosexualität wissenschaftlich zu beweisen (vgl. Popp, S. 88).

Von solchen Bemühungen ist es nicht weit zur Selbststilisierung. Auch hier scheint mir eine Gemeinsamkeit zu bestehen zwischen Mann und Jahnn. Beide tendieren dahin, Homosexualität zu etwas Besonderem zu machen. Bei Jahnn ist es der "Glaube an das gleichgeschlechtliche Privileg" (Popp, 125). Thomas Mann macht den Homosexuellen zum 'Kulturträger' (vgl. *Über die Ehe*, S. 196), zu einem, der "notwendig Geist hat" (Brief an Weber, S. 176), zum Ästheten, 'Verworfenen' und 'Fluchbeladenen'. Sich selbst zum Märtyrer zu machen – auch das ist ja Selbststilisierung. Wobei gleich hinzugefügt werden muß, daß diese Form der Rechtfertigung genau das Gegenteil von dem erreicht, was sie bezweckt. In Manns Ehe–Essay wird das besonders deutlich.

Statt die Isolation der Homosexuellen auf ihre historischen und ökonomischen Wurzeln hin zu untersuchen, übernimmt Mann sie in sein weltanschauliches Denken und befestigt sie dort mittels überzeitlicher Kategorien. Die relative Hoffnungslosigkeit homosexueller Beziehungen in einer bestimmten gesellschaftlichen Situation wird zur generellen Hoffnungslosigkeit verabsolutiert. Die ihr gegenüberstehende 'Sittlichkeit' ist nicht mehr zeit– und ortsgebunden, sondern wird zum ewig gültigen Gesetz. Selbststilisierung ist hier immer bereits Resignation.

Verglichen mit diesen Legitimationsversuchen erscheinen die erzähltechnischen Verschleierungstaktiken – jedenfalls bei Thomas Mann, bei Jahnn kenne ich mich da nicht so aus – sehr viel reflektierter, bewußter. Die verdeckte, symbolische und mythisierende Schreibweise des *Zauberbergs* wird an keiner Stelle so eindeutig, daß der 'normale' Leser nicht mehr über sie hinweglesen könnte. In Kenntnis aller möglichen Zusammenhänge werden die Assoziationen des Lesers organisiert, bis sie sich in einem Dickicht leitmotivischer Bezüge verwirren. Castorps Homosexualität wird unter dem Mantel einer heterosexuellen Beziehung verborgen. Verborgen und aufgedeckt zugleich. Thomas Mann macht nicht, wie Proust, Albert zu Albertine: er *spielt* mit der Zweideutigkeit. Vielleicht besteht gerade darin der Reiz dieses Romans, zumindest für *die* Leser, die mit Thomas Mann den hohen Grad seines sexuellen Unausgelebtseins teilen, denen das Indirekte, Sublimierte, nur zaghaft Gelüftete mehr Vergnügen bereitet als die 'banale' Eindeutigkeit. –

Jahnn scheint mir in dieser Hinsicht sehr viel direkter, eindeutiger zu sein. Einen Text wie *Jeden ereilt es* kann ich mir bei Thomas Mann nicht vorstellen.

Literatur
Th. Mann, *Der Zauberberg*, Fischer-TB (einbändige Ausgabe)
Th. Mann, *Über die Ehe*, Gesammelte Werke, Bd. X (1960)
Th. Mann, *Tagebücher 1918-1921*, Frankfurt a.M. 1979
Th. Mann, *Brief an Carl Maria Weber*, in: *Briefe*, Bd. 1, 1889-1936, Fi-TB 1979
Wolfgang Popp (Hrsg), *Die Suche nach dem rechten Mann. Männerfreundschaft im literarischen Werk Hans Henny Jahnns*, Berlin 1984
Karl Werner Böhm, *Die homosexuellen Elemente in Thomas Manns "Der Zauberberg"*, in: *Stationen der Thomas-Mann-Forschung*, Würzburg 1985, dort: S. 145-165

DISKUSSION

* Ich glaube, daß in dem Vergleich Thomas Mann – Hans Henny Jahnn auch Beispiele zu finden sind, die ungeheuer ähnlich sind. Und zwar bei Thomas Mann in dieser indischen Erzählung *Die vertauschten Köpfe*. Wo also – ich kann es kurz sagen – zwei Freunde, die sehr unterschiedlich sind (ein sehr geistig orientierter und ein Naturbursche), sich wegen eines Mädchens gegenseitig die Köpfe abschlagen, und eine Göttin ihnen die Köpfe wieder aufsetzt, allerdings vertauscht. Und nun passiert Fatales: erstmal kann dieses Mädchen sich nicht entscheiden, ob sie nun den Kopf oder den Leib liebt und zum zweiten, daß die Körper sich den Köpfen wieder anpassen, d.h. der Kopf des Naturburschen ist nun versehen mit dem Körper des Geistigen. Er trainiert den Körper, der Körper wird wieder so wie er vorher war, umgekehrt genauso. Bei Hans Henny Jahnn findet man in *Fluß ohne Ufer* fast die gleiche Geschichte, eben diesen Blutaustausch zwischen Tutein und Gustav Anias. Das sind so Parallelen, wo man manchmal sogar das Gefühl hat, Hans Henny Jahnn habe Thomas Mann gelesen – was aber sehr unwahrscheinlich ist. Auch im *Doktor Faustus* sind viele Parallelen zu finden. Jahnn konnte ihn aber nicht gelesen haben zu der Zeit. Aber man hat das Gefühl, daß Jahnn Thomas Mann direkt auf die Schippe nimmt, weil er diese homosexuellen Motive, die Thomas Mann verdichtet hat, in einer ähnlichen Weise aufge-

griffen hat, noch extremer, so als ob er eben Thomas Mann benutzt, das Ganze ironisiert hätte.

* Ergänzend könnte man natürlich sagen, daß bei Jahnn dieses Stichwort "Naturbursche", diese Beziehung zwischen dem – ich drücke es jetzt mal so aus – Tonio-Kröger-Typ und dem Hans-Hansen-Typ allenthalben und gerade in *Jeden ereilt es* vorhanden ist. Ich habe in dem *taz*-Artikel über Jahnn formuliert, daß in *Jeden ereilt es* unter anderem ein schönes Stück Tonio Kröger drin ist, wenn man sich klarmacht, daß Matthieu der Patriziersohn mit bestimmten dekadent-bürgerlichen Eigenschaften ist, demgegenüber Gari als auch so eine Art Hans Hansen konzipiert ist. Dieses Paar taucht eben bei Jahnn und auch bei Thomas Mann durchaus nicht nur in diesen Beispielen immer wieder auf. Ähnlich ist es auch bei Klaus Mann. Vielleicht noch die Anmerkung dazu: wer darauf wirklich achtet, wird staunen, wie oft bei Thomas Mann und vor allem bei Klaus Mann der geliebte Junge mit Epitheta versehen wird, die an Clawdia Chauchat erinnern. Also wenn Klaus Mann einen Jungen in einem seiner immer mehr oder weniger autobiographisch gestimmten Romane beschreibt, dann hat der ganz oft vortretende Backenknochen, eine leicht belegte Stimme usw. Noch dieser Student, der angeblich Klaus Mann in seinem letzten Text den Hinweis gegeben hat, aus Protest gegen die Situation sollten sich auf Weltebene alle Intellektuellen umbringen, demonstriert das: in diesem Text läßt er das einen jungen Mann mit einer merkwürdig belegten, heiseren Stimme sagen. Das ist offenbar so ein erotisches Signal bei Klaus und Thomas Mann. Woher das genau kommt, weiß ich nicht, es fällt mir auf. Wahrscheinlich kann man da auch nicht sehr viel mehr sagen. Was mich nicht überzeugt hat oder was zumindest klarer gestellt werden müßte: der Settembrini ist doch so schwul wie nur was. Wieso ist denn Settembrini gerade der, der Hans Castorp verläßt?

Karl Werner Böhm
Settembrini hat verschiedene Funktionen...

* Ja, das wäre vielleicht mehr darzustellen. Für mich ist Settembrini mit dieser Warnung vor Clawdia Chauchat vor allem immer ein Eifersüchtiger.

Natürlich, ich glaube nicht, daß er mit Hans Castorp schlafen möchte. Er möchte mit ihm platonisch reden.

* Für mich ist Settembrini in mancher Hinsicht eine richtige Karikatur eines bestimmten homoerotisch gefüllten Typs wie er eben früher verbreitet war, wie etwa Gustav Wyneken, der die Jünglinge um sich versammelte. Menschlicher etwas als Stefan George, aber doch eben auch nicht ausgelebt erotisch. Trotzdem ist Settembrini ein schwuler Typ, irgendwie.

* Können Sie das mit der Bisexualität nach der Abreise von Clawdia Chauchat ein bißchen durch Beispiele belegen?

Karl Werner Böhm

Ich will es versuchen. Es gibt schon vor dem Ende des V. Kapitels bisexuelle Motive in dem Roman. Und zwar dieses Lebensbild zum Beispiel, das ist für mich androgyn – obwohl es in der Literatur immer als Verkörperung der Clawdia Chauchat dargestellt wird. Es ist eigentlich eine Verbindung von Clawdia und Hippe, man kann es nicht genau identifizieren. Da gibt es in dieser Faschingsnacht Gestalten travestierten Geschlechts, die diese Szene umtanzen. Und später, nach dem V. Kapitel, häufen sich dann die bisexuellen Motive. Ich zitiere aus meinem Aufsatz: In der zweiten Romanhälfte, parallel zur beschriebenen Neutralisierung des homoerotischen Elements, gewinnen die bisexuellen Motive zahlenmäßig und inhaltlich an Bedeutung. Das beginnt mit einer Reihe botanischer Zwitter. Krokowskis Vortrag über den "Impudicus" veranlaßt Castorp, die Pflanzenwelt der Umgegend näher zu studieren. Namentlich beschäftigt er sich dabei mit zwittrigen Ranunkeln, deren Unterart, die "blaublühende Akelei", sich nun gerade an dem Ort "massenweise" findet, an dem ihm Hippe erschienen war, und an dem er sich, seit Chauchats Abreise, mit Vorliebe seinen "Regierungsgeschäften" widmet. Zu diesen wiederum gehört, inspiriert durch Chauchats Brustbild, die wiederholte Vergegenwärtigung des androgynen Lebensbildes, das immer bezeichnet wird als Menschengestalt schlechthin, also geschlechtlich nicht identifiziert. Die durch solche Motivanhäufung vorbereitete Idealisierung der Bisexualität erreicht ihren Höhepunkt in Castorps Schneetraum. Zitat: "Menschen, Sonnen- und Meereskinder, regten sich und ruhten überall, verständig-heitere, schöne junge Menschheit. Das ist ja reizend! dachte Hans Castorp von ganzem Herzen. Das ist ja überaus erfreulich und gewinnend! Wie hübsch, gesund und klug und glücklich sie sind! Ja, nicht nur wohlgestalt – auch klug und liebenswürdig von innen heraus. Das ist es, was mich so rührt und ganz verliebt macht." Parallelmotive zu dieser Stelle finden sich dann bezeichnenderweise in dem Ehe-Essay. Hier wie dort bewirkt die Beschwörung einer schönen, jungen Menschheit die Nivellierung geschlechtsspezifischer Unterschiede. Die Androgynität der neuen Jugend – so Mann 1925 – hat "eine Art von beiderseitiger Vermenschlichung", eine "menschlich ausgeglichene Kameradschaft zwischen den Geschlechtern" zur Folge. In ihrer gegenseitigen "Ehrerbietung" ihrer "höflich geschwisterlichen Rücksicht" nehmen die Sonnenkinder des Schneetraums diese Feststellung vorweg. Castorp verliebt sich in eine – ich sage es mal so – androgyne über- geschlechtliche Schönheit. 'Schönheit' ist ein Begriff, der immer wieder auftaucht. Wie der bisexuelle Künstler des Ehe-Essays. Jener "(ironische) Mittler zwischen den Welten des Todes und des Lebens" – also zwischen denen der Homo- und Heterosexualität – ist auch ein "Sorgenkind des Le- bens". Man kann nachweisen, daß diese bisexuellen Motive im Grunde wieder verweisen auf ein homoerotisches Beziehungsfeld. Und zwar: Von Thomas Mann ist selbst überliefert, daß er sich auf Vorlagen des Jugendstilmalers Ludwig von Hofmann bezieht. Zitat Thomas Mann: "Erinnerungen an Marées, auch an Ludwig von Hofmann mögen bei den antikischen Visionen des Zau- berberges sehr wohl eine Rolle gespielt haben". Und über diese Zeichungen äußert sich Mann gelegentlich einer Auswahlsendung: "Viel schöne jugendli- che Körperlichkeit, namentlich männliche, die mich entzückt, ich liebe sehr seinen Strich und seine arkadische Schönheitsphantasie". Man kann es jetzt noch ausdehnen von Ludwig von Hofmann auf Friedrich Huch und Hans Blüher, zu George, zu Walt Whitman, der schon am Ende des V. Kapitels auftaucht in dieser Rede. Ja, und dann: vor dem Hintergrund dieses Ge- flechts von Beziehungen und Einflüssen, das die Welt der schönen und friedliebenden Sonnenkinder konstituiert, erscheint die Schreckensvision des Blutmahls. Zunächst als ein Gegenwert des Alters, der Häßlichkeit, der Gewalt. Auf der einen Seite die übergeschlechtliche schöne Menschheit, in die sich Castorp sofort verliebt, und auf der anderen Seite dann die Nega- tivwelt der Greuelweiber. "Das Gräßliche, das wird von Frauen illustriert".

Das erinnert an eine Tagebuchäußerung Thomas Manns über einen Tanzabend der damals schon älteren Tänzerin Gertrude Barisson. Da schreibt er: "Öde, ja widerlich. Für den ersten jungen Mann, den ich nachher auf der Straße sah, empfand ich etwas wie Begeisterung nach so viel ranzig−graziöser Weiblichkeit". Das harmoniert eigentlich schon zu dieser Greuelweiblichkeit. Beide Stellen sind in ihrem antiweiblichen Affekt miteinander verwandt. Und für die Deutung der sexuellen Motive des Schneetraums ist es ein weiterer Beleg, daß das angestrebte bisexuelle Ideal − das kann man auch so als These hinstellen − abstrakt bleibt, und zwar in ungebrochen starker homoerotischer Prägung. Zum Schluß noch ein anderes bisexuelles Motiv, der 'Stein der Weisen', das Letzte des Romans. Zitat: "Die zweigeschlechtige prima materia steht in Analogie zum Prozeß der Castorpschen Erziehung. Da sich in ihr ein Prinzip verbirgt, das Männliches und Weibliches in sich vereinigt, ist daraus für Castorp zu folgern, daß das Ziel seiner Steigerung ist, diese Bipolarität herzustellen, bzw. sie offenzulegen." Ich habe dann als Resümee dazu geschrieben: Auch hinter diesem Zwittermotiv steht die Absicht, Bisexualität zu rechtfertigen und zu idealisieren. Das bleibt allerdings bei dem Versuch. Verglichen mit der bis zur Abreise Chauchats handlungstragenden, konkreteren und viel vitaleren Homoerotik wirken die bisexuellen Motive abstrakt und aufgesetzt, man kann sagen ideologisch. Das entspricht der Struktur des Ehe−Essays, auch dort tendiert der Verweis auf die allgemeine menschliche Bisexualität dahin, die Homosexualität in ihr zu verstecken, sie unauffällig zu machen, sie zu neutralisieren. Statt konkret zu werden, durch die Darstellung tatsächlich bisexuell lebender Menschen, überwindet Castorps Bisexualität nie die Ebene der Symbole, der Träume, der Theorien. So viel zu den bisexuellen Motiven im Roman.

* Dazu gehört auch, daß Hans Castorp, wenn er sich an die Chauchat erin-nert, immer von Armen redet, die ja geschlechtsneutral sind. Das hebt er immer wieder hervor, also es werden keine explizit weiblichen Merkmale be-schrieben.

* Auf der anderen Seite ist es aber so − ich glaube im Zusammenhang mit einem Gemälde, das der Hofrat Behrens von Chauchat gemacht hat, aus der Sicht dieses ganz stinknormal empfindenden Behrens −, daß im Anschluß an

dieses Gemälde die Chauchat doch sehr eindeutig auf die Frauenseite und auf das ganz Weibliche geschoben wird. Da ist die Rede von Fettschichten in der Haut, die – so sagt Behrens schulterklopfend zu Castorp – machen ja diese Rundungen, die wir an Frauen so schätzen, lieber Castorp. Also er zieht ihn da in diese Welt mit hinein. Aber ausgehend von der Frau Chauchat.

* Ja, ja, aber es ist eben eine andere Person, die das vornimmt, nämlich dieser Behrens, der irgendwo auch als Zyniker auftritt und dann sagt: Das ist 90% Wasser; und darin liegt ja schon wieder eine Desillusionierung. Und auch, wenn er sagt, das ist Fett und Wasser, was haben Sie also von der Brust. Also, das gehört eigentlich sogar mit herein in diese Argumentations-ebene, würde ich denken.

Karl Werner Böhm
Ich würde von mir aus gerne noch etwas zu dieser Todesmotivik sagen. Ich weiß nicht, ob die jemandem aufgestoßen ist. Ich habe da am Anfang einige Zitate vorgelesen von Mann, die ziemlich schrecklich sind, auch, wenn man die heute hört. Und zwar habe ich dazu einige Zitate gefunden, wie die Stelle gewertet wurde. Da gibt es eine Arbeit von Elmar Kraushaar, Magi-sterarbeit über den *Frommen Tanz*, da wurde dieser ganze Ehe–Aufsatz ge-wertet als ein Rundumschlag gegen die Homosexualität. Da schreibt er wei-ter: "Deutlich formulierte Gegnerschaft zur homosexuellen Existenz des Soh-nes Klaus, Gegenrede zur Homosexualität zum Zeitpunkt des schwulen co-ming–out des Sohnes". Dann gibt es noch eine neuere Stelle in dieser *Klaus Mann Monographie* von Uwe Naumann. Der nennt den Aufsatz "ein scharfes Verdikt gegen die Homoerotik". Ich weiß nicht, ob das von Ihnen so als Verdikt empfunden wurde, als Gegenrede, als Attacke.

* Ich verweise auf ein Beitrag in dem *Lexikon homosexuelle Belletristik* über Thomas Manns Rede *Von deutscher Republik*. In dieser Rede läßt er sich ja ausdrücklich ein paar Seiten lang positiv über eben das, was Thomas Mann Homoerotik nennt, aus. Ich meine, daß Thomas Mann einen anderen Weg ge-wählt hat als Klaus Mann, auch einer anderen Generation angehört. Aber ich wundere mich immer sehr, wie man einen so eminent päderastischen Autor wie Thomas Mann, bei dem in keinem Werk, meine ich, entsprechende Inhalte

fehlen, als so etwas wie einen Schwulenfeind darstellen kann und sollte; zuletzt übrigens geschehen in geradezu niveauloser Weise in einem in der *Zeit* erschienenen Aufsatz Hubert Fichtes über Platen, in dem er also den schwulen Autor Platen gegen den schwulenfeindlichen Autor Thomas Mann in Schutz nimmt. Thomas Mann versuche, so Fichte, Platen als Schwulen lächerlich zu machen. Wobei Fichte meiner Meinung nach wider besseres Wissen ignoriert, in welcher Existenz Thomas Mann selber lebte.

Karl Werner Böhm

Vielleicht sage ich nochmal was zum Ehe-Aufsatz, zu dieser Todesmotivik. Das ist eigentlich etwas, was mich immer fasziniert und erschreckt hat: warum er das mit Tod überhaupt in Zusammenhang bringt, diese Identifikation von Homosexualität und Tod, Todessehnsucht. Es ist eigentlich eindeutig, daß er versucht, sich in diesem Aufsatz von einer bestimmten Welt zu trennen. Er schreibt das Mitte der 20er Jahre und versucht dann Abschied zu nehmen von seinen ersten, von seinen frühen Sachen, vor allen Dingen von den Novellen oder auch von den *Betrachtungen eines Unpolitischen*, und er versucht Abschied zu nehmen von einer bestimmten Atmosphäre, die quasi von dieser Todesromantik durchdrungen ist. Und das sagt er auch in diesem Aufsatz selbst. Deshalb verstehe ich nicht, warum das als Attacke gegen Homosexualität gewertet wird.

* Das ist anders. Also bei Jahnn ist ja gerade, was die frühen Dramenfiguren angeht, dieses frühe gemeinsame Sterben der Kulminationspunkt des Daseins. Und bei Thomas Mann hat es eine ganz andere Dimension. Aber es wäre ja hochinteressant, dem mal nachzugehen, wie solche Fixierungen bei ihm entstanden sind. Also bei Aschenbach liegt es auf der Hand, aber ich weiß nicht, wie weit das nun wirklich eine Determinante in seinen Vorstellungen war.

* Man sollte hier vielleicht auf Klaus Mann verweisen, bei dem ja der Zusammenhang Todessehnsucht und Homosexualität so dominant ist, daß man es vielleicht als Überschrift über das Gesamtwerk Klaus Manns setzen kann.

* Ja, bei Klaus Mann ist es evident, aber es ist hier sicher wieder anders gefaßt. Wobei man vielleicht auch der Sache noch nachgehen müßte, wie weit er das auch geographisch so ein bißchen wegdreht. Tadzio ist Pole, Hippe

ebenfalls. Also, er versucht es, wenn man es einmal ganz simpel sagt, in etwas Exotisches zu wenden. Das muß nicht polnisch sein, aber er siedelt es
nicht an in Mitteleuropa, es ist immer irgendwo weggerückt, und das müßte
man mit dieser Todessymbolik zusammen nochmal untersuchen.

* Hängt das Ganze nicht mit der Künstlerproblematik bei Thomas Mann zusammen? Mit Tod, Krankheit, Homosexualität – daß also alle negativen Bestrebungen wieder produktiv sind, eben für die Künstlertätigkeit? Deswegen
ist es ambivalent: der Tod ist einerseits natürlich negativ zu sehen, weil er
die wirkliche Welt zerstört und die Welt überhaupt zerstört, aber andererseits ist Krankheit, Tod und so weiter die Bedingung der Möglichkeit der
künstlerischen Produktivität – und eben die Homosexualität auch. Darum ist
das alles bei Thomas Mann immer ambivalent, man kann nicht sagen, so und
so, sondern sowohl so als auch so – und das Ganze nochmal ironisiert.

Karl Werner Böhm
Ich habe ja gesagt, vielleicht besteht gerade da der Reiz des Buches, obwohl das auch zu eindeutig ist.

* Du sagst Künstlerproblematik – da würde ich insbesondere hinweisen auf
den Narzißmus des Künstlers. Es ist hier auch eine narzißtische
Problematik, Auflösungsphantasien und gleichzeitig künstlerisches Schaffen
als Wiederherstellung. Da ist es, glaube ich, angesiedelt. Also, Nekrophilie
wird ja auch immer irgendwie als Pathologie des Narzißmus gedeutet.

Maria Kalveram

Signe – eine "autonome" Frau im Werk eines homosexuellen Autors?

Seit einigen Jahren beschäftige ich mich mit den Werken Jahnns. Ich bin begeistert von seiner Prosa und entdecke immer wieder für mich neue und faszinierende Seiten an ihm.

Ich bin Feministin, vielleicht scheint es deswegen verständlich, daß ich mich gerade für die Frauen und deren Darstellung interessiere.

So vielseitig und -deutig Jahnns Männer-Figuren sind, so sind auch seine Frauen-Figuren: Jahnn ist ein Mann, der in seinen Werken Frauen teils traditionell, teils frauenfeindlich, aber auch fortschrittlich oder gar feministisch beschreibt. Eine der für mich interessantesten ist Signe aus Jahnns erstem Roman *Perrudja*.

Wenn ich Sekundärliteratur zu Jahnn lese, empfinde ich zumeist (bis auf wenige Ausnahmen, wie z.b. Wolffheim), daß diese Frau sehr vernachlässigt oder auch falsch gedeutet wird. Ich bringe zunächst, ohne weiteren Kommentar, einige solcher Deutungen:

So Jürgen Serke in seinem vielbeachteten Buch *Die verbrannten Dichter*: "Eine Liebesgeschichte zwischen dem phantasieausschweifenden und zugleich gehemmten Perrudja und dem Bauernmädchen Signe, die Geschichte, wie zwei nicht zusammen kommen können."

Wolfgang Koeppen sagt in einer Buchbesprechung zu *Perrudja* im *Berliner Börsencourier* 1932: "... Signe, die Frau, das Trollkind, Perrudjas Weib, die Begehrte, die immer Ferne, die nie Besessene, auch wenn sie bei ihm war und als Tier verkleidet um sein Lager schritt."

Klaus Mann in seiner Rezension zu *Perrudja*: "Das sind die vielen, vielen Märchen, die Perrudja erzählt als die bis zur Störrischkeit spröde Geliebte leibhaftig an seinem Bette sitzt; ..."

Und der Jahnn-Freund Walter Muschg: "Ebenso rückhaltlos wie die mann-männliche Liebe verherrlicht Jahnn die mann-weibliche. Er stellt Sehnsucht nach dem Weibe so glühend dar und spricht von der Seele der Frau so zart und wissend, wie es bei einem Homosexuellen nicht denkbar ist."

Die verkürzten oder verfälschenden Gesamturteile über Signe stehen für mich in ziemlich krassem Widerspruch zu der Intensität, mit der Jahnn Signes Kindheits- und Mädchengeschichte bis hin zu ihrer Biographie als Frau beschreibt.

In Hinsicht darauf, daß der 2. Teil von *Perrudja* fehlt, sagt Jahnn im Vorwort zur Ausgabe von 1958, daß er sich dessen bewußt ist, seinen Lesern noch etwas vom Lebenslauf der Frau Signe schuldig geblieben zu sein. Daran kann ich erkennen, wie wichtig für Jahnn diese Frau ist. Ich will nun aus meiner Perspektive die wichtigsten Merkmale von Signe zusammenfassen:

Signe wird uns vorgestellt als eine Frau, die nicht in übliche Rollenklischees hineinpaßt. Schon als Mädchen spielt sie nicht mit Puppen und ist nicht gewillt, sich an Hausarbeiten zu beteiligen. Sie klaut das Spielzeug ihres Bruders. Sie ist klug, doch lesen will sie nicht, da ihr alle Geschichten zu langweilig sind. Sie entwickelt sich zu einer selbstbewußten Frau, die stolz auf sich, ihren Charakter und ihren Körper ist. In einem Gespräch mit ihrer älteren Schwester Anna versucht Signe begreiflich zu machen, daß ihre Ausstrahlung und nicht ihre Schönheit auf Menschen wirkt, und daß sie selber auch häßliche Menschen mag, weil "... eine lichte Schönheit über dem Häßlichen ausgebreitet sein" kann. Signe will zu sich, auch zu dem "Unkraut" in sich stehen: Sie sagt: "'Ist es nicht ein Unrecht, leben zu wollen, wenn man ein Feind seiner Gestalt geworden? Atmen mit Lungen, die man erbrechen möchte? Speisen geben einem Bauch, dessen Fett man abreißen möchte? Wie vermag man mit Augen zu sehen, die in das Selbst hineinbeißen? Wie kann man mit Lüsten leben, denen man nur erliegt, ohne frei zu sein? Denen man frönt, ängstend in Sündigkeit? (...) Du singst die Meinung, man müsse Sklave sein, gedemütigt. –' (...) 'Warum soll es schlimm um das Schicksal des Menschen stehen, wenn er untersetzt gewachsen, ein wenig üppig? Womit kann bewiesen werden, daß schön allein ein schlanker Körper? Wo willst du Grenzen erfinden? (...) Vielleicht ist unser Streit, weil du ein weniges nicht bemerkst. An dir nicht, an deinen Nächsten nicht. (...) Du erkennst nicht, wo mich der Zorn der Verunstaltung geschlagen hat.'"

(*Perrudja*. Zitiert nach: H.H.J., *Werke und Tagebücher* Bd 1, Hamburg 1974, S.246f)

Signe will nicht Sklavin werden, sich nicht demütigen lassen. Sie weiß zwar um ihre Schönheit, setzt sie deswegen aber nicht bei anderen voraus. Das einzige, was sie will, ist, daß Menschen sich selbst gemäß leben. Dann, so sagt sie, könnte ich "mich durch einen schwachen, ganz und gar mißgestalteten Mann beschlafen lassen; wenn ich nur fühlte, er heult seinem vollkommenen Vorbild nach" (*P.*, S. 247)

Signe entwickelt, wie auch Gemma in *Fluß ohne Ufer*, eine eigenständige Sexualität. Sie entwickelt gegenüber Ragnvald, ihrem Knecht, sexuelle Gefühle, obwohl sie ihn nicht liebt. Sie schläft mit ihm, obwohl sie mit Perrudja, den sie liebt, verheiratet ist. Sie tut dies allein aus sexueller Lust und nicht, weil sie, wie sonst bei Jahnn in heterosexuellen Begegnungen häufig vorkommend, Phantasien entwickelt, schwanger zu werden, gebären zu wollen.

Dieses Frauenbild Jahnns ist sehr widersprüchlich; einerseits, das bezeichne ich als "fortschrittlich", verwirklicht sie in ihrer Beziehung zu Ragnvald eine eigene, lustbetonte Sexualität, andererseits, "traditionellerweise", spürt sie in ihrer Beziehung zu Perrudja durchaus den Wunsch, von ihm ein Kind zu bekommen.
Frauen werden, da sie bei Jahnn immer hetero-, niemals homosexuell wie die Männer sind, immer wieder auf die Funktion des Gebärens zurückgeworfen.
Im Unterschied zu Gemma, die Kinder von verschiedenen Männern hat, will Signe nur von Perrudja schwanger werden, da er derjenige ist, den sie liebt. Ragnvald jedenfalls droht sie an, ihn umzubringen, falls er sie schwängern würde. Dennoch scheint auch für Jahnn der Wunsch von Frauen, vom geliebten Mann geschwängert zu werden, zwangsläufig zu sein. Doch treten bei mir Zweifel an diesem herkömmlichen Bild auf, wenn ich das Kapitel *Das Hohelied des Gesetzes* betrachte: Es ist Signes Zeit in Oslo, wo sie sich nach der Trennung von Perrudja aufhält, um ihr inneres Gleichgewicht wiederzufinden. Signe wird durch mehrere Erlebnisse daran erinnert, daß sie nicht mit Perrudja geschlafen hat und, daß sie nicht schwanger ist. Sie begegnet einer Mutter mit ihrem Sohn: "Plötzlich trat ein großer kräfti-

ger Junge zu ihnen und redete die eine der beiden Frauen an. Er sagte: 'Mutter – ' Und sie antwortete süß, lächelnd, stolz, ein wenig ermüdet: 'Lieber Per– .' Signe wußte nicht mehr, wohin sie mit sich sollte (...) Neid bis in ihre Muskeln." (*P.*, S. 501)

Sie sieht in einer Kunsthandlung eine Gemälde von Munch: "Das starke Weib mit den strotzenden Brüsten, die Mutter, die Norge hieß (...) Signe verabscheute sie. Es war unmittelbare Fortpflanzung."

Am Tag darauf hat Signe ihre Menstruation, es ist das erste Mal in ihrem Leben, daß sie darunter leidet, deprimiert ist und Schmerzen hat. Sie ist völlig aus ihrem Gleichgewicht geworfen. "Die Beschlüsse ihres Leibes sind ihr unbegreiflich." Erst nach 2 Tagen erwacht Signes Lebenslust wieder. Ihr Weg führt sie erneut zu der Kunsthandlung. Dieses Mal sieht sie eine weibliche Figur im Schaufenster, die sie sehr beeindruckt: "Ein Weib war es, das man gebildet oder nachgebildet. Üppig, aber ganz hingegeben an die Lagerung unerbittlicher Knochen. Aus dem Becken schienen die Schenkel, der Bauch, die Ruhe unter den Brüsten ihre unbegreifliche Funktion zu nehmen, die ein Zwischending war: Halb Zweck halb Lust. Es war Signe, als ob sie erst jetzt begriffe, weshalb sie in der Gestalt eines Weibes einherging. Und sie fand es nicht schamlos, daß der Bildhauer alle Konturen des Körpers nachgespürt, bis zu den heimlichen Zeichen des Geschlechts." (*P.*, S. 508)

Ich denke, daß gerade dieses Kapitel viel über Signe, wie sie von Jahnn gestaltet ist, aussagt. Das "Gesetz" ist hier die unabänderliche Tatsache, daß sie alle 29 Tage ihre Menstruation bekommt, daß sie diesem Gesetz unterworfen ist und sich auch unterworfen fühlt.
Der Anblick des Gemäldes in der Kunsthandlung, das für sie unmittelbare Fortpflanzung ausstrahlt, bewirkt bei ihr Abscheu. Die Begegnung mit der Mutter des Knaben Per auf der Straße bewirkt, daß sie sich nichtsnutzig fühlt. Ihre Menstruation erinnert sie daran, daß sie von Perrudja nicht schwanger ist, daß auf einmal die Frage, schwanger oder nicht, für sie von Bedeutung ist.
Mir scheint es realistisch, daß Signe auf der einen Seite den Wunsch hat, schwanger zu werden, sich aber auf der anderen Seite wie in einem Gefängnis durch ihre Funktion als Gebärerin fühlt.

Ebenso offen, realistisch und sensibel geschrieben finde ich die Thematisierung der Menstruation. Ich habe bisher noch in keiner anderen Literatur eines Mannes die Beschreibung von Menstruation so nicht-mystifizierend und sich in die Situation der Frau hinbegebend gefunden, wie bei Jahnn.

Wie bereits gesagt, ist der Titel des Romankapitels *Das Hohelied des Gesetzes*. Auf der einen Seite das Hohelied, das sicherlich an das biblische Hohelied der Liebe anknüpft (ich möchte hier nur darauf hinweisen, daß dort die Freundin ihren Freund bittet, wie ein Reh oder ein Hirsch zu werden, und dies eine Anspielung auf die Nächte von Signe und Perrudja, in denen er auch als Hirsch auftritt, sein könnte!). Auf der anderen Seite das Gesetz der immer wiederkehrenden Menstruation, die Signe auch anzeigt, daß sie nicht schwanger ist. Doch Signe zeigt, daß sie nicht in ihren Depressionen verharrt. Beim Anblick der Statue (einer Frau) in der Kunsthandlung fühlt Signe, daß sie nicht *nur* Gebärerin, nicht nur an einen *Zweck* gebunden ist. Ich erinnere an das Zitat "Halb Zweck halb Lust"! Denn nach dieser Erfahrung ist Signe in der Lage, *lust*betonte Sexualität, eben mit ihrem Knecht Ragnvald, zu haben. Trotz ihrer unerfüllten Liebe zu Perrudja bleibt sie nicht im Leiden stecken: "... die Furcht fand immer die Auflösung in Geschäftigkeit. Die Sehnsucht zu Perrudja war wie eine klaffende Wunde, die täglich frisch aufsprang, aber sobald sie bluten wollte, kam ein Zauberer, der sie wieder schloß." (*P.*, S. 508)

Signe bleibt trotz ihrer unerfüllten Leidenschaft eine starke Person und Persönlichkeit.

Trotz dieser vielen nicht-klischeehaften, rollenunspezifischen Eigenschaften dieser Frau stört mich einiges am Bild der Signe: daß sie letztendlich, wie viele andere Frauen im Werk Jahnns auch, den Wunsch nach Schwangerschaft spürt, daß dies scheinbar das letzte und höchste Glück einer heterosexuellen erfüllten Liebe ist. Und, daß es für Frauen keine Möglichkeit zu einer Frauenbeziehung gibt; Frauen scheinen unausweichlich in heterosexuelle Beziehungsstrukturen eingebunden zu sein.

DISKUSSION

* Hans Henny Jahnn hat in seinen Tagebüchern in einer sehr merkwürdigen Weise über Schwangerschaft und Geburt gesprochen. Ich weiß nicht, wie Frauen das beurteilen. In seinen Tagebüchern äußert Jahnn wiederholt, daß er Frauen verachte, die bei der Geburt Schmerz zeigen, die nicht bereit sind, alles Schmerzhafte zurückzustellen gegenüber der Heimlicheit dieses Vorganges, der Bedeutung dieses Vorgangs. Wenn ich der in den USA unge- heuer verbreitete Typ der extrem schwulenfeindlichen oder vor allem päderastenfeindlichen Frau wäre, würde ich mich auf diese Stellen wie ein Aasgeier stürzen. Denn sie gehen sehr weit. Und sie sind zumindest ver- gleichbar etwa mit Pasolinis Äußerungen, in denen er sich gegen die Abtrei- bung ausspricht. Man müßte da vielleicht mehr in die Tiefe dringen, aber es wäre vielleicht von Interesse, auch in diesem Gesamtzusammenhang zu wis- sen, wie solche Stellen auf Frauen wirken. Zweitens eine kleine Frage zu Klaus Manns Rezension: Ist Signe nicht störrisch in unerträglicher Weise? Perrudja muß sich im Kampf gegen Thorstein Hoyer als Wilddieb abmühen unter den allerschlimmsten Bedingungen. Er hat immer die schwierigeren Voraussetzungen. Signe läßt das ganz kalt, sie zwingt ihn trotzdem. Ist das nicht störrisch?

Maria Kalveram

Mich stört, daß Frauen letztendlich doch auf die Funktion, die sie als Gebä- rerin haben, zurückgeworfen werden. Diese Stelle, die Du eben genannt hast, kommt ja auch in dem Roman *Ugrino und Ingrabanien* vor. Da macht Jahnn z.B. Frauen auch den Vorwurf, daß sie bei der Geburt schreien. Ir- gend eine Königin hatte Choräle gesungen, als sie ihren Sohn gebar. Und das findet er toll. Dieses Gefühl, daß Frauen auf die Funktion des Gebärens zurückgeworfen werden, hebt sich bei mir ein bißchen dadurch auf, daß das z.B. auch bei den Männerbeziehungen auftaucht. Also es gibt eine Stelle, wo Hein etwa sagt: Machen wir nur aus Feigheit kein Loch in uns hinein und können deswegen keine Kinder gebären? Also auch die Männer werden dargestellt, als hätten sie den Wunsch, selber gebären zu können. Was mich daran stört, natürlich, daß Jahnn diese Stellen anspricht − er als Mann könnte es eigentlich besser.

* Ich wollte nur kurz eingehen auf die Klaus-Mann-Rezension. Für Klaus Mann ist es so gewesen in dieser Rezension, daß er stillschweigend ein Motiv darin angerufen oder ausgerufen hat, das für ihn eine große Rolle spielt: das Am-Bett-Sitzen des störrischen Geliebten und das Geschichtenerzählen als einzige Verbindung, die überhaupt möglich ist. Damit ist für Klaus Mann ein homosexuelles Motiv zumindest angetippt, das er selbst sehr häufig aufgegriffen hat und auch schon aufgegriffen hatte im *Frommen Tanz*. Was für mich auch wichtig ist: daß ein Projektionselement hereinkommt, also daß Klaus Mann sich in seiner Rezension auch spiegelt.

* Zurück zum "Gebärneid". Ich lese Literatur nicht mehr so, daß ich mich immer ganz direkt betroffen fühle. Ich meine, was Jahnn über Frauen schreibt, interessiert im Hinblick auf Jahnn, aber nicht im Hinblick auf mich selbst. Und da kommen wir zu verschiedenen ganz interessanten Interpretationsmöglichkeiten. Ich muß aufpassen, daß ich nicht zu psychoanalytisch werde, ich bin mit einem Psychoanalytiker verheiratet. Ich habe manchmal das Gefühl - ich will das nicht Neid nennen -, daß es für Jahnn eigentlich etwas ganz Tolles ist, Kinder kriegen zu können, und daß er das nicht kann. Man könnte auch überlegen, was die häufig vorkommenden Wunden im Bauch damit zu tun haben. Das kann ich aber ohne irgendwie böse zu werden lesen.

Maria Kalveram

Aber was mich daran stört, eben nochmal, ist sozusagen: Ich als Mann könnte das besser. Das finde ich doch ein bißchen arrogant.

* Es gibt ja im *Joseph*-Roman von Thomas Mann eine Szene, wo Jakob mitgeteilt wird, daß Joseph verschwunden ist, und daß er sich in seiner Verzweiflung die Haare rauft, sich dann betrachtet und sagt: Vielleicht sind meine Brüste schon gewachsen, kann ich nicht auch ein Kind gebären? Also das wäre eine Paralelle. Und, wenn es niemanden stört, finde ich, das Wort "Gebärneid" kann man als Arbeitsbegriff hier benutzen, ohne daß damit jemand diskriminiert wird.

* Ich fühle mich doch teilweise als Frau betroffen. Mich stören solche Sätze wie: Wenn ein Mann mit seiner letzten Kraft hundert Frauen schwängert. Das kommt ziemlich oft vor, z.B. in *Perrudja*. Das sind Begriffe vom Lei-

stungsmotiv her: ein Mann muß viele Frauen schwängern. Ich frage mich, warum benutzt Jahnn dieses Motiv so oft? Das kann ich mir nicht erklären, aber damit kann ich noch klar kommen. Was mich dann ganz massiv stört, das sind z.b. solche Stellen, wo Hein dieses Mädchen vergewaltigt und dann ausbezahlt mit Rentieren. Ich weiß nicht, ob Sie sich erinnern an diese Stelle, wo gesagt wird: "Tausend Rentiere, die Frau ist tausend Rentiere wert". Das ist mir wirklich ein Rätsel. Warum bringt Jahnn solche Passagen in sein Werk, und welche Bedeutung haben die? Ich frage mich dann auch: In was für einer Beziehung hat Jahnn mit seiner Frau gelebt? Das kommt mir als erstes in den Kopf.

* Es ist Jahnn offenbar doch ein Bedürfnis, dieses weibliche Prinzip Gebären zu können, Lieben zu können als sehr eigenständige Möglichkeit hier einzuräumen.

* Nochmal zurück zu dem Gebärneid und der Frage, was einen daran stören könnte. Wenn Jahnn aus diesem Gebärneid bei Männern den Schluß gezogen hat, daß Frauen irgendetwas können, was Männer nicht können, folgt sofort, daß sie gefälligst auch damit zufrieden sein sollen. Sonst brauchen sie dann nichts mehr zu können. Ihr Frauen könnt gebären, aber haltet im übrigen den Mund.

Maria Kalveram
Mich stört die Reduktion auf Gebärneid, und die sehe ich bei Signe noch relativ wenig. Bei Gemma, die auch eine autonome und starke Persönlichkeit und Frau ist, denke ich an eine Mutter, wie sie sich wohl alle von uns wünschen würden. Wenn man die Gespräche der Mutter mit ihrem pubertierenden Sohn hört, kann man eigentlich nur vor Neid erblassen und sich so eine Mutter wünschen. Aber sie ist Mutter. Und was mir noch auffällt: daß die Frauen immer Söhne gebären. Das finde ich nicht rein zufällig. Also ist es schon so, daß das männliche Prinzip immer wiederkehrt.

* Ich wollte noch auf einen anderen Aspekt eingehen. Da ging es um das nicht liebende, aber sexuell autonome Verhältnis von Signe zu Ragnvald. Ich frage mich an dieser Stelle, aber auch darüber hinaus, ob diese Form von autonomer, lustbetonter Sexualität ohne Liebe nicht immer dann kompensiert wird oder nur möglich wird im Verhältnis zu untergeordneten Personen. Das

sind dann immer Knechte. Mir fiel sofort *Lady Chatterley* ein. Da muß es
natürlich ein Gärtner sein. Das sind einfache Gemüter, aber die sind vital.
Ich spekuliere jetzt mal weiter. Dann habe ich den dumpfen Verdacht, als
würde ein Gegensatz zwischen Liebe und Sexualität aufgebaut werden. Das
eine schließt das andere immer aus. Wenn man also davon ausgeht, daß
Signe Perrudja liebt, dann könnte man sagen, schon deswegen kann das gar
nicht klappen. Sie braucht also jemanden, den sie nicht liebt, der vital,
aber sozusagen nicht mit ihr auf einer Ebene steht, sozial oder sonstwie,
dann kann es klappen. Ist das Unsinn? Oder kann man das vielleicht nicht
an anderen Stellen auch noch finden? Ich meine, bei Jahnn gibt es öfter
Knechte, die sexuelle Funktionen übernehmen.

* Was mich an der Darstellung ein bißchen gestört hat, ist, daß hier behauptet wird, Jahnn würde einen Typ Frau darstellen; wogegen ich finde,
daß er eine ganz besondere Frau darstellt und gerade deswegen eben nicht
in bestimmte Klischeevorstellungen von Frauen verfällt. Wie ich eben auch
nicht finde, daß die Funktion des Gebärens als Haupt- oder Endziel dargestellt wird. Eigentlich ist gar nicht die Funktion des Gebärens bei Signe
wichtig, sondern es ist wirklich einfach dieses körperliche Gefühl, schwanger zu sein. Ich würde Signe als weibliche Antiheldin bezeichnen, als Parallele zu Perrudja. Und ich finde auch nicht, daß der Charakter also ein-
strängig ist, sondern ganz viele Brüche und verschiedene Aspekte aufzunehmen fähig ist. Ein ganz wichtiger Punkt ist meines Erachtens ihr Narzißmus. Und zu der Szene in Oslo, die fand ich auch zu einseitig dargestellt.
Gerade da wird sichtbar, daß sie alle Situationen in sich aufnehmen kann.
Sowohl Perrudja kann sie lieben, als auch die rein sinnliche Beziehung zu
ihrem Knecht haben. Sie hat eben auf der einen Seite diese Vorstellung von
der absoluten Männlichkeit und der "Fruchtbarkeit der Lenden", andererseits liebt sie die Schwäche und die Häßlichkeit. Das sind verschiedene
Dinge. Und die kann sie irgendwie vereinen, das finde ich wichtig. Ich
glaube, sie genießt auch, daß sie selbst Konstituierende gewisser Situationen oder Atmosphären ist. Denn daß die Rivalen um sie kämpfen, gibt ihr
Identität. Das zeigt sich z.B. ganz deutlich, indem sie sich Thorstein dann
doch hingibt, aber erst als er tot ist. Sie konstituiert sich eigentlich immer
nur selbst.

* Mir geht es bei Frauen bei Hans Henny Jahnn so, daß ich denke, daß die ein ungebrochenes Naturbezogen−Sein und Nicht−gestört−Sein haben, was für mich ja heute gar nicht mehr geht, weil ich einfach verstört bin. Was ich daran aber vermisse, ist, daß er Frauen nie zugesteht kreativ zu sein, daß nur der Mann was tut, daß er Musik macht, daß er schreibt, daß er was erfindet. Und daß Jahnn nicht einmal eine Ahnung davon hat, daß eine Frau auch sowas machen könnte.

* Daß Signe im Grunde ein ganz instinkthaftes Wesen ist, dem widerspricht, überhaupt von Funktionen des Gebärens zu sprechen. Diese ganze Szene in Oslo steht aber im Gegensatz zu ihrer Instinkthaftigkeit. Das hat alles überhaupt nichts mit diesen Klischeeinordnungen zu tun. Das ist eben tatsächlich mal was ganz anderes. Und das ist mir an diesem Referat zu kurz gekommen.

Maria Kalveram
Das Instinkthafte finde ich gerade das Schlimme dabei. Das geht mir total gegen den Strich. Jahnn schreibt nicht, daß z.B. auch Frauen kreativ werden können, auch Gedanken haben können, eine gedankliche Verbindung zu Frauen, Freundschaften haben können. Das läßt er ganz aus. Und wenn dann dieser Instinkt und dieses Naturhafte sich letztendlich darauf reduziert, daß es meine Fähigkeit ist, Kinder zu gebären, dann pfeife ich auf den Instinkt. Ein Wort noch zu meinem Referat: Ich habe einen Aspekt der Signe herausgegriffen und vorher gesagt, daß die Frau sehr vieldeutig und −seitig ist. Ich nenne nur das, was mich dabei stört. Und ich denke, daß dies auch mit der Literatur eines Mannes zu tun hat. Ich denke schon, daß man ein bißchen berücksichtigen sollte, daß Jahnn den Frauen dies vielleicht gar nicht zugetraut hat. Das heißt nicht, daß Signe nur auf die Rolle einer Gebärerin reduziert ist. Nur, gerade bei ihr, da sie so eine vielschichtige Frau ist, stört es mich, daß letztendlich immer noch dieses Naturhafte oder Instinkthafte dasteht. Das muß sein. Eine Frau ohne Gebärfunktion ist anscheinend keine Frau.

* Ich möchte doch in dieser Frage unterscheiden zwischen − sagen wir es so lax − Mythisierung des Gebärens und einer traditionellen Mutterrolle. Das sind einfach zwei Paar Schuhe. Die Mutterrolle wird man bei Jahnn viel we-

niger finden als diesen wirklich oft recht neidvollen Blick auf die Gebärfä-
higkeit. Es ist natürlich richtig, daß da eine thematische Gegenüberstellung
bei Jahnn anzutreffen ist, also das Produktionsvermögen der Frauen ist
eben das Gebären, und die Männer machen Kunst, ganz pauschal gesagt.
Was es bei Jahnn nicht gibt, das ist so eine Potenzprotzerei, das stimmt
nicht. Die Sache mit dem Lappenmädchen, da würde ich schlicht und einfach
sagen: das beschreibt Jahnn, weil es das gibt, und zwar nicht nur in
Lappland. Und was das zweite betrifft, das ist ein ganz spezifisches
Leitmotiv. Der Mann, der mit seinem Samen hundert – hundert ist eine Zahl
–, tausend, zehntausend Frauen schwängert, der wird die Welt beherrschen.
Das ist das Alexander-Motiv, das ist also Jahnns Vorstellung, an der
sicherlich zu überlegen ist, was sie eigentlich bedeutet. Das ist einfach eine
bestimmte Auffassung des Alexander-Zuges, das ist eine Auffassung von
marodierenden Horden, die die einheimischen Frauen des eroberten Landes
vergewaltigen, wodurch eine Unzahl von Verbindungen geschaffen wird.
Entschuldigen Sie – wenn Sie *Perrudja* gelesen haben, fanden Sie das da
auch so albern?

* Kritisiert worden ist doch nicht, daß Jahnn ein origineller Erfinder so einer Idee war. Deswegen kann man dem nicht entgegenhalten, das habe er
von Alexander oder von sonst woher, sondern kritisiert worden ist, daß das
einfach eine Phantasie, eine Vorstellung ist – wie real die immer war, irgendwann –, an der Frauen sich stören. Das kann ich eigentlich sehr gut
verstehen.

* Wir unterhalten uns hier doch über einen schwulen Schriftsteller, davon
gehe ich zumindest aus. Ich glaube, daß Hans Henny Jahnn den Frauen
grundsätzlich das Gebären neidet. Ich habe oft die Erfahrung gemacht, daß
es ein Problem vieler Homosexueller ist, keine Kinder gebären zu können,
bzw. keine Kinder zu haben, realiter, d.h. also, sie werden keine bekommen,
weil sie nie eine Verbindung zu einer Frau haben. Deswegen wollen sie es
besser machen. Ich halte also gar nicht so arg viel von dieser hohen Mystifizierung des Problems.

Maria Kalveram

Ich möchte schließen mit dem Hinweis auf eine Entwicklung, die ich in Jahnns Romanen sehe: daß sein letzter Roman, von dem gestern immer wieder gesagt wurde, daß das der Roman sei, den er sich schulde, daß es da praktisch keine große Frauenfigur mehr wie Gemma oder Signe gibt. Daß da aber der Wunsch von diesem Männerpaar geäußert wird, einen kleinen Matthieu haben zu wollen. Ich denke, daß das schon etwas aufzeigt.

Gespräch mit Heinrich Christian Meier

Wolfgang Popp

Heinrich Christian Meier, Schriftsteller und Dramaturg, ist einer der wenigen noch lebenden persönlichen Freunde Hans Henny Jahnns, der das Zustandekommen unseres Hans Henny Jahnn-Kolloquiums mit großer Anteilnahme verfolgte. Er war mit Jahnn seit den Ugrino-Jahren, 1926 - 29, freundschaftlich verbunden, hat insbesondere sein Leben auf Bornholm während des NS-Faschismus begleitet und gehört zu den ersten, die Jahnn die Rückkehr nach Deutschland nach 1945 ermöglicht und erleichtert haben. Sein Aufsatz zum 70. Geburtstag Jahnns in der Zeitschrift *Sinn und Form* gehört zu den wenigen Veröffentlichungen, die sich ausführlicher mit dem Ugrino-Projekt beschäftigen.

Ich will einen ganz kurzen Text vorlesen, um auch den Zusammenhang herzustellen zwischen Heinrich Christian Meier und Hans Henny Jahnn, einen Text, wo Jahnn selber über Meier etwas sagt. In dieser Passage stecken schon einige Fragen auch an Herrn Meier, sodaß wir über einen Text von Jahnn in dieses Gespräch hineinkommen könnten. Jahnn schreibt also: "Meine Freundschaft zu Heinrich Christian Meier begann sich auszukristallisieren, als er sich vorübergehend von Deutschland entfernt hatte und mich auf Bornholm besuchte und dort in Tagen und Nächten voll Ungewißheit den Nebel zu durchdringen versuchte, der seinen weiteren Lebensweg einhüllte. Er entschloß sich in der Tat nach Deutschland zurückzukehren. Dieser Entschluß wurde zu seinem unmittelbaren Verhängnis. Kurze Zeit nach seiner Rückkehr wurde er verhaftet. Ich habe Heinrich Christian Meiers Schrift 'So war es - Ein Bericht aus den Konzentrationslagern' gelesen und schließe daraus: Er ist nicht unverändert durch die Vorhölle gegangen. Das Bittere macht uns nicht milde, allenfalls unerschrocken. Die Lage des Dichters in unserer Zeit ist verändert. Vergeblich versuchen die Institutionen, die die öffentliche Meinung bilden, an alten Methoden und alten Maßstäben festzuhalten. Doch im einst so gehüteten Gebäude zeigen sich immer tiefere Risse. Der Chor der Atomforscher flüstert die Sprüche eines neuen Totentanzes. Die Erdkugel zittert und der Gedanke, das Empfinden des Dichters maßen sich an, Gedanken und Gefühle für Tausende zu sein. Der Dichter beginnt zu schreiben, zu rechten, zu rechnen. Die Fächer der Dichtkunst sind durcheinandergeworfen, und der Mann am Schreibtisch selbst hat sich gewandelt. Ein Lebender vermag nichts über einen Lebenden auszusagen." Und am Ende dieses Textes: "Doch wir beide, jeder auf seine Weise, schreien, um ein Unglück abzuwenden, eine Hoffnung zu retten, und man hält uns für unfein, für grob. Dichtung wird in Deutschland noch lange Zeit hart, abscheulich, verworren sein müssen. Was uns jetzt als weich, lieblich und klar entgegenkommt, taugt für unsere Zukunft nicht."

Heinrich Christian Meier

Ja, ich möchte mich erstmal bei Ihnen allen bedanken, daß Sie als Freunde Jahnns, nicht nur als Leser, hierhergekommen sind, um eine Anzahl Probleme, die sich natürlich durch die Bilder vom schwulen Jahnn stellen, zu lösen oder einer Lösung anzunähern. Ich bin natürlich auch nur halb ein Vertreter Jahnns, insofern, als ich niemals sein Geliebter war und er nicht meiner. Wir waren immer miteinander kritisch, und wir sind Schriftstellerkollegen gewesen. Also, es ist ein kritisches Kollegenverhältnis, von dem Sie ausgehen müssen. Das bedeutet aber natürlich auch, daß er gegen mich und ich gegen ihn Vorbehalte hatte. Und ich maße mir gar nicht an, alles zu erklären oder alles interpretieren zu können, was von Jahnn gekommen ist. Wichtig ist aber vielleicht doch eins, daß ich, als junger Mensch, 1926 zu Ugrino gekommen bin. Einige Monate nur, nicht ganz ein Jahr, habe ich zu Ugrino gehört. Dann auch das leise Vergehen von Ugrino in den darauffolgenden Jahren, das ich auch mit Enttäuschung und Bitternis festgestellt habe. Es ist wahrscheinlich ein Zeichen seiner Gradheit und seiner Ehrlichkeit, daß Jahnn dann mit der Sache Schluß gemacht hat. Und dann möchte ich Sie gleich auf etwas hinweisen, was Sie vielleicht nicht im vollen Umfange hier berücksichtigt haben: nämlich die unerhörte Veränderung, die im Laufe der Zeit doch mit Jahnn vorgegangen ist. Ich habe einmal versucht, die verschiedenen Stufen für Jahnn zusammenzustellen. Ich stelle sieben verschiedene Stufen fest, wobei der Schluß dann sehr stark ins Schopenhauer-Pessimistische ging. Also eine Düsternis der Zukunftssicht. Das war natürlich nicht immer so bei Jahnn. Vielleicht kann ich noch eine Sache vorausschicken: Wir Leute der 80er Jahre vergessen natürlich immer, daß – von 1900 bis 1920 etwa – so offen über Sexualität gar nicht gesprochen werden konnte. Also diese Liebesvorstellung, die wir alle noch mitbekommen haben aus dem christlich-bürgerlichen behavior, die hat mit einer

Diskussion, wie sie Wedekind oder Strindberg einfach vom Zaun brachen, und dann natürlich Brecht und Bronnen, wie das ja hier geschildert worden ist, gar nichts zu tun. Die Vorstellung, daß im Mittelpunkt der Liebe das Körperliche, Sexuelle steht, wie wir das ja heute durchaus annehmen, hat es gar nicht gegeben. Und so hat also eine Umwandlung von 1920 bis heute bis in die Tiefen unserer Vorstellungen und unseres Seelenlebens hinein stattgefunden. Das müssen wir vorausschicken. Und darauf führe ich auch diese Aversion gegen das homosexuelle Problem zurück. Das hängt zusammen mit dieser platonischen Liebesvorstellung.

* Sie haben sieben Stufen genannt. Die Stufe Ugrino würde mich sehr interessieren. Es wurde das Problem genannt, daß dort in dieser Gemeinde eben doch die Wissenden oben waren und die anderen darunter. Und da würde ich gerne etwas zu hören, auch wie es für Sie dann war.

* Genau das war die These, die ich gestern einfach dreist aufgestellt habe, zusammen mit der, daß dieser kultische Anspruch letztlich doch nicht zu verwirklichen war. Zweite Frage: es gab ja Bestrebungen nach dem Krieg, nochmal die Gemeinde aufleben zu lassen. Ob Sie darüber irgendetwas sagen können?

Heinrich Christian Meier

Es ist so: Ich war 1926 21 Jahre alt und hatte schon ein Stück verfaßt und eines war in Arbeit. Ich hatte mir auch einen kleinen Kreis von Freunden gebildet, teils ein Jahr älter oder zwei Jahre jünger, und aus diesen wurde ich gedrängt, Ugrino beizutreten. Dabei spielte noch eine Figur eine Rolle, ein junger Däne, der Neffe von Jürgensen, der dann auch bis 1936 mein Freund blieb. Ich habe ihn dann auch in Bornholm besucht, habe bei ihm und seiner Gattin gewohnt. Und dieser Leif Gregersen war ein Jahnn-Fanatiker, also das war jemand, für den war Jahnn der Messias. Und das blieb auch so, als Jahnn sich von Ugrino schon etwas entfernt hatte. Es gibt jetzt noch Figuren, wo man sagen könnte, die sind noch immer Ugrinisten im Sinne von Platon, also im Sinne von der Idee Ugrinos her. Jahnn war ein Verehrer des Leibes – Leib faßt nicht ganz das, was Jahnn meint, aber trotzdem wir wollen es mal so nennen. Die Gegenüberstellung Leib gegen Logos, Leib gegen Intellekt, Leib gegen Analyse, die ist doch sehr kennzeichnend auch als Unterlage für den kultischen und sakralen Wert Ugrinos, denn da berührt sich Ugrino mit der Wandervogel-Bewegung, mit den Geschwistern Wiesenthal, mit den Tanzgruppen und mit all dem Ganzen, was um 1920 und danach los war. Denn es war nicht nur Jahnn, der sagte: "Am Anfang ist der Leib", sondern das müssen wir sehen als eine Weltwende, wenn man so will. Derjenige, der dies am entschiedensten zu Ende des vorigen Jahrhunderts gelehrt hatte, war Nietzsche. Jahnn hat nun Nietzsche wahrscheinlich nie gelesen, aber dennoch war diese Leibver- ehrung, im Wandervogel, auch in den Tanzgruppen, auch bei Ellinor Jahnn, zu Jahnn gedrungen, so wie vieles, was wir vielleicht bewußt gar nicht aufnehmen, auch jetzt zu uns dringt. Dazu kommt natürlich alles, was ich über den schwulen Jahnn gesagt habe. Seiner – wie immer man es interpre- tiert – Veranlagung kam diese Leibvorstellung entgegen.

Nun, ich will Ihnen gerne eine Antwort auf Ihre Ugrino-Frage geben. Ich war zunächst noch sehr im – sagen wir mal – platonischen Denken befangen. Und ich habe zunächst, als man mir den Jahnn gab, sechs Seiten gelesen, dann habe ich das an die Wand geknallt und gesagt: das willst du doch nicht lesen. Das war die erste Reaktion. Dann habe ich ihn aber doch gelesen – und das kam von meiner Stendhal-Lektüre und von dem Hinweis Nietzsches auf Stendhal. Nietzsche stellte sich ja vor Stendhal und sagte: Das ist die richtige Literatur. Von dort her kam mir jetzt der Zugang zu Jahnn. Und nun trat ich ein. Ein junger Freund, junger Mitschüler, Erich Kohn, ein Halbjude, war der größte Antreiber vielleicht. Und nun waren wir ja schon eine kleine Gruppe Ugrinos, wenn man so will. Ich hatte schon auf der Lichtwark-Schule, bei Dr. Georg Jäger hatte ich schon Ramin gehört, ging in die Ugrino-Konzerte mit großer Begeisterung. Musikalisch war Ugrino sprühend, viel näher zu mir als die Literatur, das muß ich dabei auch sagen. Und übrigens, weil ich Nietzsche erwähnt habe, auch Nietzsche hatte diese Beziehung zur Musik wie Jahnn – das dürfen wir nicht verges- sen. Jedenfalls so bin ich also zu Jahnn gekommen. Die Gruppe, die man als die Wissenden bezeichnete, die Oberleiter, der Jürgensen, der Herr Eggers, residierten am Lindenplatz in Hamburg. Und alle jungen Mitglieder von Ugrino sagten: Es kommt ja nichts, was wollen denn diese Wissenden, küm- mern die sich denn gar nicht um uns.

Und dazu muß ich nun sagen: Jahnn war überhaupt kein Pädagoge. Das genaue Gegenteil von einem Pädagogen, er wollte auch von Pädagogik nichts wissen. Er wollte nicht einmal, daß man seine Kinder überhaupt erzog, sondern sie sollten aufwachsen wie die Blumen auf der Wiese. Es ist ihm sicher nie der Einfall gekommen, daß er die jungen Leute von Ugrino nun mal versammeln mußte, um über die Probleme zu sprechen. Ja und – wir kommen da zu etwas anderem: nicht jeder geniale Mensch ist imstande, eine Gruppe zu aktivieren, mit ihr zusammen etwas zu machen. Das wollte Jahnn nicht. Die Fähigkeit hatte er nicht. Dann mußte er alles machen, und das geht ja bekanntlich nicht. Nun hatte er diese Oberleiter, Buse, Eggers und Jürgensen. Jürgensen war der Mann mit dem Geld. Jahnn stand plötzlich dieser eigenen Oberleitergruppe gegenüber, weil er sich entwickelt hatte; die waren noch in Ugrino-Vorstellungen – übrigens auch in homoerotischen Fragen – verhaftet. Jahnn war nun plötzlich isoliert. Und als er dann John Cowper Powys, von dem er fast noch mehr begeistert war als von James Joyce, gelesen hatte, war der Moment eingetreten, wo er in seiner Entwicklung neue Aussichten, neue Erfahrungen und wahrscheinlich zum erstenmal ein Innewerden der modernen Welt überhaupt realisierte, also dieser Welt mit Atomenergie, wie wir sie heute haben und mit dem riesigen Verkehr. Und das alles hatte Jahnn über die Bücher von Powys und Joyce überhaupt deutlicher und klarer gesehen, als er es vorher gesehen hatte. Das ist ja auch gar nicht verwunderlich, denn die technische Aufbauarbeit begann ja nach dem I. Weltkrieg. Da begann ja dieser erste große Boom. Und die Zeit von '26, '27 ist auch die Zeit von Dessau, also des Dessauer Bauhauses usw. D.h., als beobachtender Realist mußte Jahnn von vielen Vorstellungen, die zu Ugrino gehörten, lassen und mußte versuchen, sich auf die gegenwärtige Realität der Welt umzustellen.

* Hat sich Jahnn jemals über das Bauhaus geäußert?

Heinrich Christian Meier

Nein, das lag ihm auch zunächst noch fern. Also Sie sehen: Hier ist eine moderne Welt abgründig auch vor Jahnn aufgetaucht. Das muß man sehen. Und dann ist er zu ganz anderen Schaffensprinzipien übergegangen. Wobei ich zu den Schaffensprinzipien noch gleich etwas sagen will. Die ersten Werke von Jahnn, an denen Sie ja beobachtet haben, daß es eine bestimmte

Art von Prosa ist, eine bestimmte Art von einfachen Sätzen, also nicht mehr die Art wie Thomas Mann schreibt, oder wie viele bürgerliche Schriftsteller mit hochdeutsch-süddeutscher Aufschachtelung schreiben, zeigen das Bestreben, einfache – wie im Englischen etwa oder wie im Plattdeutschen auch – Sätze zu konstruieren. Und ich bin allerdings der Überzeugung, mag sie auch vielleicht nur halbrichtig sein, daß Edschmid und Bronnen und einige mehr – ich brauche sie hier nicht zu nennen, es ist eine ganze Anzahl – zu diesem neuen Stil in der Prosa übergingen – und zwar ganz bewußt. Am stärksten ist es in der *Septembernovelle* von Bronnen, da kann man spüren, daß es konstruiert ist. Aber warum machten die das, das ist ja die Frage, glaube ich. Sie machten das, weil die alte logische und grammatikalisch nach dem griechischen Muster geformte Sprache eben nicht mehr ausreichte, um das Tier Wort, das schreiende Wort, das Wort der ganz starken Behauptung auszusprechen. Man mußte ganz einfach, für diese Wirklichkeit, die man jetzt begriff, das richtige Ausdrucksmittel finden, man machte eine neue Prosa.

* Wir sprechen ja im Moment über die Biographie, und Sie haben diese Biographie in sieben Abschnitte geteilt. Ich weiß nicht, wie Sie die letzten beiden Abschnitte begrenzen oder definieren würden. Mich würde zunächst dieser letzte Abschnitt interessieren. Ich selbst habe die letzten dreizehn Jahre aus nächster Nähe miterlebt. Und habe daher einen sehr deutlichen Eindruck, bei dem ich fragen möchte, ob Sie den teilen: nämlich, daß es eine massive Altersproblematik gab, die sich in zunehmendem Kreativitätsverlust äußerte. Und daß es zwischen diesem Kreativitätsverlust und der wachsenden politischen Aktivität einen kausalen Zusammenhang gab. Meine rückwirkende Wahrnehmung wäre eigentlich diejenige gewesen, daß er sich um so mehr, so sehr das seiner Anschauung entsprach, in die Antiatombewegung integrierte, je schwerer es ihm fiel, zu schreiben. Ich habe so eigentlich das Schreiben der *Nacht aus Blei* und *Jeden ereilt es* – es ist zitiert worden, daß das seine eigentliche Erfüllung als Liebesroman gewesen ist – doch in Erinnerung, daß das ein ungeheuer qualvolles Schreiben gewesen ist, dem er immer auszuweichen versuchte. Nun weiß ich nicht, ob Sie in dieser Phase sehr intensiven Kontakt gehabt haben und das bestätigen oder widerlegen können. Das ist die eine Frage. Die andere Frage bezieht sich auf den Zeitpunkt, den ich eben selbst nicht, sondern nur aus

Erzählungen kenne. Das ist die Ugrino-Phase. Mich würde doch sehr interessieren, ob Sie sagen könnten: wen zog eigentlich Ugrino an, gibt es eine Soziologie der Ugrinisten? Wer war das eigentlich? Also nach Erzählungen waren es einerseits – Sie haben es gesagt – Geldleute, die aber irgendwelche ideologischen Interessen hatten, so möchte ich es zunächst einmal sagen; und andererseits waren das irgendwelche – ja doch – dumpfe Irrationalisten. Oder können Sie das differnzierter sagen, ich kenne die Zeit ja selbst nicht.

* ... nur um es vielleicht noch zu präzisieren: Also ganz konkret würde mich interessieren der Zusammenhang zu den Anthroposophen. Die Paralleli-tät fällt auf zu Jahnns Versuchen, so ein Gesamtkunstwerk zu erfinden, so-gar Möbel zu entwerfen, Architektur zu machen, Kleidung zu entwerfen, Le-bensformen, Gemeinschaftsformen zu entwickeln, Ernährungsfragen zu klä-ren. Alles das hat ja auch eine Entsprechung bei den Anthroposophen. Und insofern stellt sich für mich erstmal als jemand, der sich mit dem Komplex nicht genauer beschäftigt hat, die Frage: wieso sind die Leute nicht zu Rudolf Steiner gegangen, sondern zu Ugrino?

* Meine Frage ist, ob Jahnn sich mit Weininger oder Klages, diesen Mode-philosophen der 20er Jahre, beschäftigt hat.

* Ich kenne nur die wenigen Erwähnungen des doch dann sehr kühl gewor-denen Verhältnisses zu Leip. Daher habe ich geschlossen, Jahnn hat sich da wiedererkannt, so seltsam das eigentlich auch ist, denn ich finde, man kann Jahnn da nicht wiedererkennen, auch nicht die Glaubensgemeinde. Aber er war doch Leip böse gewesen.

Heinrich Christian Meier

Fangen wir damit an. Über diese direkte Beziehung zu Hans Leip weiß ich gar nichts. Mit mir hat Jahnn niemals darüber gesprochen. Übrigens haben wir uns beide mit ausgezeichnetem Takt behandelt, d.h. ich habe Jahnn nie Fragen gestellt, die für ihn irgendwie hätten peinlich werden können. Und er hat mir auch nie Fragen gestellt, die für mich peinlich wären. Er war ein sehr sensibler Mensch. Es könnte ja manchem erscheinen, daß er grob war, vielleicht ist er es mal gewesen, das kann sein. Im Ganzen sind wir uns mit ausgezeichnetem Takt begegnet und nur darum ist diese Freundschaft über

30 Jahre so gut gegangen. Verstehen Sie? Er war sogar noch taktvoll, als er meinen Austrittsbrief bekam. Den habe ich 1927 geschrieben und habe mich beklagt, daß es keine Mitgliedsvereinigung von jungen Leuten usw. gab und habe gesagt: Schluß. Und dann hat er mir nur geantwortet, ich sei reichlich unbescheiden. Nun war das deswegen lustig, weil wir ihn als den unbescheidensten Menschen der Welt empfanden. Wir sind ja die besten Freunde erst nachher geworden. Aber zu dem Thema des frühen Ugrino. Es ist natürlich so, daß zum Beispiel Erich Ziegel und wahrscheinlich auch vorübergehend Gründgens – ja natürlich auch Ramin –, eine ganze Anzahl potenter Personen, Ugrino rein formal vorübergehend angehört haben. Aber bei der seltsamen Veranlagung Jahnns, gar nicht mit anderen zusammenarbeiten zu können, ist es ja auch nicht verwunderlich, daß keiner dieser, die als Wissende in Frage gekommen wären, überhaupt in diesen Kreis der Wissenden – also die Oberleitung – eingedrungen ist, sondern die Oberleitung ist dieser kleine Kreis um Jürgensen am Lindenplatz geblieben. Jahnn hatte nicht das Bedürfnis, aus jungen Anfängern oder z.T. sogar auch ungebildeten jungen Anfängern, also Arbeitern aus dem Wandervogel-Kreis nun Wissende zu machen.

* Das war ja die Frage. Gibt es noch bessere Charakterisierungen für diese jungen Leute als nur Wandervögel oder Arbeiter?

Heinrich Christian Meier
Ja, ich erinnere mich eines Menschen, der ja für Ugrino sehr wichtig war, das war Hans Richters. Hans Richters war auch ein Wandervogel, und er war ein Arbeiterkind. Er hatte aber als Büromensch allerlei gelernt, er hatte auch einen gewissen Unternehmungsgeist. Er war Organisator und stand zwischen Jahnn und dem Lindenplatz. Am Lindenplatz stieß er auf Intrigen und bei Jahnn stieß er auf mangelndes Interesse. Das muß man berücksichtigen: das rein Technische von Ugrino funktionierte nicht.

* Die soziale Herkunft der gewöhnlichen Ugrino-Mitglieder, ist die denn nun typisch oder kann man darüber nichts sagen?

Heinrich Christian Meier

Doch, sie ist typisch, sie war nicht die obere Schicht der Bildung, sondern sie war eine untere Schicht. Das war eben das merkwürdige, daß aus dem Wandervogel oder aus der Arbeiterbewegung Leute zustießen.

* Da wäre noch die Frage nach dem Gesamtkunstwerk.

Heinrich Christian Meier

Das Gesamtkunstwerk à la Wagner war ja tot – zu dieser Zeit. Bayreuth war schon damals eine historische Sache und eine Sache von bestimmten Kreisen. Aber es konnte sich nicht mehr in lebendige Kultur verwandeln, was ja Jahnn letzten Endes erstrebte, was Ugrino erstrebte. Und nun nochmal zu den Anthroposophen. Also von den Anthroposophen trennte Ugrino natürlich vollständig, daß die Anhänger Platons sind. Nebenbei: der Ihnen ja nicht unbekannte große DDR-Dichter Johannes R. Becher, der ja in seiner Jugend auch als Expressionist anfing, als Ultra-Expressionist, war zu der Zeit, als ich ihn zuerst in Berlin kennenlernte, 1928, eng verbunden mit den Anthroposophen. Und er ging zu Eurythmiegestaltungen. Damit hatte Ugrino und Jahnn – ich würde fast sagen: geschmackvollerweise – gar nichts zu tun.

* Was für eine Art Gymnastik hat Ellinor Jahnn gemacht?

Heinrich Christian Meier

Sie war eine streng nüchterne Gymnastiklehrerin, gewiß mit großen tänzerischen Freuden, aber doch nicht mit diesem mysteriösen Ausdruck des Tanzes, wie wir ihn in den 20ern oder auch in den 30er Jahren hatten.

* Es war vom Kreativitätsverfall die Rede. Könnte das damit zusammenhängen, daß Jahnn tatsächlich nicht mehr die Philosophie des harmonikalen Weltsystems hat, die er einmal hatte, daß deswegen auch seine poetische Kreativität verfällt, und daß er jetzt nur noch in rein politischem, gesellschaftlichem Zusammenhang gegen die drohende Zerstörung der Welt durch die Atombombe kämpft? Das ist mir noch nicht erklärlich, wie man sowas machen kann. Also auf der einen Seite meinen, es hat sowieso keinen Sinn, dann aber noch nicht mal die poetische Kraft dafür einzusetzen und dagegen zu kämpfen, wie er das früher gemacht hat, sondern plötzlich gar nicht mehr zu dichten.

Heinrich Christian Meier

Eine Antwort darauf ist dieser berühmte Satz, den Sie ja in *Fluß ohne Ufer* haben: "Es ist, wie es ist. Und es ist fürchterlich." Und das zweite ist, er sagte mir in unserem letzten Telefongespräch, das wir 1958 zusammen hatten: "Du mußt verstehen," – und das ist jetzt die Umkehrung dessen, was Sie gesagt haben – "man kommt vor lauter Beschäftigung nicht mehr zur Arbeit". D.h. die Organisation, der Einsatz gegen die Atomenergie – auch in dem Kreis, in dem ich mit ihm tätig war, also Kulturbund usw., der ja von Bonn und von Adenauer auf das schärfste bekämpft wurde –, das war so zeitraubend und in mancher Weise auch so enervierend, daß er nun dauernd beschäftigt war, aber nicht mehr zu seiner Arbeit kam.

* Ich meine es umgekehrt.

* Ich glaube, daß zuerst die Literatur entstanden ist unter dem Gesichtspunkt Abbildung des harmonikalen Weltbildes, aber in *Fluß ohne Ufer* ist ja schon der Grundzug, daß es eben fürchterlich ist. Also da wird schon keine harmonikale Sichtweise mehr präsentiert. Und das ist ja nun trotzdem sein literarisches Hauptwerk gewesen, in den 30er Jahren entstanden. Der Verfall dieses Weltbildes hat längst früher eingesetzt, denke ich. Und damit hing – glaube ich – die schriftstellerische Produktivität nicht zusammen.

* Es gibt einen Brief von Trede in der Arbeit von Jürg Bachmann, wo Trede gerade den Harmoniebegriff kritisiert und sagt, er könne damit nichts anfangen. Und da ist Jahnn ganz betroffen über diesen Brief und antwortet, er müsse ihm recht geben.

Heinrich Christian Meier

Wann war das?

* In den frühen 40ern. Also während des Krieges. Während der Arbeit am *Fluß*, aber nicht in den 30er Jahren.

* Und dann habe ich noch etwas anderes. Jahnn in den 50er Jahren muß man sich so vorstellen: abends viele Freunde, es ging dann bis zur Mitternacht, und Jahnn hat zum Schluß alle hinausgeworfen und gesagt: ich muß ja eigentlich morgen früh arbeiten, aber ich bin jetzt so müde, wahrschein-

lich stehe ich jetzt wieder zu spät auf und komme nicht an meine Arbeit. Da bin ich also ein Mitschuldiger, ich war nämlich auch oft da. Jahnn hatte eine ungeheure Freude am Kontakt mit Menschen und an Gesprächen, obwohl er meistens sehr monologisiert hat. Wenn man eine Frage stellte, dann kam nicht eine Antwort, sondern eine Geschichte. Und dann wollte ich noch etwas anderes sagen. Und zwar zu Nietzsche. Ich habe mich 1950 einmal mit Jahnn unterhalten, mit anderen zusammen. Ich zitiere aus meinen Aufzeichnungen: "Ich fragte Jahnn, ob nicht auch außermusikalische Kunstformen eine Art Musik sein könnten. Jahnn verneinte entschieden. Nur in der Musik und in der Baukunst könnte das Gesetz des Rhythmischen verwirklicht werden. Mit Deutschen würde es besser bestellt sein, wenn sie Goethe, Beethoven und Kant abschafften. Er wandte sich auch gegen Nietzsche. Jahnn leugnete nicht den Sinn des Kampfes ums Dasein. Er sehe ihn aber anders als Nietzsche. Er lehnte das Christentum ab, weil es für gute Taten eine Belohnung im Jenseits verspreche, also die Gläubigen mit einer Art Bestechung fange. Die Gottesvorstellung habe den Zweck, das Unerklärliche mit etwas Erklärlichem auszufüllen. Nur das Erfahrbare, Geschaute, durch die Sinne Gegebene sei verläßlich. Die Menschen beschäftigten sich mit Fragen, für deren Antwort ihr Gehör nicht gebaut sei. Alle Erklärungen blieben Bilder, die dem Gesehenen und Geschauten entnommen seien. Viele Fragen brauchten Menschen gar nicht zu interessieren. Da gibt es die Ultrakurzwelle, ich kann sie nicht sehen, warum soll ich mich mit ihr beschäftigen. Inzwischen waren wir im Hirschpark-Haus angelangt. Die Quelle aller philosophischen Spekulationen, die über das Erfahrbare und über das den Menschen Notwendige hinausgehen, sei die Kunst. Zum Leben unfähige Menschen hätten mit ihrer Hilfe Propaganda, etwa für dicke Frauen, gemacht und das Denken in bestimmte Bahnen gelenkt. In der *Niederschrift* stellen wir mehr darüber fest. Dennoch sei Kunst das einzige Phänomen, das seinem Ursprung nach nicht rational erklärbar sei. Die Kunst ist völlig ohne Zweck und Ziel. Frau Jahnn fügte hinzu: Ebenso ist ja auch die Natur ohne Zweck und Ziel. Jahnn erzählte die Geschichte vom chinesischen Kuli und Mao Tse Tung. Während der seine Rikscha zog, in der ein Amerikaner saß, habe er mit einem kleinen Freund die Revolution besprochen. Jahnn las ein Zitat aus einer ostdeutschen Zeitschrift vor. Diese Zeitschrift habe die Theorie eines amerikanischen Generals erwähnt, wie man

Chinesen am besten beseitigen könne. Nur Atomwaffen kämen in Frage, da
das Erschießen zu lange dauern würde. Es würde Jahre dauern, ganz China
auszurotten. Eine Millionärin, mit der Jahnn in der Schweiz an einem Tisch
saß, habe erklärt, daß man alle Russen erschießen müßte. Er, Jahnn, habe
geantwortet: Ja, aber dann Sie zuerst". – Schluß. Ich habe dies im Zusammenhang gebracht mit diesem Nietzsche–Zitat.

* Ich hatte, wenn ich das mal in aller Offenheit sagen darf, als er mit 65
starb, das Gefühl, sein Leben ist am Ende, und es gab für mich viele Vor-
signale in dieser Richtung. Das Vorsignal, das ich anzusprechen versucht
habe, war die Flucht vor dem Schreiben in den letzten Jahren. Zu der
Flucht gehörte die Aktivität in der Atomfrage, die Mainzer Akademie, das
Herumreisen in all diesen Aktivitäten, zu der Flucht gehört aber auch, daß
er liebend gerne von jedem jederzeit von seiner Arbeit abgehalten werden
konnte, um die Kontakte zu pflegen, von denen gesprochen wurde.

* Ich habe nochmal über diese Frage von künstlerischer Produktivität
nachgedacht. Also der *Perrudja* ist ja unvollendet und da geht es ja um
diese chemischen· Waffen, die da erfunden werden. Und dann gibt es ja die
Aussagen von Jahnn, was die Zündung der Atombombe für ihn bedeutet hat,
daß also im Grunde *Perrudja* dann gar nicht mehr vollendbar war. Und
meine Frage ist, was bedeutet es für Jahnn, dieses Konzept gehabt zu haben von *Perrudja*, wie er den hat vielleicht vollenden wollen und nicht vollenden können, und dann die Realität der Atombombe. Wie hat sich das aus-
gewirkt auf die künstlerische Kreativität? Das ist für mich eine Frage geworden.

Heinrich Christian Meier
Es ist so: Es waren fünf oder sechs Sachen, die alle zuletzt auf Jahnn la-
steten. Einmal war er krank gewesen. Sie wissen ja, er ist in Paris schwer
erkrankt, es war eine Lebersache. Zweitens war also diese Atombombe. Er
hat mir zum Beispiel am Telefon noch gesagt, man könne jetzt Atombomben
herstellen, die wenig Geld kosteten und die könnte ein Mann 'rübertragen,
die könnte man zu Hunderttausenden herstellen und das wäre also das
Ende. Das ist jetzt 26 Jahre schon her. Und das weitere war die Befürchtung, die ja durch Ugrino hindurch gegangen war, die Befürchtung der

Übervölkerung. Am Anfang war Ugrino natürlich gegen die Unterbrechung der Schwangerschaft, ganz klar, aber Jahnn erkannte dann, und das hat sich dann herumgesprochen, wenn das so mit der Vermehrung der Menschen weiterginge, daß diese Menschheit dadurch zum Untergang kommen müßte. Was ja leider eine gefährliche Wahrheit ist. Das hat ihn also ebenso gequält. Und dann war viertens die Akademie. Er wollte sich noch in Hamburg integrieren, er wollte noch eine Sache machen, die seine Sache weiterträgt natürlich auch, aber die im Sinne seiner ursprünglichen Vorstandschaft im Kartell der Hamburger Künstler lag. Er wollte also da etwas derartiges noch setzen wie diese Akademie, wobei dann Italiaander ihm sehr geholfen hat. Italiaander ist zur Hälfte Mit-Kreativer an dieser Akademie, das hat mir Jahnn wiederholt bezeugt, obwohl er ihn nachher fallenlassen hat. Es gab ja um die Akademie schreckliche, lange Debatten, denen er viel kreative Kraft hat opfern müssen. Und wenn er schon nicht mehr genug Kraft hatte, wie Sie vielleicht mit einigem Recht annehmen, dann war es umso schlimmer. Dann kam schließlich noch hinzu, daß in der Akademie selbst dann auch noch eine schreckliche Opposition gegen ihn ausbrach. Denn es gab da ja Richtungen, mit denen hatte er nun überhaupt nichts zu tun. Sie sehen, hier war ein Mensch an die Grenze seiner Kräfte gekommen, insofern möchte ich Ihrer Deutung entgegenkommen.

Aber ich finde es im Grunde schade, daß man andere doch auch sehr wichtige Stufen in diesem Lebensablauf nun nicht sorgfältig genug hat durchgehen können. Das muß ich mindestens noch sagen: als Gast in Bornholm bin ich ja immerhin fast einen Monat direkt auf dem Hof gewesen, wo ich erlebte, wie man mit drei Frauen lebt: der Ehefrau, der Frau, die man sinnlich, leiblich liebt, und dann auch noch einer Frau, die das Haus führt, also der Frau Harms. Denn Ellinor hatte ja keine Lust zum Hausstand, also wenig. Und diese Fotografin, die Judit, war ja auch ein origineller Vogel, würde ich sagen, die sehr viel beanspruchte für sich. Und beide Frauen mußten mit ihr manchmal im Streit liegen. Es war so schwierig. Ich bin auch leider Zeuge einer Szene geworden zwischen Jahnn und Judit, wo ich dann gesehen habe: Ja, auch so ein genialer und geschmackvoller feiner Mensch wie Jahnn kann gelegentlich mal ausflippen – und das hat er dann auch kräftig getan. Es war natürlich auch eine vollkommen unmögliche Situation.

Wovon ich nichts gemerkt habe in diesen ganzen vier Wochen, war gerade Ihr Thema. Also das Thema Homosexualität hat da gar keine Rolle gespielt – überhaupt keine, sodaß man also durchaus den Eindruck gewinnen konnte, er führe eine bürgerliche Ehe. Was Jahnns Homosexualität angeht, so müßte man mal untersuchen, was vielleicht die Ursache in der frühen Kindheitsentwicklung sein könnte. Wenn die Mutter zu ihm so dumm war – das kann ich gar nicht anders bezeichnen – einem noch unreifen Kind zu sagen: Du bist nur ein Ersatz für jemand anderen, dann ist das natürlich ein gefährlicher Einbruch in eine werdende und sehr intelligente Seele. Und zweitens: Sie hat ja oft überhaupt nicht die mütterliche Wärme an dieses Kind gegeben, nach der Jahnn immer, ewig wohl Sehnsucht hatte, und die er vielleicht überhaupt nicht gefunden hat, eine bestimmte animalische Wärme. Könnte es sein, daß an dieser Stelle seiner Entwicklung ein "kleines Malheur" passiert ist? Und daß von dieser Störung her sich eine ganze Menge positiver und negativer Fragestellungen für die Jahnnsche Tragik ergeben hat?

Abschlußgespräch

Männerfreundschaft bei Hans Henny Jahnn. **Mit welcher Sprache reden wir darüber?**

Wolfgang Popp

Wir hatten ausgemacht, daß ich, bevor wir in das Gespräch über die Sprache einsteigen, kurz über den Skandal berichte, der hier die Bürgerwelt bewegt. Und zwar wird er ausgelöst durch unser Stadtmagazin *Der TIP*, der auf der Titelseite die Schlagzeile "Hans Henny Jahnn" – mit einem "n" geschrieben – "schwuler geht's nicht" trägt und dann im Innenteil unter der Rubrik "Buchbesprechung" sogar recht ausführlich – eine Mischung anbietet aus Interview mit mir und zusammengetragenem Wissen über Jahnn aus verschiedenen Büchern. Man hört ein bißchen Schweikert und Heißenbüttel durch, aber relativ wenig über das Buch, das eigentlich besprochen werden soll. Also mehr der Versuch – würde ich sagen – für die *TIP*-Leser so einen allgemeinen Eindruck von diesem Autor Jahnn zu geben. Und das natürlich jetzt mit dem Signal "schwul". Diese *TIP*-Veröffentlichung hat dann dazu geführt, daß der Kollege, der die Jahnn-Lesung machen wollte, gesagt hat, unter diesen Bedingungen wolle er nicht mehr mitmachen. Ich will hier seine Begründung nicht weiter ansprechen.

Die andere Reaktion auf diese *TIP*-Veröffentlichung war, daß die stellvertretende Bürgermeisterin kurzfristig, nämlich gestern morgen, ihr Grußwort abgesagt hat. Die Bürgermeisterin ist eine ältere Dame und eine couragierte SPD-Frau, die zunächst der Meinung war, sie hätte keine Berührungsängste mit "so einem Thema" und dann zum Schluß doch wohl – ich weiß es nicht – Angst hatte davor, daß sie politisch gelähmt wird, wenn sie jetzt, nachdem das so hochgeputscht ist, hier auftritt. Ich wollte in der Lesung eine kurze Einleitung machen und wollte auch zu dieser Sache Stellung nehmen. Nur diese Passage aus meiner Einleitung will ich vielleicht vorlesen: "Unser Siegener Stadtmagazin *der TIP* hat mit einem relativ ausführlichen Artikel auf Jahnn und das Kolloquium aufmerksam gemacht und vielleicht Sensationslust geweckt. "Schwuler geht's nicht", verheißt das Titelblatt in Verbindung mit einem falsch geschriebenen Jahnn. Ich will das journalistische Bemühen der

Zeitungsmacher nicht geringschätzen. Aus der notwendig beschränkten Kenntnis Jahnns durch das Jahnn-Lesebuch, aus der Lektüre unseres Kolloquium-Readers und aus einem etwa zweistündigen Interview mit mir einen zwei-, drei-Seiten-Artikel zu machen, das ist sicher ein journalistisches Wagnis und Kunststück. Und das Ergebnis scheint mir weniger typisch zu sein für einen wie immer zu kritisierenden *TIP*-Journalismus, als vielmehr für den Stand des sogenannten bürgerlichen Bewußtseins gegenüber Jahnn überhaupt. Jahnn als Geheimtip der Literaturwissenschaft, wie der *TIP*-Artikel zu Recht feststellt, das kann und darf öffentlich offenbar so weit gehen, daß man Jahnns Namen schon mal falsch schreibt, auch wenn es auf dem Titelblatt ist. Hätte der Setzer oder Layouter "schwul" falsch geschrieben, der Titel hätte mit Sicherheit neu gedruckt werden müssen. Denn "schwul" ist das Sensationssignal. Nach dem grünen Jahnn und dem pazifistischen Jahnn jetzt also der schwule. Das erregt Aufmerksamkeit, Sensationslust und es bringt diejenigen, die sich tatsächlich für den schwulen Jahnn interessieren in den Ruch, etwas Sensationelles, Aufrührerisches, Verwerfliches, vielleicht sogar Leichenschänderisches zu tun. Und das betrifft die heutige Lesung. Wer heute abend sensationslüstern auf den schwulen Jahnn wartet, wird enttäuscht werden. Ich stehe dazu, was in dem *TIP*-Artikel, wenn auch sensationell verkürzt, steht, daß es Stellen im Werk Jahnns gibt, von denen ich sage: schwuler geht es nicht. Aber: "Hans Henny Jahnn – schwuler geht's nicht," dies ernst genommen wäre eine Verkürzung, eine Malträtierung der Persönlichkeit Jahnns und seines Werkes, zu der ich in keiner Weise stehen kann, zu der niemand stehen kann. So wenig wie es einen grünen oder einen pazifistischen Jahnn gibt, so wenig gibt es einen schwulen Jahnn. Und schon gar nicht einen, bei dem es schwuler nicht mehr geht."
So weit die Passage der kurzen Eingangsrede, die ich gehalten hätte. Und ich hätte gedacht, daß ich dann der Sache einigermaßen gerecht geworden wäre, ohne sie nun noch weiter in ihrer Sensationalität zu bestätigen und zu verstärken. Und wenn Sie einverstanden sind, dann sollten wir uns auch hier jetzt nicht weiter durch diesen Sensationshintergrund behindern lassen, sondern uns nun wirklich unserem Gespräch zuwenden.

Ich möchte ausdrücklich sagen, daß ich jetzt kein Referat halte, sondern wirklich nur kurz Anstöße zur Diskussion geben möchte, daß ich also hier nur ein Gesprächspartner sein will. Und zwar will ich ein bißchen aus meiner Erfahrung reden und über den Hintergrund. Es ist jetzt vielleicht sechs Jahre her, daß ich mich mit einigen zusammensetzte, um ein Forum "Homosexualität und Literatur" zu planen. Bei dieser Gruppe war damals zum Beispiel Gisela Bleibtreu-Ehrenberg, die ja einschlägige Bücher veröffentlicht hat, oder Raoul Hübner, der inzwischen, zumindest in der sogenannten Szene, einen gewissen Namen als schwuler Autor gewonnen hat. Wir haben also ein Forum konzipiert, in dem eine ganze Reihe von jungen Wissenschaftlern über ihre einschlägigen Forschungen berichteten, streng seriös, akademisch – wie ich sagen würde. Einiges von dem, was damals referiert wurde, ist inzwischen zu akademischen Ehren gekommen, und sogar manches veröffentlicht worden. Aber dieses erste, quasi wissenschaftliche Forum hat zugleich zu einem gewaltigen Krach geführt. Die Zuhörerinnen und Zuhörer fühlten sich durch die akademischen Referate in ihrer eigenen Betroffenheit entfremdet, vielleicht sogar vergewaltigt. Man witterte in der akademischen oder wissenschaftlichen Herangehensweise der Referenten Selbstverleugnung oder Anpassung und ähnliches und man wollte in den strittigen literarischen und literaturwissenschaftlichen Gegenständen selber vorkommen – und wie die Formulierungen damals so hießen. Das wissenschaftliche Forum Homosexualität und Literatur war also mit der ersten Tagung schon gestorben. Gisela Bleibtreu-Ehrenberg und andere blieben ' künftig weg, was ich bis heute bedauere. Es wurden weitere Tagungen des Forums geplant und durchgeführt, in denen jetzt das "Selber-Vorkommen" im Mittelpunkt stehen sollte. Aber merkwürdig genug: nach den schwulen Wissenschaftlern scheiterten auch die schwulen Autoren in diesem Forum. Die Art und Weise, wie sie Betroffenheit in ihren literarischen Texten thematisierten, ob provokativ offen oder ambitioniert verschlüsselt, trifft offenbar auch nicht das, was schwule Literatur-Interessierte veranlaßt, sich für ein Forum Homosexualität und Literatur zu interessieren – und immerhin seit einigen Jahren – immer wieder für mehrere Tage zusammenzukommen. Inzwischen herrscht im Forum eine Art Schwebezustand. Autoren ja, wenn sie nicht mit einer Dichterlesung brillieren wollen, sondern ihre Texte in die Diskussion einbringen wollen. Wissenschaftler und Wissenschaftlerinnen ja, wenn sie ihre Forschungsfragen und -ergebnisse so einbringen, daß sie für den gewöhnlichen Leser unmittelbar diskutierbar sind. Das gelingt natürlich nicht immer, und es schreckt wichtige Autoren und Wissenschaftler ab, sich einer solchen Diskussion zu stellen oder auszuliefern. Trotzdem denke ich, daß das Forum zwei wichtige Funktionen hat: schwulen Literatur-Interessierten die Möglichkeit zu bieten, sozusagen außerhalb des öffentlichen Literaturbetriebes und der etablierten Literaturwissenschaft sich auszutauschen. Und auszuprobieren, mit vielen Scheiterungen, wie sich literarische und literaturwissenschaftliche Interessen verbinden lassen mit dem persönlichen und sexuellen Betroffen-Sein.

In gewisser Weise freilich bestätigt oder verstärkt sogar dieses Forum auch die Ghettosituation der Beteiligten. Und das genau war für uns einer der Gründe, außerhalb oder neben diesem Forum dieses Jahnn-Kolloquium zu planen. Also das öffentliche und wissenschaftliche Gespräch zu suchen und anzuregen. Und ich denke doch, daß uns dies mit Ihrer aller Beteiligung auch ein bißchen gelungen ist.

Das ändert aber nichts daran, daß wir, wegen der Sache allgemein und speziell bezogen auf Jahnn, unterschiedliche Auffassungen haben. Das ist gewöhnlich. Ungewöhnlich ist – oder scheint mir –, daß Auffassungsunterschiede in dieser Sache die Tendenz haben, wie sich ja zeigte, skandalös zu werden. Daß sie zur Formulierung von Grundsatzpositionen führen oder verführen, zu grundsätzlichen Distanzierungen, ja zu Diffamierungen, die, vorsichtig gesagt, nicht mehr nur die Sache, sondern die Person meinen.

Und deshalb also mein Vorschlag, hier am Ende des Kolloquiums über die Sprache zu sprechen, mit der wir über die Sache sprechen. Ich will auf einen kurzen Nenner bringen, worum es mir in diesem abschließenden Gespräch ginge. Wir können Sprache benutzen, um unseren Standpunkt deutlich zu machen, zu behaupten wie immer; aber auch, um uns den Standpunkt anderer verständlich zu machen – auch wenn wir ihn nicht teilen können. Wir können Sprache aber auch benutzen, um andere niederzumachen, um sie totzuschlagen, um ihnen die Luft zum Atmen zu nehmen. Ich habe als Anstoß für dieses Gespräch einige sehr persönliche Briefe in den Kolloquium-Reader aufgenommen. Ein Kollege wirft mir daraufhin vor, ich stellte andere an den Pranger, und er behauptet im gleichen Atemzug, ich frönte meiner Lust, mich selbst zum Märtyrer zu machen. Ich weiß noch nicht genau, ob solche Art der Sprachbenutzung

Ausdruck von Verständigung ist oder von "Totschlagen-Wollen". Vielleicht trifft sie sogar etwas Wichtiges – jedenfalls trifft sie mich, und sie macht mir Angst. Und Angst verleitet bekanntlich dazu, selber "totschlagen zu wollen". Dort, im Ghetto des Forums Homosexualität und Literatur wirft man den Wissenschaftlern Mangel an Subjektivität vor, und den Autoren, sie nähmen sich selbst zu wichtig. Ich höre immer wieder, daß schon der Idee, ein solches Forum zu machen, daß der Idee, Homosexualität und Literatur zu koppeln, ein Mißverständnis, wenn nicht gar ein Mißbrauch von Wissenschaft zugrunde liegen soll. Und zugleich, daß die, die so etwas machen, sich zu wichtig nehmen. Und hier im Jahnn-Kolloquium ist ja einer der wesentlichen Streitpunkte, ob und wie weit man die intimen Tagebücher Jahnns – verkürzt gesagt – persönlich nehmen darf. Wenn ich mich selber ernst nehmen will, und wenn ich andere ernst nehmen will, muß ich eine Sprache finden, die nicht nur die Sache meint, sondern auch meine Beziehung zur Sache, meine Beziehung zu meinem Gegenüber. Und das heißt, eine Sprache, die nicht niedermacht und totschlägt. Das denke ich in Bezug auf meine literaturwissenschaftlichen Kontrahentinnen und Kontrahenten ebenso wie in Bezug auf den toten Dichter Jahnn. Und darüber würde ich gerne mit Ihnen sprechen wollen.

* Ich habe nur eine Frage. Was sollen denn die Antworten auf Fichtes Briefe? Da gibt es doch keine richtige Antwort von Ihnen. Er hat Ihnen ja vorgeworfen, daß Sie eine Sprache sprechen, die dem Gegenstand nicht angemessen ist, und zwar die Sprache der Verwaltung, eine reduzierte Sprache. Könnten Sie sich dazu äußern?

Wolfgang Popp
Nicht so gern. Ich habe die Briefe natürlich auch publiziert, weil ich darüber reden will. Ich weiß, ich bin sehr hilflos in dieser Kontroverse mit meinen Briefpartnern. Ich habe unterdessen begriffen, daß meine Antwort an Fichte eigentlich nicht auf die Sorgen von Fichte eingeht, die er dann hinterher nochmal konkretisiert durch den Hinweis auf Iran und andere Orte, in denen Homosexuellenverfolgung heute wieder en vogue ist. Da habe ich begriffen, daß ich das Bedrohtheitsgefühl, aus dem heraus Fichte so aggressiv wird, daß ich das in meinem ersten Brief eigentlich nicht erfaßt habe. Und das ist genau das Problem: ich merke bei mir selber – und das

atmen alle meine Antwortbriefe – wie sehr sie auch schon aus einer beengten Situation heraus formuliert sind. Und ich bin nicht sicher, ob dahinter nicht das steht, was ich hier formuliert habe: mich selber dazu zu verführen, lieber nicht so sehr meine Angst zu artikulieren, als dagegenzuschlagen oder totzuschlagen. Das ist meine Schwierigkeit.

* Ich bemerke aus Deinen bisherigen Ausführungen, daß Dich die Kontroverse anscheinend persönlich mehr betrifft, als ich das bisher gedacht habe. Ich kann Dir zu dieser Kontroverse eigentlich nur meine vollste Solidarität versichern, weil ich tatsächlich finde, daß Du mit einer unglaublichen Feinfühligkeit auch an diese Auseinandersetzung herangegangen bist. Und ich habe gerade diese Veröffentlichung der Briefe durchaus ebenso empfunden, auch weil Fichte selbst freigestellt hat, damit zu machen, was Dir richtig dünkt. Ich muß dazu auch sagen, daß ich eine gewisse Angst hatte, bevor dieses Forum anfing, daß es ein ausgesprochen intellektuelles Gerede wird, und daß sich diese meine Befürchtungen im Generellen überhaupt nicht bestätigt haben, ganz im Gegenteil. Ich bin allen wirklich ganz unglaublich dankbar über die klare, offene und menschliche Art, mit der wir hier umgehen können. Ich will aber trotzdem auch ganz gerne noch Fragen und Kritikpunkte zulassen, die darauf hinzielen, unsere persönliche, gegenwärtige, politische, menschliche und sonstige Situation zu beleuchten – was in den Veranstaltungen, die ja ziemlich dicht waren, doch vielleicht noch etwas zu kurz gekommen sein dürfte.

* Sie haben eben etwas gesagt über Sprache, die drei Bezugspunkte haben müßte: einen Bezug zur Sache, dann, die Beziehung zur Sache müßte sichtbar werden – ich hoffe, daß ich es richtig wiedergebe – und die Beziehung zum Adressaten. Ich kann insofern nicht viel zu dem speziellen Punkt sagen als ich finde, das ist etwas, was ganz allgemein für wissenschaftliche Sprache zu bedenken ist und weit über unseren Gegenstand hinausreicht. Wenn ich diese Dreiteilung mal auf den Briefwechsel mit Fichte anwende, dann würde ich vermuten, daß die Kommunikationsstörung, die sichtbar wird, etwas auch mit Fichtes Beziehung zur Sache zu tun hat. Also mit Fichtes Beziehung zu Hans Henny Jahnn. Ja, also wir alle hier im Raum wissen, mindestens diejenigen, die die *Pubertät* gelesen haben, wie ambivalent und kompliziert sie ist. Und ich habe den Briefwechsel so gelesen – ich mag mich

irren: es war für ihn ein Anlaß der Absage, die er ohnehin wahrscheinlich gemacht hätte. So würde ich es aus meiner Kenntnis seiner Person, meiner Kenntnis seiner auch dokumentierten Beziehung, eigentlich verstehen. Aber dies ist eine Hypothese, vielleicht kann man dazu ganz andere Dinge sagen.

Wolfgang Popp

Also jetzt sehe ich uns in der Schwierigkeit, daß wir über Abwesende hier diskutieren. Das wollte ich nicht, dafür habe ich die Briefe nicht abgedruckt. Aber ich sage jetzt doch sehr konkret zu der Frage Fichte: Ich weiß es nicht; aber ich weiß, daß Fichte meinen Vortrag, den ich in Berlin gehalten habe über Hans Henny Jahnn, kennt und sehr gelobt hat. Er kennt das Manuskript, er hat auch ein paar handschriftliche Anmerkungen dazu gemacht. Deswegen hat mich das so überrascht. Ich kann eigentlich nichts dazu sagen. Ich habe mich mit Fichte ein paar Mal intensiv darüber unterhalten, wie das denn nun eigentlich mit seinem Verhältnis zu Jahnn war. Wobei ich sagte: Mir fällt ja doch auf, daß Du selber in der *Pubertät* bekennst: "Ich weiß gar nicht mehr, benutze ich meinen eigenen Mund" – oder so ähnlich. Und das finde ich ja das positive Bekenntnis von Fichte zu Jahnn, und ihm ist auch abzunehmen, daß er sich natürlich von einer solchen Symbiose abnabeln muß. Aber ich habe nicht erfahren, daß Fichte irgendwie sein Verhältnis zu Jahnn als problematisch dargestellt hätte, mir gegenüber. Ich höre unterdessen von jener Generation, die noch mitten in der Entstehung dieser Konflikte stand, daß es nicht so einfach war, wie Fichte sich mir dargestellt hat.

* Darf ich einen Satz dazufügen? Die Unfairnis, über Abwesende zu sprechen möchte ich wiedergutmachen dadurch, daß ich mit Fichte darüber direkt sprechen werde.

* Ich spüre jetzt ein bißchen Ratlosigkeit, den Briefwechsel als Ausgangspunkt für diese Debatte zu machen. Also vielleicht nochmal: wir müßten versuchen, das, was mit dem Briefwechsel allgemein sich ausdrückt, zu diskutieren. Wie soll man über Jahnn reden, wie kann man über Jahnn reden, wie haben wir das hier gemacht?

* Mir scheint die Diskussion interessant, über die Sie berichtet haben, also in dem Forum oder wie es heißt, sich die Frage gestellt zu haben, ob man

überhaupt über Homosexualität wie über eine Sache reden darf. Das ist eine Frage, die mir eigentlich ein wenig Machwerk ist. Natürlich muß das möglich sein. Warum sollte es hier anders sein als in den anderen Bereichen der Betroffenheit. Darf ein Jude nicht über Antisemitismus, wie über einen Gegenstand, mit unterschiedlichen Anteilen an Emotionalität, sprechen? Es geht doch eigentlich jetzt um Sprachtabus, über die wir reden, um Verbote; nicht Denkverbote, sondern Sprachverbote sind einer unserer Gegenstände. Ist es verboten über Homosexualität wie über eine Sache zu sprechen, die für sich zu klären ist? Wieso muß permanent der Autor dessen, was gesagt wird, ins Blickfeld kommen? Ist das Verschleierung? Das ist der eine Punkt, der mir sozusagen sprachlich einfallen würde. Der zweite ist: sind Dichter geeignet, eigene Problematiken an ihnen abzuarbeiten. Das hat hier nun wirklich eine ziemlich deutliche Rolle gespielt. Wir haben eben in der Pause in einem Gespräch mal die Frage angeschnitten, daß häufig einem Dichter vorgeworfen wird, daß er über etwas bestimmtes geschrieben hat, aber über etwas anderes, was der Leser gerne von ihm gehabt hätte, nicht. Und wird der Autor von Texten, von Dichtung, nicht auch permanent mit irgendwelchen Zumutungen konfrontiert, die gar nicht in seiner Person irgendeine Wurzel oder einen Anlaß haben? Wohl aber in der Person des Lesenden oder des vergeblich in diesem Text nach eigener Problembewältigung Suchenden. Also diese beiden Punkte fallen mir spontan ein, wenn ich über Sprache in diesem Fall nachdenke.

* Ich möchte das noch ein bißchen weiter zuspitzen. Die Frage ganz krass: Kann man Jahnns Romane als Lebenshilfe lesen oder Ratgeber in allen möglichen Fragen? Das zweite, was die Überzeugung, die Themen Jahnns betrifft, aber auch seine Sprache – was hier unter den Tisch gefallen ist bisher, was auch bei der *Medea* nicht so stark herauskam, wie es hätte herauskommen müssen: Hans Henny Jahnn ist ein Tragiker. Das hat Konsequenzen. Und das hat auch Konsequenzen für seine Sprache, die – glaube ich – weniger als irgendein verfügbares Instrument gesehen wird von Jahnn, als bei vielen anderen Autoren. So kunstvoll im Sinne von literarischer Technik sie auch gehandhabt wird, aber sie ist doch mehr als das, sie ist mehr als Intrument. Und insofern scheint mir der Lapsus nicht ganz zufällig, daß hier die Frage gestellt wird: mit welcher Sprache reden wir über Jahnn. Man kann nicht *mit* einer Sprache reden, sondern nur *in*

einer Sprache. Ganz polemisch gesagt: es scheint mir symptomatisch für dieses Verständnis des Autors und dieses Verständnis von Sprache, das einerseits den Tragiker ausblendet, andererseits die Problematik von nicht nur wissenschaftlicher Verständigung und von einem erst zu bestimmenden herrschaftsfreien Verhältnis zur Sprache.

* Ich gehe davon aus, daß über Homosexualität als Gegenstand nicht nur geredet werden darf, sondern geredet werden muß. Und ich gehe davon aus, daß über Literatur und einen Autor als Autor gesprochen werden muß. Aber ich sehe zwei Bereiche: sowohl das Lesen eines Autors, ich erfahre ihn nur über Lesen, und ich erfahre meine eigene oder die Homosexualität anderer – nur durch die Begegnung. Beide Erfahrungen sind Erfahrungen von Verhältnissen und von Beziehungen; und immer auch Erfahrungen von mir als jemanden, der sich auf etwas bezieht. Und als einen Gegenstand, der sich auf mich bezieht. So daß dieser Anspruch eben *so* gar nicht einlösbar ist, sondern sich immer automatisch mit dem Anspruch verknüpft – den Wolfgang Popp angesprochen hat –, eine Sprache zu wählen, die sich bewußt ist, daß sie eine Sprache über Beziehungen ist, und sich auch als solche selber versteht. Und sich nicht als Lapsus, als ein Abfallprodukt ihrer selbst oder der Methode begreift, sondern sich als Sprache einer Beziehung reflektiert und darstellt. Das scheint mir für beides zu gelten, für die Lektüre sowohl als auch für die Auseinandersetzung mit der Homosexualität.

* Ich komme auf die Frage zurück: Kann Literatur Lebenshilfe sein? Ich würde sagen, die Frage an sich ist schon ein bißchen provokant gestellt. Vielleicht kann sie für den einen oder anderen sogar Lebenshilfe sein. Für mich würde ich die Frage sicher nicht bejahen. Aber in die Richtung würde ich schon gehen. Ich würde sagen, Jahnns Literatur kann für mich sein, war für mich und ist immer noch ein Beitrag dazu, mich mit meiner Lebensstrategie auseinanderzusetzen und sie zu finden. Da ist die Literatur Jahnns sogar für mich persönlich ein ganz wesentlicher Teil. Und ich denke, das wird wahrscheinlich auch für andere Leute gelten. Wir sind doch nicht nur begeistert von dem formalen Kunstwerk, das Jahnn geschaffen hat. Wir sind doch auch angefaßt von den Inhalten, und wir setzen uns doch auch damit auseinander. Es muß ja nicht über die Identifikation

gehen. Ich kann mich mit Gustav Anias Horn nicht identifizieren. Ich würde mich vielleicht gerne mit Hein identifizieren, nur, der liegt mir noch viel ferner weg. Aber die Auseinandersetzung entwickelt in mir schon eine Strategie, meine Vorstellung vom Leben einigermaßen zu fassen. Das ist ja immer sehr schwer und umfassend, aber da kann Literatur und gerade Jahnn, glaube ich, schon zu beitragen. Für mich kann ich das eindeutig bejahen.

* Ich würde Ihnen zustimmen. Ich kann für mich sagen, daß die Jahnn-Lektüre, die seit 10 Jahren kontinuierlich stattfindet, Maßstäbe gesetzt hat, also auch Maßstäbe für mein banales Dasein. Ich kann aber nicht sagen, daß sie mir geholfen hat. Also sie hat mir zu Maßstäben und Einsichten verholfen, aber – sagen wir – das Beste an ihr war immer eher zertrümmernd als aufbauend.

* Aber damit ist meine Aussage im Grunde genommen bestätigt. Die Hilfe, Maßstäbe zu finden, das ist das, was ich mit Strategie, mit Anschauung vom Leben meine.

* Anfang der 50er Jahre, als ich mich mit Jahnn beschäftigt habe – ich war sehr isoliert aus bestimmten Krankheitsgründen – war Jahnn für mich eine Lebenshilfe. Ich kann das wohl sagen. Aber gleichzeitig – das ist ein Widerspruch dazu – trennte es mich von meiner Umwelt, weil da Ansichten waren, mit denen andere nicht übereinstimmten, und über die ich mit allen auch nicht sprechen konnte. Ich habe das Gefühl eine zeitlang gehabt, Jahnn hätte nur für mich geschrieben. Das führte auch sogar zu einer Identifizierung. Obwohl ich auch damals nicht homosexuell war, habe ich mich trotzdem mit Gustav Anias Horn identifiziert. Ich weiß nicht, ich habe die Sprache Jahnns als so dicht empfunden, daß für mich Jahnns Wirklichkeit realer war als die Wirklichkeit dieser 50er Jahre. Ich habe das auch in meinen Tagebüchern wiedergefunden. Das ist natürlich jetzt sehr merkwürdig, voller Widersprüche.

* Ich bin Ihnen jetzt sehr dankbar, daß Sie vor mir gesprochen haben, weil ich meine, daß die Literatur, die Jahnn dargestellt hat, eine Komplexität in sich birgt, die für mich eben dasselbe Moment beinhaltet, von dem Sie gesprochen haben. Es ist ein eigener Kosmos, der mich teilweise auf Dimensio-

nen zurückgeworfen hat, die in mir sind. Das sind alles Teile, die in mir gefühlsmäßig liegen, die ich aber nie fähig wäre, in diesem Maße selber literarisch auszudrücken. Insofern hat Jahnn zu einer Bereicherung meiner Innenwelt geführt, zu einer Auseinandersetzung mit meiner Innenwelt, aber nicht zu einer rezepthaften Art der Verarbeitung des Werkes. Ich glaube, Rezepte verteilen kann Literatur sowieso nicht, sondern sie kann nur Möglichkeiten der Auseinandersetzung mit mir selber anbieten und insofern natürlich Lebenshilfe sein. Aber sie schafft auch gleichzeitig wieder – und das finde ich wesentlich – Beziehungen, auch zu mir selber. Ich kann mich ja durchaus auch als außenstehend betrachten. Dabei hilft mir meistens so ein Werk, wieder einen Eigenbezug zu mir selbst zu finden. Aber als Rezept – glaube ich – kann man Jahnn nicht lesen.

* Ja, ich habe es zum Schluß in dem Vortrag über Klaus Mann so empfunden, daß Mann wie Hans Henny Jahnn eine Haltung zum Leben sucht und die auch versucht zu gestalten, auch praktisch. Und daß er eine konkrete Situation hat, wo er sich bedroht fühlt. – Und Du, Gerhard Härle, hast das in einer Art anklingen lassen, indem Du von heute gesprochen hast und was jetzt mit Homosexuellen ist – was ich eben auch nicht weiß, was ich aber immer auch versuche herauszuhören. Daß Du eine innere Haltung ausgedrückt hast, die das Verhalten zu sich selber und zu Mitmenschen neu sieht, ja daß dadurch erstmal eine andere Qualität entsteht. Und das fand ich ungeheuer spannend, daß da so etwas drin war: das wichtige ist, nicht Herrschaft auszuüben.

* Ich hatte gestern so einen Eindruck: wie wir über Jahnn sprechen, das war stellenweise so etwas ähnliches, wie wenn ich Jahnn lese. Also ich konnte mich da ein Stück hineinversinken lassen. Es gab sehr intensive Stimmungen, und es war für mich so eine Wiederholung. Und dann noch so gekoppelt an die Situation hier mit Euch zusammen. Dann so ein Gedanke, bei Frau Wolffheim war das, sie sprach von der Zwillingsbrüderschaft: das ist so die Seite, wo ich selbst mit *Fluß ohne Ufer* für mich weitergekommen war. Eigentlich, sozusagen: Ich darf so sein – ich darf solche Wünsche haben. Und hier bei dem letzten Referat über Klaus Mann kommt auch wieder so etwas wie: Ich darf solche Wünsche haben, mich hingeben zu wollen. Also das ist vielleicht so etwas, wo ich mir denke, daß es Euch eben auch ein bißchen so ergeht. Ich denke, da kann ich mich gemeinsam fühlen, hier in dieser Situation, – auch daß wir gemeinsam darüber reden können. Ich darf so sein, andere dürfen anders sein. Das schafft irgendwie so ein Klima, was sich also auch darin ausdrückt, daß es nicht so ein Profilieren von Leuten gegeneinander hier gegeben hat. Wie es sonst im Wissenschaftsbetrieb eben doch üblich ist. Also es ist für mich sehr wohltuend.

* Das wollte ich eigentlich nur ergänzen. Es hätte ja sein können, daß sich hier so eine Polarität entwickelt, die einen, die sagen: wir deuten das Werk Hans Henny Jahnns nur unter dem homosexuellen Aspekt, und die anderen, die dann sagen: also das geht nicht, so geht das nicht. Und daraus wären dann irgendwelche Kämpfe entstanden. Was mich also ganz besonders freut bei diesem Kolloquium, ist, daß das überhaupt nicht aufgekommen ist, sondern daß doch so ein Aufeinander–Zugehen von Anfang an gewollt wurde. – Und auch verwirklicht ist. Das finde ich sehr, sehr schön.

* Es ist eben das Stichwort "Stimmung" gefallen, da möchte ich gerne dran anknüpfen. Ich bin als Leseanfänger – ich kenne von Jahnn wirklich sehr wenig – voller Aggressivität hier angekommen, denn ich fand: Wie kann man über Homosexualität überhaupt an einen Dichter herangehen, das paßt überhaupt nicht. Und ich wollte hier ganz groß auftrumpfen gegen so eine Art von Literaturinterpretation. In meinem Studium habe ich gelernt, daß man über gesellschaftliche Zusammenhänge, über sozio–ökonomische Aspekte an Literatur herangehen muß, und man muß nüchtern, wissenschaftlich bleiben. Und ich bin immer kleinlauter geworden von gestern an. Jetzt befinde ich mich also in einem Stadium, wo ich sage: Wie schade, daß wir schon auseinandergehen. Ich liebe inzwischen die Runde hier, ich liebe Jahnn, ich möchte sehr viel lesen. Ganz besonders hat dazu noch der Vortrag über Klaus Mann beigetragen. Denn ich habe in diesem Vortrag gespürt, wie die Verbindung von Vortragendem, seinem Thema und dem Auditorium, wie dort also ein Zusammenwirken zustande gekommen ist. Das war ganz deutlich zu spüren, auch in der Reaktion, die ich ganz wunderbar fand und so gut lange nicht mehr irgendwo erlebt habe. Das Fazit für mich ist, daß diese nüchterne Wissenschaftlichkeit einem beim Herangehen an Literatur nicht zu den letzten Erkenntnissen verhilft, sondern daß man über Gefühle – ja, ich weiß nicht, wie ich Homosexualität noch charakterisieren soll –, über irgendwelche persönliche Betroffenheit, um dieses abgeleierte Wort nochmal zu sagen, auch sehr gut an Literatur herangehen kann. Daß ich somit mit einer ganz neuen Erkenntnis hier "abziehe".

* Ich meine, die Exegese irgendwelcher Werke, die bringt ja meistens nur Hader, Zorn und Wut, und im weiteren Kampf. Ich glaube eigentlich, Jahnn hat es letztendlich nicht verdient – in seiner Gesamtheit, in seiner Komplexheit –, daß man da jetzt zwei, drei Sätze herausnimmt und dadurch sein "Glaubensbekenntnis" beweisen will. Wenn man ihn verstehen will, muß man ihn von der gefühlsmäßigen Seite her ganz verstehen. Diesen Kosmos, von dem ich vorher sprach, den muß ich zuerst mal in mich aufnehmen. Dann kann ich vielleicht wissenschaftliche, sozio-ökonomische, kulturelle und was weiß ich was für Aspekte es alles gibt, darunter sehen. Aber bevor ich nicht den Kosmos begriffen habe, habe ich im Grunde genommen Jahnn nicht begriffen, das ist meine Ansicht.

* Mir kommt gerade noch ein Gedanke. Natürlich können wir sagen: man wird unkritisch, wenn man sich jetzt ganz auf der Gefühlsebene daran setzt, ein Werk zu verstehen. Das ist jetzt auch eine Frage an mich und vielleicht an andere hier: wo bleibt dann die kritische Distanz?

* Ich möchte darauf direkt antworten. Was ist eigentlich Betroffenheit anderes – jetzt nicht nur reine, emphatische Begeisterung für irgend etwas, sondern Betroffenheit durch die Darstellung von Situationen und Sphären –, als die Aufforderung an sich selber, "zu arbeiten" – sage ich auch dieses abgedroschene Wort.

Wolfgang Popp
Ich will auch auf den Begriff "nüchtern" reagieren. Ich glaube nicht an die nüchterne Wissenschaft. Der Wissenschaftler oder die Wissenschaftlerin, die von sich behaupten, sie seien nüchtern, täuschen sich über sich selber. Ich will es an einem sehr trivialen Beispiel deutlich machen. Hier hat es mal eine gewisse Aufregung gegeben über einen Habilitationsvortrag einer Kollegin über die schöne Landschaft, den *locus amoenus* in der Literatur. Da dachten nun sehr viele Zuhörer, das ist wirklich mal ein Gegenstand, über den man heutzutage nicht gerade als Wissenschaftler reflektiert und mit dem man sich erst recht nicht in einer formalen Qualifikation wie der

Habilitation vorführt. Und da steckt eigentlich die Frage auch wieder drin: welche Rolle habe ich eigentlich, wie sieht mein Bezug zur Sache aus? Wenn nämlich heute jemand so etwas macht, über so ein entlegenes Problem wie den *locus amoenus* in der Literatur reflektiert, dann wird er zwangsläufig drauf gestoßen zu fragen: was interessiert mich daran eigentlich – oder, wie wir heute sagen, was betrifft mich? Man wird zwar nicht eigentlich vom *locus amoenus* betroffen sein können; und trotzdem ist man, gerade weil dem so ist, gezwungen, genau zu reflektieren, was ist es eigentlich. Ich werfe den sogenannten nüchternen Wissenschaftlern einfach mal vor, daß sie das nur nicht reflektieren, und daß deswegen auch entsprechend viel Unsinn herauskommt bei der sogenannten nüchternen Wissenschaft. Und das wissen wir doch auch aus der Fülle der Sekundärliteratur zu Hans Henny Jahnn. Es wäre direkt mal eine Lust, diese Sekundärliteratur daraufhin zu untersuchen, wo aus dem, was da steht, was an Sache transportiert wird, wo da etwas erkennbar ist von dem Interesse des Schreibers selber. Das ist heute ein Problem der Rezeptionstheorie, aber ich mache darauf aufmerksam, daß auch die Rezeptionstheorie, die sich nun ausdrücklich den Leser vor Augen nimmt, daß die den von oben anguckt, daß keiner, der über Rezeptionstheorie große Bücher und Theorien schreibt, sich selber als Rezipient versteht – sondern immer ein Objekt als Rezipient anguckt, das man "nüchtern" und sachlich beschreiben kann.

* Um nochmal auf Deinen, Gerhard Härle, Vortrag zu kommen, der im Sinne von Norbert Mecklenburg, den ich jetzt im Hinterkopf habe, außerordentlich gelungen war. Hier wurde nämlich wirklich nicht von oben gesprochen über Klaus Mann, sondern es waren hier die drei Bezugspunkte, also der Referent, der Autor und der Leser – hier in diesem Fall das Auditorium – gleichmäßig einbezogen in den Vortrag. Und im Sinne dieser Theorie sollte man überhaupt an Literatur herangehen.

* Ich möchte jetzt gerne, was sehr umfassend ist, den Versuch unternehmen, zu der von Wolfgang Popp so scharf kritisierten Nüchternheit beizutragen. Weil ich mich einfach unwohl fühle und immer mehr den Eindruck gewinne, wenn wir noch ein Weilchen weiterreden, dann versammeln wir uns hier als Hans Henny Jahnn-Gemeinde. Nichts finde ich schrecklicher als dergleichen. Ich habe auch nichts gegen Stimmungen, auch nicht im Zusammen-

hang mit der Rezeption von Literatur. Das scheint mir also fast unabdingbar zu sein. Ich habe etwas dagegen, wenn die Kritik am traditionellen Wissenschaftsbetrieb und vor allen Dingen an traditioneller Wissenschaftssprache – das ist dieser Betrieb ja in allererster Linie – uns dazu verführen sollte, zu sagen: werfen wir alles über Bord. D.h.: werden wir unpräzise und gefühlvoll, so stünden wir irgendwie in irgendeinem wabernden Etwas, was wir nicht so genau definieren können und nicht so genau definieren wollen, dann sind wir richtig. Da meine ich doch, sollten wir darauf zurückkommen, daß die Sprache schon anders aussehen muß als die traditionelle Wissenschaftssprache, daß sie aber deswegen nicht weniger nüchtern sein darf. Also, ich denke, eine berauschte Wissenschaft ist wahrscheinlich nicht berauschend. Es gibt ja so eine Form von Heidelberg–Nüchternheit, die gibt es schon bei Hölderlin, und der gehörte ganz offensichtlich nicht zu denjenigen, die ausgesprochene Rationalisten gewesen sind. Also zu der würde ich mich eigentlich eher bekennen wollen und in dem Zusammenhang sagen, daß die Sprache dann eben doch wieder eine Einrichtung wäre, in der die Sache, die Person dessen, der über die Sache redet und mit ihr in eine Beziehung tritt und diejenige oder derjenige, mit dem man darüber kommuniziert, die drei wichtigen Faktoren sind. Die fehlen ganz offensichtlich in traditioneller Wissenschaftssprache, auch in literaturwissenschaftlicher Sprache total. Da geht es um die Vernichtung des Subjektiven bei der Betrachtung des Werkes. Das ist sicher Unsinn. Aber wenn man das einbezieht, kann das ja nicht heißen, daß wir anfangen weniger präzise zu sein, sondern das heißt eigentlich, daß wir präziser würden. Man könnte sogar sagen, daß es der traditionellen Wissenschaftssprache, gerade weil sie diese Aspekte nicht mit einbezieht, an Präzision fehlt. Also, wovor ich warnen möchte, ist, daß wir jetzt sagen, Gefühle sind alle so gut, deswegen ist das prima. Das darf zwar auch sein, ist aber nicht sozusagen die Überwindung der traditionellen Wissenschaft. Zu der gehört wahrscheinlich doch noch mehr und auch Arbeitsgenauigkeit und Nüchternheit.

* Ja, also ich rege mich ganz schrecklich auf, wie Du gerade gesprochen hast, auch wenn ich Dir zum Teil zustimme. Du sagst mit einer Selbstverständlichkeit: gefühlvoll und unpräzise. Hast Du Dir eigentlich mal klargemacht, was Du für ein Verhältnis zu Gefühlen hast? Das Präzise am Gefühl ist etwas ganz anderes. Die Sprache kommt oft nicht hin, wo das Gefühl wie

ein Seismograph kleinste Ausschläge genau konstatiert. Bei dem was Du sagst, unterschlägst Du das. Sobald ein Gefühl ist, verdächtigt man es immer, daß es nichts kann, daß es unfähig ist.

* Ich habe die gleiche Meinung über Gefühle und deren mögliche Präzision, bloß weiß ich auch, daß Gefühle natürlich sehr leicht dazu hinreißen können, unpräzise zu werden. Nicht weil die Gefühle unpräzise sind, sondern weil man leicht selber unpräzise wird. Beispiel: Der Titel des jetzt laufenden Unternehmens: "Mit welcher Sprache reden wir darüber" ... ist mir gefühlsmäßig total zuwider und zwar aus Gründen der Präzision. Ich meine nämlich – das ist ja schon gesagt worden – mit Sprache kann man nicht reden, sondern nur in Sprache. Ich denke in dieser Formulierung verrät sich eine Form von Instrumentalisierung von Sprache, die genau identisch ist mit der Art und Weise, wie traditionelle Wissenschaft mit Sprache umgeht. Das ist mir gefühlsmäßig zuwider, aber, das reicht mir nicht, sondern jetzt muß ich präzise werden. Und im Wege der Reflektion über dieses Unwohlsein, das eine gefühlsmäßige Äußerung ist, zu einem Ergebnis kommen, das ich mitteilen kann. Meine Gefühle unmittelbar können nicht zur Sprache kommen, sie haben keine Sprache. Erst wenn sie hier oben angekommen sind, kann ich mitteilen, was sich aus dem ergeben kann. Die Gefühle für sich selbst, so schrecklich das meistens ist, sind sprachlos.

* Es gibt ein Buch von einem Monsieur Devereux, das heißt *Angst und Methode in den Verhaltenswissenschaften*. Er spricht da von der sogenannten Gegenübertragung des Wissenschaftlers, zu deutsch, er spricht von der Angst des Wissenschaftlers vor seinen eigenen Ergebnissen. Und wenn wir über Gefühle reden, dann ist es so zu allgemein. Ich denke, wir müssen, besonders wenn es um Wissenschaft und Hochschule usw. geht, über Angst reden. Und Angst ist eben nicht unbedingt ein Gefühl, wo man dann in sich geht und nachforscht, was ist denn gerade nun los, welche Unstimmigkeit habe ich denn jetzt, sondern Angst führt sehr häufig schlicht zur Verdrängung. Insofern ist es schon wichtig, das konkreter zu machen.

* Ich glaube, die wissenschaftliche Sprache oder die Art und Weise wie ich mich ausdrücke, beginnt weniger da, welche Vorstellungen ich von meinen Zuhörern habe, sondern die wissenschaftliche Sprache hängt sehr damit zu-

sammen, welche Vorstellungen ich von mir selbst habe und wie reflektiert sie sind. Wie stark bin ich mir bewußt, daß meine Ausführung zu diesem Gegenstand immer subjektiv gefärbt ist, daß meine Wissenschaft immer eine geschichtliche Wissenschaft ist. Ich glaube, wenn ich mit diesem geschichtlichen Bewußtsein an die Sache herangehe, muß ich nicht ständig unter dem Zwang stehen, objektive Aussagen zu treffen – als gäbe es so etwas, zumal in einer Geisteswissenschaft. Ich glaube, das macht es so schwer: daß man in der Wissenschaft ständig beweisen will.

* Mir ist in dem Zusammenhang während der Diskussion ein Text von Christa Wolf eingefallen. Ich weiß nicht, ob Sie den Text von Christa Wolf aus diesem Bändchen *Geschlechtertausch* kennen. Da geht es also um Geschlechtsumwandlung einer Frau, die zwischenzeitlich mit Hilfe medizinischer Produkte in einen Mann verwandelt wird und Protokoll darüber führen muß, was ihr dabei passiert. Das ist ein offizielles Protokoll, das der Institutsdirektor von ihr verlangt; und das ist in der Sprache der Wissenschaft zu führen, das heißt in einer die Sache objektivierenden Sprache. Diese Frau wehrt sich dagegen und fängt an, ein eigentliches Protokoll zu führen, und sie sagt: das, was ihr macht – in diesem Fall ihr Männer, ihr Wissenschaftler –, indem ihr verlangt, daß man Gegenstände auch sprachlich objektiviert, ist eigentlich der Versuch, die Verbindung, die ihr zu dem Gegenstand habt, zu unterbrechen, und d.h. zugleich, ihr habt keine Verantwortung mehr für den Gegenstand. Diese Neutralisierung des Gegenstandes, diese Entsubjektivierung des Gegenstandes hat zur Folge, daß ihr euch aus der Verantwortung für den Gegenstand zieht, und da eure Erkenntnis entäußern könnt. Das ist genau das, könnte man sagen, was mit moderner Wissenschaft, traditioneller moderner Wissenschaft passiert, in der man über alles reden kann und für nichts Verantwortung hat. Ich denke, wenn wir diesen Aspekt reinnehmen, daß Subjektivität in diesem Fall auch Verantwortung für den Gegenstand und vor dem Gegenstand heißt, dann könnten wir vielleicht einen Schritt weiterkommen.

* Eigentlich ist Sprache doch nicht etwas, wo man die Bedeutung objektiv feststellen kann. Wolfgang Popp kann in sich gehen und nachdenken: wie war mir eigentlich damals, als ich gesagt habe, *mit* welcher Sprache. Also, ich kann im Grunde sehr subjektiv die Bedeutungen rekonstruieren, die

Sprache für mich hat. Auf der anderen Seite steht der Zuhörer oder der Leser, der etwas völlig anderes darunter verstehen kann. Und jetzt ist für mich die Frage: wie geht dann eigentlich Verstehen? Da denke ich, das geht nur eigentlich in einem längeren Kommunikationsprozeß, wo man die Bedeutungen mitteilen kann, die die Sprache gehabt hat. Also gehört es für mich sehr zentral dazu, wenn man anfängt, seine Subjektivität ernst zu nehmen, in die Wissenschaft irgendwie hereinzubringen, daß Kommunikation dazu gehört. Um nochmal auf den Briefwechsel zu kommen, den Wolfgang Popp geführt hat: Ich habe da herausgehört, sein zentralstes Anliegen ist: bitte brich die Kommunikation nicht ab. Du kannst total anderer Meinung sein als ich, Du kannst dich streiten, aber komm doch auch und setze Dich mit mir auseinander. Diesen Punkt finde ich sehr wichtig. Auf der anderen Seite macht er mich ziemlich ratlos, wie man eigentlich einen gesellschaftlichen Prozeß insgesamt organisieren müßte, daß solche intensive Kommunikation doch auch wirklich stattfinden kann. Mal ganz abgesehen von der Fähigkeit der Menschen, in solch einen Kommunikationsprozeß einzutreten, aber eigentlich führt es zu so einer Vorstellung bei mir, wie uferlos das sein müßte, sich wirklich zu verständigen.

* Es ist aber mit ein wichtiges Element der Verantwortung eines Menschen, der veröffentlicht, daß er diese Kommunikation zum großen Teil mit sich selber führt. Und daß das das Element der Genauigkeit auch zumindest mit sich bringt, denn in dem Augenblick, in dem ich veröffentliche, habe ich ja was hinter mir; man kann nicht verlangen, meine Veröffentlichung soll der allererste Schritt sein für eine Kommunikation mit anderen, erst dann entsteht ein Prozeß und irgendwann mal entsteht dann das eigentliche Produkt. Wie das dann aussehen soll, kann ich mir gar nicht vorstellen. Dann müßten ja alle wissenschaftlichen Publikationen Gemeinschaftspublikationen werden, wenn man es zu Ende denkt, und das wäre unmöglich. Eigentlich muß vorrangig sein, daß die Verantwortung eines, der wissenschaftlich arbeitet und publiziert, eine gute Fähigkeit der Selbstkommunikation beinhaltet. Dann wäre da anzusetzen, daß vorausgesetzt werden muß, wenn Du es ankündigst, hast Du schon einen Kommunikationsprozeß mit Dir selbst hinter Dir. Ich finde es wichtig, mein Gegenüber darauf erstmal in gewisser Weise festlegen zu können, ohne immer zu erwarten: Du kannst Dich ja wehren. Es wird mir sonst ein zu ausufernder Prozeß, das Sprechen miteinander.

* Alle Vorstellungen, die wir hier entwickeln von Verständigung, Kommunikation und interpersonaler und intrapersonaler Kommunikation, in welches ausgewogene harmonische Verhältnis das gebracht werden kann, ist noch keine Wissenschaft, solange die Institution, der Wissenschaftsbetrieb das nicht als Wissenschaft anerkennt. Wir können also ganz konkret sagen, daß im Fachbereich darüber diskutiert wird: ist diese Veranstaltung Wissenschaft, wird dafür Geld gegeben oder nicht.

* Aber das Problem bei dieser Ankündigung war gerade, daß sie im wissenschafltichen Diskurs verfaßt war.

* Ja, die einen wollen diese intensive Kommunikation, und die anderen wollen den institutionell kontrollierten Diskurs. Dieser Widerspruch ist nicht ausgetragen.

* Die Institution Wissenschaft ist in dem Zusammenhang also eine Erscheinung, die sich jedem Gegenstand auf die gleiche Art und Weise nähert und ihn damit immer zu dem gleichen Gegenstand macht. Es ist also völlig schnurz in der institutionalisierten Wissenschaft, ob wir über Goethe reden oder über Hans Henny Jahnn oder über sonst irgendwas. Da geht man immer in der gleichen Weise drüber, da gibt es keinen Unterschied und da spielt auch gar keine Rolle, was für einen persönlichen Bezug ich zu dem einen oder zu dem anderen oder zu dem dritten habe, das ist egal, weil die Subjekte sozusagen keine Rolle spielen. Die Aufgabe der Sache ist ja gerade, die Subjekte und die Subjektivität möglichst herauszulassen. Das war ursprünglich mal eine gute Idee, sozusagen die Idee der Ehrfurcht vor der Größe eines Werkes, die das Subjekt so klein macht. Die Gefahr des Subjekts, das sich eindrückt, ist ja auch immer, daß irgendwas sozusagen reinfließt und nicht rausfließt, daß dieser Prozeß also zu Gunsten des Subjekts und zu Ungunsten des betrachteten Gegenstandes in ein Mißverhältnis gerät. Aber das, was auf der anderen Seite dabei passiert, wenn man das institutionalisiert, da haben wir jetzt die ganze Zeit drüber geredet.

* Jene Intersubjektivität als Konstituente von Wissenschaft war mal ganz nützlich, aber mittlerweile ist die Intersubjektivität wirklich veraltet.

* Und damit ist die ganze Wissenschaft nicht mehr sozusagen eine Veranstaltung zur Suche von Wahrheiten – um das mal so etwas antiquiert und großartig zu sagen – sondern eigentlich mehr eine Veranstaltung zur Verteilung von Privilegien. Wer am meisten strampelt – ja, das kann man auch nicht immer sagen, aber trotzdem –, der kommt am weitesten nach oben: wie in jeder Institution ist es völlig schnurz, ob wir nach Wahrheit forschen oder irgendetwas verwalten.

* Ihr habt mir da aus der Seele gesprochen. Aber was macht nun der, der in solch einer Institution lebt? Entweder läßt man sich einfach deformieren und wird dann unfähig so zu kommunizieren, mit anderen umzugehen, wie man das im Grunde seiner Seele möchte, oder man lebt schizophren, man redet im Raum der Wissenschaft so und in anderen Zusammenhängen anders. Ja, oder, wenn man es nicht ganz so negativ ausdrückt: man muß mehrere Sprachen sprechen. Und ich glaube, so ist das, anders geht es gar nicht. Wer in der Institution leben darf, also sich in dieser Institution noch äußern will und gehört werden will, der muß sich auch notgedrungen auf diese Sprache einlassen. Diese Veranstaltung hier kommt mir vor wie am Rande zwischen Institution und einer anderen Art von Öffentlichkeit. Ich möchte das auch nochmal zur Verteidigung von dem sagen, was Wolfgang Popp mit der Ankündigung des Kolloquiums gemacht hat. Unter anderem hatte er doch die Aufgabe zu organisieren. Und wenn Hubert Fichte unter sinnlosen Floskeln Wörter wie "Abendessen" und "Mittagessen" und "Sektion III" und "bei diesem Zeitplan" aufführt, dann hat er sich vergaloppiert. Ich kann zwar verstehen, daß er in seiner Seele verwundet war und wahrscheinlich überreagiert hat, aber wird er damit die Sache ändern?

* Ich meine, daß man doch diese Theorie, daß die Institution, die Universität alles klein kriegt, so nicht stehen lassen kann. Ich finde, daß es innerhalb der Theorie der Literaturwissenschaft – gerade was aus Frankreich hier herüber gekommen ist – auch einiges gibt, wo man versucht, das Verhältnis von – sagen wir mal – Subjektivität oder subjektivem Empfinden und der Erkenntnis von Literatur doch einigermaßen auf eine andere Art und Weise, unkonventioneller einander zu nähern. Daß da doch eine Menge auf dem Tisch liegt, und daß man doch ein bißchen aus diesem etwas begrenzten hermeneutischen – ich sage das einfach mal so, es ist ein großer Begriff, aber es steckt eigentlich etwas meines Erachtens längst überholtes dahinter –, daß man diesem hermeneutischen einfachen Verstehen und dieser Ausschließung, entweder Gefühl oder nur diese Begriffs- klauberei, entgehen könnte und eine lustbetonte Wissenschaft machen könnte, z.b. mit Roland Barthes Arbeit am Text, wo er versucht, eine andere Art und Weise des Lesens zu probieren. Der ist genauso präzise in seiner Balzac–Analyse. Man braucht sich da gar nicht kleinkriegen zu lassen und ich finde, man sollte es einfach mal probieren. Das ist auch eine Auffor- derung, mehr zu protegieren, daß Wissenschaftler auch andere Methoden, neuere Methoden versuchen. Neue Ideen z.b. mit einer entwickelteren Psy- choanalyse, als ewig nur Freud wiederzukauen. Daß man auch mal herangeht und probiert und experimentiert und nicht nur Identifikation mit den eige- nen Problemen in den Vordergrund stellt.

* Mein Eindruck ist, daß sich der Widerspruch zwischen Wissenschaftlichkeit oder Wissenschaftssprache und Lebenswirklichkeit ja auch in meiner Spra- che, in meiner persönlichen Sprache widerspiegelt. Das war auch mein Ein- druck beim Lesen der Briefe. Ich habe also zuerst die Reaktion von Fichte gelesen. Da war ich dermaßen erschrocken und sagte mir, ja, du kannst überhaupt nichts mehr einfach formulieren, die ganze Spontanität geht weg. Gleichzeitig aber hat es mir einen ganz großen Anstoß gegeben, nochmal wirklich meine Sprache zu überdenken. Mir ist auch aufgefallen, hier in der letzten Runde, daß die Sprache, die wir gesprochen haben, jede Person für sich, in vielen Punkten spontan, aber durchaus auch unterdrückte Momente enthält. An manchen Punkten hätte ich am liebsten etwas gesagt, wo es ge- rade darum ging, aber ich merke bei mir selber, daß ich einfach nicht wei- terkomme. Deshalb empfand ich den Briefwechsel auch als Ansporn an mich, meine Sprache permanent zu hinterfragen und immer wieder ein Stückchen hinzuzulernen.

* Ich will die Vehemenz, mit der ich das eben gesagt habe auch subjektiv begründen. Das liegt nämlich daran, daß ich selbst verzweifelt nach einer Sprache des wissenschaftlichen Raumes, in dem ich lebe, nicht mehr spre- chen will und eine andere Sprache noch nicht entwickelt habe. Und das blockiert mich sehr stark. Wenn ich so leicht den Anschluß an die Franzo- sen finden könnte! Ich habe schon manche Versuche unternommen, aber ich

weiß nicht, ob ich mich da nicht in eine ganz neue Isolation begebe, denn die Unternehmungen, die ich schon gestartet habe, machen mir klar, daß diese Sprache kaum einer in meiner Umgebung mit mir teilen würde. Ich würde also einen Monolog führen.

* Als offene Frage bleibt: was bedeutet es nun wirklich für die etablierte Wissenschaft, daß es hier ein solches Jahnn-Kolloquium gegeben hat. Ist es also möglich, das, was wir, wo wir uns als wissenschaftlich begreifen, als Impuls in die etablierte Wissenschaft hereinzugeben und zu sagen, das ist Wissenschaft?

Wolfgang Popp

Ich habe jetzt eigentlich nur noch Ihnen und Euch allen zu danken, daß Ihr hierher gekommen seid und nun wirklich dazu beigetragen, oder überhaupt erst gestaltet habt, daß dieses Kolloquium so geworden ist wie es geworden ist. Wir werden in schriftlichem Kontakt bleiben. Ich habe versprochen, daß Ihr den Reader kriegt, und ich hoffe, daß dies auch ein Anstoß ist, im Gespräch weiter zu bleiben. Das wäre eine nötige Folgerung aus dem, was gerade gesagt worden ist.

ANHANG

I. Korrespondenz zur Ankündigung des Kolloquiums

1.Ankündigung

HANS HENNY JAHNN-KOLLOQUIUM
8.2.1985 - 9.2.1985
Universität-Gesamthochschule Siegen

Am 29.11.1984 jährt sich zum 25. Mal der Todestag von Hans Henny Jahnn. Aus diesem Anlaß soll - wenn auch mit einer zeitlichen Verschiebung, die aus organisatorischen und finanziellen Gründen notwendig ist - an der Universität-Gesamthochschule Siegen, Fachbereich Sprach- und Literaturwissenschaften, ein HANS HENNY JAHNN-KOLLOQUIUM durchgeführt werden, zu dem hiermit herzliche Einladung ergeht.

Im Rahmen des Forschungsgebietes *Homosexualität und Literatur* im Fachbereich Sprach- und Literaturwissenschaften der Universität-Gesamthochschule Siegen sind die Werke Jahnns, insbesondere die Romane, seit einigen Jahren zentraler Forschungsgegenstand. Sie können verstanden werden als in der deutschen Literaturgeschichte einmalige Dokumente der literarischen Thematisierung der Männerfreundschaft. Der 25. Todestag Jahnns gibt Anlaß, in einem Kolloquium diesem speziellen Problem intensiver nachzugehen. Zentrale Fragestellungen des Kolloquiums könnten sein:
- Wie wird Männerfreundschaft im literarischen Werk Jahnns thematisiert? Welche Rolle spielen dabei sexuelle Motive? Welche Rolle spielt Homosexualität? Welche Philosophie liegt der Thematisierung der Männerfreundschaft zugrunde?
- Welche Zusammenhänge bestehen zwischen der Thematisierung der Männerfreundschaft und der Biographie Jahnns?
- In welcher Weise wurde und wird das Thema Männerfreundschaft von den Lesern und Leserinnen Jahnns rezipiert?
- Wie wird die Jahnnsche Auseinandersetzung mit dem Motiv Männerfreundschaft in literarischen/essayistischen Werken anderer Autoren reflektiert?

– Gibt es einen Zusammenhang zwischen der Beschäftigung Jahnns mit dem "Außenseiter-Problem" der Männerfreundschaft und seinen politisch-pazifistischen Aktivitäten? Lassen sich – zulässige – Vergleiche mit anderen Autoren herstellen und welche Verallgemeinerungen können daraus abgeleitet werden?

Das HANS HENNY JAHNN-KOLLOQUIUM wird diese Fragen sicher nicht abschließend beantworten können. Es könnte aber Anlaß sein, Forschungsergebnisse auszutauschen und neue Forschungsanstöße zu geben. Für die konkrete Gestaltung des Kolloquiums sind folgende Möglichkeiten vorgesehen:

1. Sie kündigen uns einen Redebeitrag/Kurzreferat zu einer der genannten Fragestellungen – oder zu einer Fragestellung Ihrer Priorität – an (maximal 20 Minuten). Dann bitten wir Sie um die Einhaltung des beiliegenden Zeitplans.

2. Sie wirken bei der endgültigen Gestaltung des Kolloquiums mit, indem Sie unseren Fragekatalog und die vorläufige Planung kritisieren und uns Gegenvorschläge, Erweiterungsvorschläge u.ä. machen.

3. Sie teilen uns frühzeitig mit, daß Sie grundsätzlich an der "passiven" Teilnahme interessiert sind. Dies würde uns die personelle und finanzielle Organisation des Kolloquiums sehr erleichtern.

2. Wolfgang Popp an Hubert Fichte

Lieber Hubert,

in der Anlage gebe ich Dir den neuen, zeitlich und inhaltlich veränderten Plan unseres Hans-Henny-Jahnn-Kolloquiums. Dein Schweigen auf meine vorausgegangene Anfrage in dieser Sache deute ich erstmal so, daß Du Dich in einer Arbeitsklausur befindest (was Du in Deinem letzten Brief angedeutet hast) oder daß Du im Ausland bist, – also nicht als Desinteresse.

Die zeitliche Verschiebung des Kolloquiums ermöglicht es uns, mittels der "Ankündigung" vielleicht interessante Beiträge zum Thema einzufischen. Dies bedeutet nicht, daß wir von dem Ausgangskonzept abgewichen sind, die vorgesehenen Referenten – Freeman, Mayer, Fichte – um "Leit-Vorträge" für die einzelnen Sektionen des neukonzipierten Kolloquiums zu gewinnen.

Meine Bitte also jetzt bezogen auf dieses neue Konzept: Ob Du zu einem "Leit-Vortrag" (der selbstverständlich nicht an die 20-Minuten-Regelung gebunden wäre) zur Sektion 2 des Kolloqiums bereit wärest? Ich hoffe sehr, Deine Arbeit gedeiht, und ich bin auf das Ergebnis sehr gespannt.

Mit sehr freundschaftlichen Grüßen

3. Hubert Fichte an Wolfgang Popp

Lieber Wolfgang,

tatsächlich, wir waren auf Grenada.

Hans Henny Jahnn kann mir nicht gleichgültig sein und noch weniger, was Du unternimmst. Darum will ich ehrlich sagen, was ich von der Sprache in der über meine Sprache, die über Jahnns Sprache reden soll, gerecht (1) wird, halte:

Leitvorträge

Sektion

20-Minuten-Regelung

herzliche Einladung

zentraler Forschungsgegenstand

einmalige Dokumente

Thematisierung der Männerfreundschaft

Todestag Jahnns gibt Anlaß

speziellen Problem

intensiver

nachzugehen

zentrale Fragestellungen

welche Rolle spielen dabei sexuelle Motive

1"gerecht" wurde von H.Fichte handschriftlich korrigiert in: "geredet". Damit sind die entsprechenden Passagen in meiner Antwort (4.) zu relativieren! (W.Popp)

welche Rolle spielt Homosexualität

liegt zugrunde

rezipiert

reflektiert

Zusammenhang

Außenseiter-Problem

politisch-pazifistischen Aktivitäten

herstellen

Verallgemeinerungen

nicht abschließend beantworten

Forschungsergebnisse   austauschen

Forschungsanstöße

konkrete Gestaltung

folgende Möglichkeiten vorgesehen

Sie kündigen

Redebeitrag/Kurzreferat

Fragestellung Ihrer Priorität

maximal 20 Minuten

Einhaltung

beiliegenden Zeitplan

endgültigen Gestaltung

Jahnns Philosophie und das Thema Männerfreundschaft

Abendessen

Gedenkrede auf Hans Henny Jahnn

Kontaktadresse

Mittagessen

Sektion III

Außenseiter-Problematik

Diese Sprache hat mit der Sprache Hans Henny Jahnns nichts mehr zu tun,
sie hat nichts mit meiner Sprache zu tun.

Wenn ich so etwas von engagierten Freunden lese, möchte ich mich nur
noch aufhängen.

Eine gemeine sinnlose Floskel an der anderen. Wir haben umsonst
gearbeitet.

Ein Sprache, welche die Unterdrückung   nicht mehr verschleiert.

Du kannst diesen Brief gerne als meinen Beitrag zu der Tagung verlesen.
Du hast mir noch immer nicht Deine Telefon-Nr. geschickt; ich hätte Dir
gerne mündlich ausführlicher berichtet (?).
Ich habe allerdings Vorstellungen, wie ich Homosexualität in der Literatur
an einer Gesamthochschule vermitteln könnte.
Dir sehr herzlich
Hubert Fichte

4. Wolfgang Popp an Hubert Fichte

Lieber Hubert Fichte,
für meine Antwort auf Deinen Brief vom 5.5. habe ich mir viel Zeit gelassen.
Nicht nur, weil ich hoffte, den Schock bei der ersten Entzifferung Deines
Briefes zu überwinden, nicht nur, weil ich mit einigen Freunden darüber
reden wollte, ob denn unsere Ankündigung des HANS HENNY JAHNN-KOLLO-
QUIUMS wirklich so schlimm ist, daß jemand sich deshalb aufhängen möchte.
Sondern vor allem: weil ich Dir in einer Weise antworten möchte, die das –
wenige! – an gegenseitigem Verstehen zwischen uns nicht kaputt macht, ab-
schneidet. Also, nicht antworten: wenn ich so etwas wie Deinen Brief lese,
möchte ich mich umbringen. Denn ich möchte mich nicht umbringen. Schon
gar nicht wegen Sprache; oder jedenfalls vorerst nicht wegen Sprache allein. Es gäbe für mich triftigere Gründe, mich umzubringen, als die Sprache
einer Ankündigung zu einem – nennen wir es ruhig einmal: wissenschaftlichen Bla Bla – oder als die Sprache eines Briefes von Hubert Fichte. So ist
das.
Aber ich erkenne aus Deinem Brief, daß Du dies anders siehst. Ich versuche
also eine Antwort, die weitere Verständigung trotz unterschiedlicher Positio-
nen möglich macht. Freundschaftlicher formuliert: ich versuche mit dieser
Antwort gegen mein Gefühl anzukämpfen, daß Dein Brief einen Schlußstrich
unter unsere ohnehin spärliche Korrespondenz zieht. Ob mir dies gelingt?
Zunächst komme ich mit einem Widerspruch überhaupt nicht klar: auf der
einen Seite stellst Du fest, daß Du Dich angesichts der Sprache unserer Ankündigung "nur noch aufhängen" möchtest, und daß Ihr (ich nehme an:

Jahnn und Du, vielleicht auch noch andere, jedenfalls nicht ich) "umsonst gearbeitet" habt. Ein "wir", das mich ausschließt, oder? Auf der anderen Seite schließt Du Deinen Brief mit: "Dir sehr herzlich". Grüßt man so jemanden, der einen zum Selbstmord treibt? Oder soll ich Dein "sehr herzlich" nicht so wörtlich nehmen? Oder soll ich das mit dem "aufhängen" und mit dem "umsonst-gearbeitet-haben" nicht so wörtlich nehmen? – Ich komme auf solche Fragen, weil ich von mir selbst weiß, daß ich vieles – insbesondere wenn ich in Rage bin – schreibe, was ich nicht wörtlich genommen wissen will. Ich denke, es könnte bei Dir auch so sein, –immerhin ist es ein handschriftlich hingeworfener Brief. Dann aber solltest Du – sollten wir – doch noch einmal überlegen, ob so ein Text als der "Beitrag" Hubert Fichtes zum HANS HENNY JAHNN-KOLLOQUIUM öffentlich gemacht werden soll.

Du benutzt den Text unserer Ankündigung (und Teile meines Briefes an Dich), um daraus eine Wörter-Kaskade zu machen, die den Ausgangstext in seiner sprachlichen und inhaltlichen Hohlheit entlarvt. Einverstanden, Du weißt, daß ich dieses Stilmittel und die literarische Präzision, mit der Du es verwendest, bewundere. Hätte ich nicht von Anfang an hinreichend ironischen Abstand zur Sprache dieser Ankündigung, Du hättest mir zweifellos die Augen geöffnet. Du weißt immerhin, daß dies nicht die "einzige" Sprache ist, die ich spreche. Es enthebt mich aber nicht dem Dilemma, wie ich denn ein solches Kolloquium ankündigen soll, wenn ich will, daß sich die erhabene Literaturwissenschaft nicht nur mit Hans Henny Jahnn in seiner "Schlechthinnigkeit" beschäftigt, sondern das Thema "Männerfreundschaft" zur Kenntnis nimmt. Aber vielleicht kritisierst Du ja schon diese Absicht, diesen Versuch einer Absicht? – Dann wüßte ich schon gerne, welche Vorstellungen Du hast, "wie Du Homosexualität in der Literatur an einer Gesamthochschule vermitteln" könntest.

Vielleicht aber beruht das Ganze auf einem Mißverständnis: Du willst mir – mit Deiner Wörter-Kaskade – sagen, was Du davon hältst, in welcher Weise meine/unsere Sprache Deiner Sprache gerecht wird, die über Jahnns Sprache reden soll – hab ich das so richtig verstanden? – Meine/unsere Sprache (in der Ankündigung) ist an viele, an uns Unbekannte gerichtet, nicht nur an Hubert Fichte. Aber natürlich auch an ihn. Dennoch verstehe ich nicht, wieso diese Sprache Deiner Sprache gerecht werden muß, oder wieso sie der Spezialität gerecht werden muß, in der Du über die Sprache Jahnns reden sollst. Es sollen – und werden – viele sprechen, und sie werden unterschiedliche Sprachen haben, und sie werden sich mit unterschiedlichen Problemen beschäftigen, nicht nur mit der Sprache Jahnns. Warum hindert die Sprache unserer Ankündigung – die Du ja für so bekloppt halten magst, wie Du willst – Dich, über Jahnn zu sprechen, über seine Sprache, in Deiner Sprache? Von Jahnn jedenfalls weiß ich, daß er sehr wohl in der Lage war, unterschiedliche Sprachen zu sprechen: anders in seinen Romanen als in seinen politischen Schriften usw. Du warst und bist nicht gehindert, so zu sprechen, wie Du es für richtig und notwendig hältst. Und ich formuliere die Ankündigung zu einem Kolloquium anders als einen Text über Jahnn oder Fichte, und anders als diesen Brief.

Die Vorstellung von einer Sprache, die in jeder Situation die gleiche ist, in der ich immer ganz ich bin, – diese Vorstellung ist für mich durchaus verlockend, eigentlich sogar überzeugend. Du verwirklichst sie. Ich nicht. Trotzdem: gerade weil ich es so überzeugend und richtig finde, wie konsequent Du Deine Sprache sprichst, möchte ich für mich – in meiner völlig andersartigen Lebens– und Berufssituation – das Recht einklagen, "verschiedene" Sprachen zu sprechen. Ich nehme in Kauf, daß dies dann für einzelne Adressaten meiner Sprache immer wieder daneben geht. Aber ich bestreite den Adressaten das Recht, aus meiner Sprache die Konsequenz zu ziehen, sich zu verweigern. Ich akzeptiere viele, alle Gründe, sich zu verweigern; aber nicht: meine Sprache...

Vielleicht finden sich Mißverständnisse schließlich in der Schriftlichkeit der Sprache, Du sprichst es in Deinem Brief selbst an: wir hätten uns mündlich, d.h. telefonisch verständigen können. Und da klagst Du allen Ernstes ein, daß ich Dir meine Telefon–Nr. noch nicht gegeben habe? Als ich Dich anrufen wollte, bin ich auf die triviale Idee verfallen, die Auskunft der Bundespost nach Deiner Telefon–Nr. zu befragen. Ohne Erfolg, wie Du wohl weißt. Dagegen ist meine Telefon–Nr., durchaus zu meinem Bedauern, jederzeit über 118 zu erkunden. Es war deshalb sicher nicht Geheimniskrämerei, sondern nur Vergeßlichkeit, daß ich sie Dir nicht schriftlich mitgeteilt habe. Hier ist sie: 0271/20596.

Zuletzt: Ich bin weder glücklich mit der selbstgesetzten Aufgabe, Homosexualität in der Literatur an einer Gesamthochschule zu vermitteln, noch sehr erfolgreich. Du kannst Dich darüber lustig machen. Trotzdem bin ich daran interessiert, welche Vorstellungen Du davon hast.

Lieber Hubert: dies ist also meine Antwort auf Deinen Brief. Beim Durchlesen habe ich nicht den Eindruck, auch nur annähernd das formuliert zu haben, was mich bewegt. Ich merke: ich bin nach wie vor aggressiv. Ich weiß auch, daß es sinnlos ist, dies zu unterdrücken. Es geht immerhin darum, daß das, was ich tue, bewirken soll, daß Du "umsonst gearbeitet" hast.

Wirst Du antworten?

PS: Dein Brief vom 5.5. ist mit Hand geschrieben. Ich weiß nicht, ob Du Dir von derartigen Briefen Kopien machst oder ob Du die Inhalte so im Kopf hast, daß Du auch nach Monaten noch weißt, welche einzelnen Formulierungen ich in dieser Antwort anspreche. Auch bin ich nicht sicher, ob ich alles richtig gelesen habe. Und schließlich stellst Du ja frei, Deinen Brief im HANS HENNY JAHNN-KOLLOQUIUM zu verlesen. Deshalb habe ich ihn in Maschinenschrift übertragen und gebe Dir – sicherheitshalber – eine Kopie.

5. Hubert Fichte an Wolfgang Popp

Lieber Wolfgang,

verzeih, ich wollte Dich nicht verletzen.

Ich wollte, unter Intellektuellen, sachlich und material, auf einige Anzeichen von Unterdrückung, Verfälschung durch Sprache hinweisen.

Die Idee des Aufhängens drückt genau meine Verfassung vor solcher Sprache aus.

Daß wir umsonst gearbeitet haben, ist im Angesicht Persiens, des Sudans, der Aids-Berichterstattung etc. doch wohl evident.

Dennoch, ich hätte Dich nicht behelligen sollen und hoffe, daß wir zu einer fruchtbaren sprachlichen Verständigung zurückfinden.

Hubert Fichte

II. Veröffentlichungen im Siegener Stadtmagazin *der tip*

Der umstrittene *tip*-Artikel (*der tip* 2/85)

"Es ist, wie es ist. Und es ist fürchterlich."
Unbekannt ist er, weil augenblicklich im Buchhandel so gut wie nichts von ihm zu haben ist: Hans Henny Jahnn, Schriftsteller, Orgelbauer und von 1950 an Präsident der Hamburger Akademie der Künste. Dabei ließe er sich mühelos als Vorläufer der grünen Bewegung und Ziehvater der Schwulenliteratur verkaufen. Unter den Literaturwissenschaftlern wird er als Geheimtip gehandelt. Wegen seiner Romane wird er in einem Atemzug genannt mit Alfred Döblin, Robert Musil und James Joyce. Das sagt jedenfalls Wolfgang Popp, Literaturwissenschaftler an der Uni Siegen. Für Anfang Februar hat der Professor zu einem Kolloquium geladen, das sich mit den "Männerfreundschaften" im Werk Hans Henny Jahnns beschäftigen wird. Dessen Botschaft läßt sich auf die knappe Formel bringen: ausgelebte Homosexualität ist der erste Schritt zu einer besseren Menschheit.

Mensch sein, das bedeutet für Hans Henny Jahnn erst einmal, der eigenen Mordlust ausgeliefert zu sein. Die Masse der Menschen ist auf Zerstörung programmiert. Die Qual des Anderen ist ihr Programm. *Das Gebet ist vergiftet. Die Reden der Staatsleute sind voller Falsch. Die Feldherren kennen nur ihr Geschäft. Die Richter sind bestochen. Die Zeitungen mästen sich an ihrer Tendenz. Es ist der Beweis erbracht, und man erbringt ihn täglich aufs neue, daß ihr Sinnen Haß und Zerstörung ist.* Die europäischen Gesellschaften sind verdorben durch das Christentum. Vormachtstreben, Stärke und Unterdrückung predigt es, frei nach dem Motto: "Macht euch die Erde untertan!" Indem der Mensch den Menschen unterdrückt, katapultiert er sich aus der Natur. Folglich gipfelt die Verlogenheit in dem Kult um Jesus Christus. Denn der *wird niemals sein Wort und seine Berufung einlösen. Er wird niemals menschlich, niemals wahrhaftig sein. Er wird niemals dem Armen und Unterdrückten beistehen. Er wird niemals den Berufenen recht geben, immer nur den Staatsmännern, Heerführern und Religionsstiftern.*

Hans Henny Jahnns Schriften zielen gegen die Kirche, und sie sind doch zutiefst religiös. In der Antike sind die Mythen entlehnt, die er zu einer überaus individualistischen Philosophie verknüpft. In seiner Utopie kommt den Künstlern und Denkern eine zentrale Aufgabe zu. Wirtschaftler, Bankiers und Großindustrielle haben abgewirtschaftet. Die Führer von morgen sind *Philosophen, Geistige, Künstler und Wissenschaftler höchsten Zuschnitts.*

Mit dem Beginn der nationalsozialistischen Herrschaft ging Jahnns "ziviles Leben in Trümmer". Im Zusammenhang mit der Übersiedlung nach Bornholm im November 1934 spricht er auch vom "Zusammenbruch meiner bürgerlichen Existenz." Im Exil flüchtet der Städter aufs Land, kauft sich einen Hof auf der dänischen Insel – und schwärmt von den "Schönheiten" der Natur. Schön, das ist für ihn *eine normale Kuh, mit durchschnittlichen, eher mäßigen Leistungen, aber ganz sicher in ihren Funktionen, gut gebaut, ein untadeliges Knochengerüst, anmutig geschnittene Wurflefzen, ein Euter mit einem Haarflaum.*

Ein Fanatiker ist Jahn allerdings nicht. Nüchtern vermerkt er: *Das Prinzip "An die Stelle des Traktors das Pferd" funktioniert nur dann, wenn alle mitziehen.* Der Literat als Landwirt verbindet das Banale mit dem Philosophischen: "Das Erhabene ist in einen arg bekoteten Mantel gehüllt". Weiter heißt es in Jahnns Tagebuch: *Zwischen das lebende Tier und das Verspeisen seines Fleisches stellen wir eine wohlangerichtete Schüssel. Wir dekorieren unsere Genüsse, damit sich uns der Magen nicht umdreht.*

Nach 1945 erweist er sich einmal mehr als Mahner und Moralist. Unter dem Eindruck der Bomben auf Hiroshima und Nagasaki wirft er Fragen auf nach der Verfügbarkeit der Wissenschaftler. Gerade weil er hier als Betrogener steht, stellt Jahn fest: "Akademische Bildung garantiert einen Posten, aber kein Gewissen". Bewußt spricht er als "sittlicher Mensch", wenn er die Atombombe geißelt. *Diese Atombombe ist das bisher gemeinste, niedrigste, gewissenloseste Kriegsmittel und stellt alle anderen Untaten der Menschen in den Schatten.*

Soviel zum offiziellen Jahn. Dem Gründungsmitglied und langjährigen Präsidenten der Hamburger Akademie der Künste huldigten die Hanseaten zum 90. Geburtstag und zur 25. Wiederkehr seines Todestages mit einer umfangreichen Veranstaltungsreihe. Der Skandalautor Hans Henny Jahn blieb freilich außen vor. Der Protest gegen das geschönte Bild des Schriftstellers fand seinen Ausdruck in einer eiligst arrangierten Gegenveranstaltung. Mit dabei war Dietrich Molitor von der Uni Siegen. Sein Thema: Homosexualität bei Hans Henny Jahnn.

Auch das Jahnn-Kolloquium am 8. und 9. Februar in den Bibliotheksräumen der Siegener Hochschule wird weder den Moralisten noch den Antimilitaristen in den Vordergrund rücken. Das Thema "Männerfreundschaften" ist angesagt, und Parteilichkeit ist dabei als Motiv und Methode durchaus anerkannt. Schwule Literaturwissenschaftler entdecken einen schwulen Autor und erschließen unter diesem Blickwinkel das schriftstellerische Werk. Wer das zweitägige Treffen auf diese knappe Formel bringen will, steckt schon mitten drin im Streit der Fachwissenschaftler. Denn die wollen sich noch darüber verständigen, wie verbindlich von der Lebensgeschichte eines Schriftstellers auf dessen dichterisches Werk geschlossen werden darf. Im Vorfeld des Kolloquiums wurden denn auch starke Geschütze aufgefahren. Für den Tonfall des Einladungsschreibens mußte Wolfgang Popp herbe Kritik einstecken. Hubert Fichte wollte sich "nur noch aufhängen", wenn er so etwas von engagierten Freunden lese: "Diese Sprache hat mit der Sprache Hans Henny Jahnns nichts mehr zu tun, sie hat nichts mit meiner Sprache zu tun". Haarklein rechnete auch Wolfgang von Wangenheim den Veranstaltern die technischen Wendungen der Einladung vor: "Sprichst Du wirklich eine derart verdorbene Sprache? Und lehrst Literatur? Mich 'koppeln' willst Du? 'Rück'?", fragte Wangenheim Wolfgang Popp. An einer Absage konnten auch dessen Entgegnungen nichts mehr ändern.

"Dank für Ihre Einladung. Da ich überzeugt bin, daß ich zu Ihrem Jahnn-Colloquium nichts beitragen kann, kann ich daran auch nicht teilnehmen. Tut mir leid". So kurz und bündig schrieb Helmut Heißenbüttel. Was die Siegener doch in Erstaunen versetzte. Ist doch der Verfasser des Nachworts im Hans-Henny-Jahnn-Lesebuch kein anderer als Helmut Heißenbüttel.

Hier die Sprache, dort die mangelnde Qualifikation – Werden da nicht Gründe vorgeschoben, um die eigentliche Ursache der Absage zu verschleiern: Die Angst vor dem Tabuthema "Homosexualität" in Verbindung mit Literatur? Wolfgang Popp kann das nicht so sehen. Von Berührungsängsten dieser Art könne nicht die Rede sein. Schließlich sei Wolfgang von Wangenheim Autor eines Buches über den schwulen Autor Hubert Fichte. Und Heißenbüttel hat mit der gleichen Begründung auch die Teilnahme an der Hamburger Jubelveranstaltung verweigert. Berührungsängste sieht Popp bestenfalls bei der befürchteten Gleichsetzung von Leben und Werk des Hans Henny Jahnn. Es ist also der fachwissenschaftliche Disput, der schon im Vorfeld des Kolloquiums ausgetragen wurde.

Zu diskutieren bleibt dennoch genug. Schreibt doch Heinrich Christian Meier als einer der wenigen noch lebenden Weggefährten von Hans Henny Jahnn, der auch in Siegen sprechen wird, unmißverständlich: "Ich habe Gründe anzunehmen, daß das Homosexuellengerede über ihn (Jahnn, Anm. d. R.) so nicht stimmte, sondern einfach sein Bekenntnis zum Leben und Dasein, wie es in der Natur eben ist, war". Oder wie Jahnn es selbst formulierte: *Selbst die Gnade, die allem Geschöpf gegeben wurde, die Sexualität, ist dem Menschen verdächtig, er bekennt sich nicht ohne Vorbehalte zu der ihm eingeborenen Konstruktion und geht an den Krücken einer Durchschnittsmoral.*

Klaus Görzel

INTERVIEW

W.Popp über Jahnn: "Schwuler geht es nicht."

Tip: Gleich zwei Veranstaltungsreihen widmeten die Hamburger im abgelaufenen Jahr ihrem ehemaligen Akademiepräsidenten. 1984 erschien auch bei Hoffmann und Campe das "Hans Henny Jahnn Lesebuch". Nicht zu vergessen der Band "Die Suche nach dem rechten Mann", den Sie herausgegeben haben. Sind das Anzeichen für eine Hans Henny Jahnn- Renaissance?

Popp: Das hat zunächst einmal mit den Zahlen zu tun: 90 Jahre wäre Jahnn 1984 geworden, zum 25. Mal jährte sich sein Todestag. Die Herausgabe des "Lesebuches" ist allerdings in erster Linie eine buchmarktwirtschaftliche Vorbereitung für die Neuausgabe der Werke von Jahnn. Die großen Romane sind nicht mehr zugänglich. Der Hoffmann & Campe Verlag will Reibach machen mit einer teuren Ausgabe der Romane. Ansonsten sitzt der auf den Rechten wie eine Glucke und rückt sie nicht heraus.

Tip: Hans Henny Jahnn war zeitlebens ein skandalträchtiger Autor. Was machte ihn dazu?

Popp: Die Figuren von Jahnn sind durch die Bank solche, die gegen die gesellschaftlichen Normen verstoßen. In seinem ersten Drama leben Geschwister offenkundig im Inzest. Auf offener Szene wird der Bruder, der Priester ist, von der Schwester kastriert und gekreuzigt. Danach brennt sie sich ihre Geschlechtsorgane aus. Das ist natürlich ein Skandal, wenn das auch noch in einer Kirche handelt. Und von der Qualität sind auch die anderen Figuren in Jahnns Dramen.

In den Romanen geht es ausschließlich um Männerfreundschaften. Sie werden deutlich als Liebesbeziehungen dargestellt. Aber auch in den Dramen spielt die Homosexualität eine Rolle. In "Pastor Ephraim Magnus" finden zwei Meßdiener auf offener Bühne soviel Freude am gegenseitigen Pimmellutschen, daß sie es am liebsten allezeit wiederholen möchten. Schwuler geht's, glaube ich, nicht.

Tip: Was macht Jahnns Werk bei den unbestreitbar gewagten Inhalten nun zur "Weltliteratur"?

Popp: Die Darstellung der Homosexualität paßt in sein Gedankensystem. Stichwort wäre hier "harmonikales Denken". Er sieht die Welt als harmonische Einheit, die durch den Menschen gestört wird. Und in den Beziehungen der Individuen zeigt sich diese Störung durch Unaufrichtigkeit, die aus Besitzansprüchen erwächst. Das gilt besonders für das Verhältnis von Mann und Frau. Homosexualität könnte da einen Weg weisen, wie Beziehungen nicht bestimmt sein müßten durch Besitz, sondern durch gemeinsames Sein. Die Homosexuellen bei Jahn sind immer Unhelden, die ihre natürliche Sexualität leben, ohne das Korsett von Normen. Es geht ihm also nicht darum, sowas wie schwule Pornographie zu schreiben.

Reaktionen auf den vorangegangenen Beitrag ("der tip" 3/85)

Liebe Leserinnen, liebe Leser!

Hans Henny Jahnn heißt er mit vollem Namen. Aber das war dem Tip nicht genug. In der Januar-Ausgabe beglückte er die wissende Leserschaft gleich mit zwei Varianten in der Schreibweise. Abgekürzt wurde aus dem Hamburger Schriftsteller und Orgelbauer ein gewisser J.H.Jahnn. Und die dazugehörige Vorankündigung einer Lesung überraschte mit Hinweisen auf Texte von Hans Henry Jahnn. Hol`n Rotstift, oh Henry! Damit nicht genug. Auf dem Titelblatt der Februar–Nummer geriet Hans Henny gefährlich in die Nähe von Turnvater Jahn: Das zweite "n" war offenbar auf dem Weg zum Glanzpapier steckengeblieben. Der Fehler wurde zwar bemerkt, konnte aber aus zeitlichen Gründen nicht mehr behoben werden. Doch nicht nur die Namensnennung sorgte für Mißverständnisse. Begriffsverwirrung herrschte auch, weil Tip–Redakteur Klaus Görzel in seinem Beitrag über Jahnn nur allzu selbstverständlich mit dem Wort "schwul" um sich geworfen hatte. Freilich nur, weil viele Homosexuelle diese Vokabel als Selbstbekenntnis nicht ohne Stolz im Munde führen. Doch die Rechnung ging nicht auf. Weil ihm das Wort "schwul" so leichtfertig über die Lippen gekommen war, hatte er das Thema schlüpfrig gemacht. Deshalb konnten die Tageszeitungen auch eine Pressemitteilung abdrucken, in der von "Verdächtigungen" im Vorfeld eines Jahnn–Kolloquiums die Rede war, "bei denen der abwertende Begriff *schwul* sensationell hochgespielt wurde". Der *Siegener Zeitung* war auch das nicht genug. Sie wollte nur von Verdächtigungen wissen, bei denen "Begriffe abwertend sensationell hochgespielt" worden wären. Tapfer, gute *SZ*, und immer sauber bleiben. Von Leserbriefen an die Tagespresse bezüglich dieser ausdrücklichen Herabsetzung ist allerdings nichts bekannt geworden.

Leserbriefe

Es ist fürchterlich

Betr.: Artikel über H.H.Jahnn und das Kolloquium an der Uni zum Thema "Männerfreundschaft in Jahnns Werk".
In heft 2/85 des "Tip" bringen Sie in der rubrik "buch" einen artikel mit dem zitat von H.H.Jahnn als überschrift: "Es ist, wie es ist. Und es ist fürchterlich." – Auf dem titelblatt des heftes bringen Sie – in bezug auf diesen artikel – mit einem falsch geschriebenen Jahnn den sensationslust weckenden aufreißer: "H.H.Jahnn: schwuler geht`s nicht." Dies in verbindung mit einem foto, das die Siegener "subkultur" zeigt und mit der ankündigung: "Mit dem Taxi auf Tour." Na, wer da den "Tip" nicht kauft!?

Ich will mich nicht dazu äußern, mit welchen journalistischen mitteln Sie kauflust wecken. Aber ich muß mich dazu äußern, wie Sie mit personen umgehen. In diesem fall mit mir:

Dem artikel lag – neben anderem – ein ein- bis zweistündiges gespräch mit mir zugrunde, das nicht – wie bei professionellen interviews üblich – auf tonband festgehalten wurde, sondern bei dem der artikel-schreiber sich lediglich notizen machte. Im artikel aber erwecken Sie unmißverstehbar den eindruck der wörtlichen wiedergabe von interview-ausschnitten. In einem solchen fall ist es üblich, nein, zwingend, dem interview-partner den text vor der veröffentlichung vorzulegen und ihm die möglichkeit zur korrektur zu geben. Dies ist nicht geschehen.

Was in Ihrem artikel steht, habe ich (mit ausnahmen, die ich nicht weiter erwähnen muß) so nicht gesagt. Und was ich gesagt habe, habe ich in anderen oder größeren zusammenhängen gesagt.

– Ich habe nicht von H.H.Jahnn gesagt: "Schwuler geht es nicht." ("W. Popp über Jahnn...") Sondern: es gibt stellen im werk Jahnns, von denen ich sagen würde, schwuler geht es nicht. Indem der artikel-schreiber mir eine unsinnige aussage über Jahnn in den mund legt, schädigt er – ich unterstelle: ungewollt! – mein ansehen als literaturwissenschaftler, speziell in bezug auf mein forschungsgebiet "homosexualität und literatur".

– Ich habe in dem gespräch eine fülle von beispielen angeführt, um deutlich zu machen, welche rolle die "Lebensbeziehung" zwischen männern im werk Jahnns spielt. Und ich habe einige beispiele für relativ offene "schwule" szenen angeführt. Der (fingierte) interview-"text" reduziert dies auf eine szene aus dem drama "Pastor Ephraim Magnus" – und tut so, als ob der "Tip" den klugen hinweis auf die "Lebensbeziehung" gäbe, dem ich dann die abstoßende episode vom "Pimmellutschen" entgegenstellte. (Wenn man bei der schlampigen druckweise überhaupt zwischen "Tip" und "Popp" unterscheiden kann!)

– Ich habe nicht von "den Homosexuellen bei Jahnn" gesprochen, denn es ist durchaus strittig, ob und wie "homosexuell" die literarischen figuren Jahnns sind und welche rolle ihre sexualität überhaupt spielt.

– Daß Jahnn sich als "Ziehvater der Schwulenliteratur verkaufen" ließe, habe ich nicht gesagt. Von "Schwulenliteratur" war in dem gespräch überhaupt nicht die rede. (Mich würde interessieren, was der "Tip" darunter

versteht!) Der begriff "Ziehvater" hat eine solch denunziatorische geschichte, daß ich ihn nie, geschweige denn in bezug auf Jahnn, ernsthaft
gebrauchen würde.

– Es bleibt stilistisch offen, ob auch die "knappe Formel" von mir stammen
soll: "ausgelebte Homosexualität ist der erste Schritt zu einer besseren
Menschheit." – Jedenfalls muß ich mich auch von diesem unsinn distanzieren. So etwas mag glauben, wer will; aus dem werk Jahnns läßt es sich
nicht begründen.

Daß ich das, was mir direkt oder indirekt in den mund gelegt wird, nicht
gesagt habe, könnte der artikel-schreiber wissen, wenn er das von mir herausgegebene Jahnn-buch gelesen – oder begriffen – hätte. Dieses buch
wollte oder sollte er ja eigentlich in der "Tip"-rubrik "buch" besprechen,
oder nicht? – Man erfährt darüber freilich nicht mehr als die erscheinungs-
daten und den abdruck der – wenig sagenden – titelillustration.

Da leserinnen und leser irrtümlich annehmen können, daß nicht nur der
"interview-kasten" und der "vorspann" des artikels auf das gespräch mit
mir zurückgehen, sondern der gesamttext, muß ich mich auch von diesem
distanzieren (ohne zu bewerten, was darin richtig und falsch ist). Der gesamttext benutzt jedenfalls auch andere quellen als dieses gespräch, über
die und deren nutzung ich mich nicht weiter äußern möchte.

Eine quelle allerdings betrifft noch einmal mich persönlich: mein briefwechsel mit Hubert Fichte, Wolfgang von Wangenheim und Helmut Heißenbüttel,
der den tagungsunterlagen des zitierten Jahnn-kolloquiums beigegeben war
– und also eigentlich nur für die interne diskussion in diesem kolloquium
gedacht war. Wenn der "Tip" solches material für öffentliche meinungsmache
benutzt, wäre es – schonend gesagt – fair gewesen, mir die zitatauswahl
vor der veröffentlichung zur kenntnis zu geben. Auch dies ist nicht
geschehen.

Ich weiß, daß guter und interesseweckender journalismus schwer ist, zumal
in der provinz. Aber er sollte nicht auf kosten derjenigen gehen, mit denen
man eigentlich – denke ich – zusammenarbeiten will. Und er müßte besonders sorgfältig sein, wenn es darum geht, was in der Siegener Uni läuft, –
denn über deren gefährdung wird viel genug gemunkelt. Und: wenn es um
ein (in der provinz) so heikles thema wie "Homosexualität" geht. Hans Henny

Jahnn würde in diesem fall vielleicht sagen: Es ist fürchterlich. Aber es müßte nicht so sein, wie es ist.
Professor Dr. Wolfgang Popp

Anmerkung

So ganz kann ich den Wirbel nicht verstehen, der an der Hochschule um meinen Artikel über Hans Henny Jahnn gemacht worden ist. Ich möchte an dieser Stelle die Leserbriefe nicht kommentieren, aber einige Klarstellungen sind schon nötig. Mir werden insbesondere schlampige und unlautere Recherchearbeiten vorgeworfen. Das weise ich entschieden von mir. Das mit Wolfgang Popp geführte Interview war eine gute Stunde lang, und es ist sicherlich nicht vollständig wiedergegeben worden. Das muß bei einem Interview auch nicht der Fall sein, das einen längeren redaktionellen Beitrag ergänzen soll. Aber auch von einer Akzentverschiebung kann nicht die Rede sein. Denn selbst der abgedruckte Teil des Interviews widmet sich ja nicht nur dem Skandalösen.
Für unlauter halte ich allerdings die versteckte Kritik, ich hätte einen internen Briefwechsel an die Öffentlichkeit gezerrt. Schließlich habe ich diese Passagen dem Programm des Kolloquiums entnommen, das der Veranstalter zuvor an den Tip geschickt hatte. Wer hat da wohl was öffentlich gemacht? Ansonsten möchte ich darum bitten, nicht krampfhaft nach bösen Absichten zu suchen. Das geht an die Adresse von Uwe Meyer. Wer den Artikel über Jahnn unvoreingenommen gelesen hat, wird kaum nachvollziehen können, daß ich den Schwulen mit schlüpfrigen Unterstellungen eins auswischen wollte. Mein Fehler liegt zweifellos darin, daß ich zu unbefangen an das Thema herangegangen bin und Empfindlichkeiten unterschätzt habe.
Klaus Görzel

Eine schlüpfrige Geschichte
Betr.: Tip-Berichterstattung über Hans Henny Jahnn in der Februar-Ausgabe.

Was sich die Redaktion bzw. Redakteur Klaus Görzel mit dem zum Titel aufgedonnerten Bericht über Hans Henny Jahnn geleistet hat, bedarf einer Reaktion! Hier wurde nämlich ein Autor (Jahnn), ein Wissenschaftler (Wolfgang Popp) und ein Thema (Homosexualität und Literatur) mit schrillem (Provinz-) Chic zu Markte und zu Grabe getragen. Die Methoden erinnern an so be-

kannte Häuser wie Burda oder Bauer, und der Leser und die Leserin muß
den Artikel schon zweimal lesen, um so manche Unsachlichkeit und Unfair-
neß zu erkennen. Es soll aber nicht Gleiches mit Gleichem heimgezahlt werden und deshalb nur einige Anmerkungen.

Hätte sich Klaus Görzel, wenn er schon das von Wolfgang Popp herausgegebene Buch "Die Suche nach dem rechten Mann" erwähnt, der Mühe unterzo-
gen, zumindest Gert Mattenklotts Vorwort zu lesen, dann hätte so mancher –
gelinde gesagt – "fauxpas" nicht in dem Artikel stehen dürfen. Auch Herr
Popp gibt "in eigener Sache" in diesem Buch Auskunft über die Parteilichkeit bzw. Nicht-Parteilichkeit eines homosexuellen Literaturwissenschaflters
bei der Rezeption eines homosexuellen Autors. Aber darum ist es Görzel offensichtlich nicht gegangen. Ihn interessieren mehr die schillernden Schlag-
zeilen. Es gelingt ihm nicht, den Titel "Es ist, wie es ist. Und es ist fürchterlich." – ein Zitat von Hans Henny Jahnn – in irgendeinen Zusammenhang
zu bringen, der dem Autor Jahnn auch nur ansatzweise gerecht wird.
Lieber spielt er sich als "Insider" auf und zitiert z.B. Hubert Fichtes
Meinung zum Thema ... natürlich nur auszugsweise! Daß das alles simpel
abgeschriebene Infos aus der Broschüre zu dem in Siegen stattfindenden
Jahnn-Kolloquium sind, wäre bei fairer Berichterstattung nicht weiter
schlimm. Bei der Tendenz des ganzen Artikels und seiner sensations-
lüsternen Aufmachung riecht es gewaltig nach Denunziation.

Zuletzt ein Wort zu dem Interview mit Wolfgang Popp. Ich habe mich bei
Herrn Popp erkundigt – und das sollte auch manch anderer tun, bevor er
auf solche Berichterstattung hereinfällt – und erfahren, daß das Originalin-
terview zwei Stunden dauerte. Görzel macht nun daraus für die Siegener
Provinz und den heimischen Hochschulbetrieb ein "schlüpfriges", zusammen-
hangloses Potpourri aus vier (sic!) Fragen und Antworten. Erinnert man
sich an das – ausgezeichnete – Interview im Januar-Tip mit Prof. Dr. Karl
Prümm zum Thema Fernsehkrimi, dann kommen einem böse Verdächte:

Hier wird Hans Henny Jahnn "schlüpfrig" gemacht.

Hier wird Wolfgang Popp "schlüpfrig" gemacht.

Hier wird sein Forschungsgebiet "Homosexualität und Literatur" "schlüpfrig"
gemacht.

"Schlüpfrig", im Sinne von "zweideutig", sind aber offensichtlich die Absichten des Verfassers!

Uwe Meyer

Hinweise zu den Beiträgerinnen und Beiträgern

Karl Werner Böhm

Geboren am 25.1.1959. Student. Bisherige Publikationen: *Ernst Ottwalts "Denn sie wissen was sie tun"* im Spiegel der Kritik (Literatur für Leser, 4/84, S.224—239); *Die homosexuellen Elemente in Thomas Manns "Der Zauberberg"* (H. Kurzke, *Stationen der Thomas—Mann—Forschung*, Würzburg 1985, S. 145—165). Mitarbeit am *Lexikon homosexuelle Belletristik* und der Zeitschrift *FORUM Homosexualität und Literatur.* — Mit einer Dissertation über die Rolle der Homosexualität in Werk und Leben Thomas Manns, an der ich seit Mitte 1985 arbeite, hoffe ich mein Studium in etwa zwei bis drei Jahren abzuschließen. Bei dem im vorliegenden Band abgedruckten Text handelt es sich um eine thesenartig verkürzte Referatsfassung meiner *Zauberberg*—Studie.

Gerhard Härle

Jahrgang 1949, studierte Theologie sowie Germanistik und Philosophie in Freiburg, Paris, Heidelberg und Marburg; war danach als Publizist und Hörspielautor tätig. Arbeitet seit 1985 an der Marburger Universität als Literaturwissenschaftler und ist dort mit einem Lehrauftrag betraut. Dissertation: *Männerweiblichkeit — Bewältigungsformen von Homosexualität bei Klaus Mann und Thomas Mann* (Arbeitstitel), erscheint voraussichtlich 1987. Buchveröffentlichung: *Die Gestalt des Schönen. Untersuchung zur Homosexualitätsthematik in Thomas Manns Roman "Der Zauberberg"*, Königstein/Ts. 1986.

James W. Jones

Geboren 1952, ist zur Zeit visiting assistant professor für Germanistik an der Washington University in St. Louis, Missouri (USA). Er studierte an der University of Wisconsin—Madison, wo er 1986 promovierte. Seine Dissertation: *Das "Dritte Geschlecht" in der deutschen Literatur von der Jahrhundertwende bis 1933.* Nachwort für die neue Ausgabe von Granands *Das erotische Komödien—Gärtlein.* Mitarbeiter des *Lexikons homosexuelle Belletristik.* Über die Themen schwule Literatur, deutsche Filme und DDR—Literatur hat er zahlreiche Vorträge auf verschiedenen Kolloquien und Treffen gehalten.

Maria Kalveram

Geboren 1958, Studium der Germanistik, Anglistik und Pädagogik an der Universität—Gesamthochschule Siegen. Ehemalige Lehrtätigkeit an einer Privatschule. Ehemalige Mitherausgeberin des *Lexikons homosexuelle Belletristik.* Geplante Dissertation zu Christa Reinig und Christa Wolf. Seit Jahren aktiv in der autonomen Frauenbewegung.

Friedhelm Krey

Geboren 1944, studierte Germanistik, Politologie, Theaterwissenschaft in München und Berlin; Staatsexamen 1976, Magister 1977 (über Frank Wedekind); Theater— und Filmarbeit; Veröffentlichungen in Publikationen der Schwulenbewegung, Dissertation über *Hans Henny Jahnn und die mann—männliche Liebe* (erscheint im Herbst 1986 im Peter Lang Verlag).

Friedrich Kröhnke

Jahrgang 1956, lebt als Schriftsteller und Historiker (Stadtarchiv) in Köln. Dr.phil. Neben zahlreichen belletristischen Veröffentlichungen (darunter *Gorki-Kolonie.-Nachtstücke* und *Ratten—Roman*) wissenschaftliche und essayistische Publikationen: *Propaganda für Klaus Mann*, 1981; *Jungen in schlech-*

ter Gesellschaft. Zum Bild des Jugendlichen in deutscher Literatur 1900–1933, 1981; *Gennariello könnte ein Mädchen sein. Essays über Pasolini*, 1983; *Surrealismus und deutsches Exil*, in: *Jahrbuch Exilforschung 3/1985* u.a. Herausgeber von Texten Peter Schults und Richard Linserts.

Erhard Mindermann
Geboren 1957, Studium der Germanistik an der FU Berlin. Doktorarbeit über Peter Weiss (erscheint voraussichtlich 1987). Veröffentlichungen von verschiedenen Aufsätzen und Rezensionen.

Dietrich Molitor
Geboren 1949, studierte Germanistik und Kunsterziehung; wissenschaftlicher Mitarbeiter im Fachbereich Sprach- und Literaturwissenschaften der Universität Siegen; Mitherausgeber des *Lexikons homosexuelle Belletristik*, Siegen 1983ff; *Vom Freundschaftsmythos zum Sexualtabu*. In: *Die Suche nach dem rechten Mann. Männerfreundschaft im literarischen Werk Hans Henny Jahnns*, Berlin 1984.

Helmut Peitsch
Geboren 1948, Studium der Germanistik, Politologie und Philosophie an der FU-Berlin, 1978 – 1984 wissenschaftlicher Assistent, ab 1983 Privatdozent ebendort. 1985/86 visiting lecturer in Leeds; jetzt lecturer in Swansea (GB). Mitautor *Westberliner Projekt "Grundkurs 18. Jahrhundert"*, 1974; Dissertation: *Georg Forsters "Ansichten vom Niederrhein"*, 1978; Mitherausgeber *Nachkriegsliteratur Bd. I und II*, 1982 u. 1984.

Wolfgang Popp
Geboren 1935, Professor für Didaktik der deutschen Sprache und Literatur, Universität Siegen; zahlreiche Veröffentlichungen zur Literaturdidaktik, Friedenserziehung, zu Homosexualität und Literatur. Hg. *Die Suche nach dem rechten Mann. Männerfreundschaft im literarischen Werk Hans Henny Jahnns*, Berlin 1984.

Elsbeth Wolffheim
Studium der Germanistik und Slavistik, Promotion 1960. Seither als freie Publizistin tätig. Buchpublikationen: *Die Frau in der sowjetischen Literatur 1917 – 1977*, Klett 1979; *Anton Čechov – Monographie*, Rowohlt 1982.
Aufsätze: *Freitod im Exil* (Zs. *europäische ideen*). 1979.
Nachwort zu *Die Krönung Richards III.* von Hans Henny Jahnn, in: *Spectaculum* 1978.
Des Lehrers Bürden/ Zur Kontroverse zwischen Goethe und Schopenhauer (Goethe-Sonderband *Text und Kritik*) 1982.
Anrufe aus einem Zwischenreich/ Walter Mehrings "Briefe aus der Mitternacht" (Sonderband *Text und Kritik*) 1983.
Abschied von Europa (Heinrich Mann–Jahrbuch Nr. 1) 1984.
Kurt Tucholsky/ Ein "aufgehörter Deutscher" (Sonderband *Text und Kritik*) 1985.
Zwei halbe Söhne/ Das Motiv der Duplizität im Werk Hans Henny Jahnns, in: *Namenszauber*, hg. von Eva-Maria Alves, Suhrkamp Taschenbuch 1238.
Von Heine zu Nietzsche/ Zum 100. Todestag von Karl Hillebrand, in: *Castrum Peregrini, Heft 164/65*, Amsterdam 1984.
Tod und Verwesung im Werk Hans Henny Jahnns, in: *Kasseler Hochschulwoche*, i.A. des "Kasseler Hochschulbundes", 1981.

KULTUR – LITERATUR – KUNST
Herausgegeben von Prof. Dr. Jürgen Klein
Universität-Gesamthochschule Siegen

Band 7 Jürgen Klein
LITERATURTHEORIE UND ENGLISCHER MODERNISMUS
IM FRÜHEN 20. JAHRHUNDERT
Essen, 1987, ca. 200 Seiten   Preis: 37,– DM
ISBN 3-89206-150-5

Band 8 Jürgen Klein/Wolfgang Popp (Hrsg)
WISSENSCHAFT UND NATIONALSOZIALISMUS
Essen, 1987, ca. 350 Seiten   Preis: 46,– DM
ISBN 3-89206-157-2